111 GRÜNDE, DEN SC FREIBURG ZU LIEBEN

Clemens Geißler

111 GRÜNDE, DEN
SC FREIBURG
ZU LIEBEN

**Eine Liebeserklärung an den
großartigsten Fußballverein der Welt**

**Aktualisierte und erweiterte Neuausgabe
mit elf Bonusgründen**

WIR SIND DER ZWÖLFTE MANN,
FUSSBALL IST UNSERE LIEBE!

INHALT

Weil der Freiburger Fußball alle Widerstände überwunden hat · Weil wir viele sonderbare Vereinsnamen hatten · Weil wir in jeder Menge eigenartiger Stadien spielten ... · ... und weil wir unsere Spiele sogar im Ausland austrugen ... · ... und weil wir ein halbes Jahrhundert auf das Dreisamstadion warten mussten · Weil wir jahrelang gegen Waldkirch, Offenburg und Emmendingen spielten · Weil der »Bomber der Nation« sein erstes Tor in Freiburg schoss · Weil wir vor 51 Zuschauern den Aufstieg in die 2. Liga perfekt machten · Weil es schon zwei Freiburger Vereine zusammen in der 2. Liga gab · Weil wir jahrelang gegen Union Solingen und den FSV Salmrohr gespielt haben · Weil wir als einzige graue Maus der 2. Liga nicht niedergegangen sind · Weil wir vor 2.000 mürrischen Senioren gespielt haben · Weil Pöpperl unser Trikotsponsor war · Weil Schalker Fans (fast) unser Stadion kaputt gemacht haben · Weil wir an unserem angeblich bundesliga-untauglichen Stadion festgehalten haben ... · ... und weil wir jetzt trotzdem ein neues bauen · Weil die Franken unsere Lieblingsgegner sind ... · ... und weil die Bayern inzwischen unsere Angstgegner sind · Weil Jürgen Klinsmann gegen uns in die Werbetonne trat · Weil wir gegen Bremen immer die Hucke voll bekommen

Weil Freiburg schon mal Deutscher Meister wurde · Weil wir 55 Jahre lang nicht abgestiegen sind · Weil wir den FFC überholt haben · Weil wir Meisterkandidat der Ewigen Zweitligatabelle sind · Weil wir Herbstmeister der letzten 2. Liga Süd waren · Weil wir mit über 100 Toren in

*die Bundesliga gestürmt sind · Weil wir den BVB im Sternregen entzau-
bert haben · Weil wir 4:0 in Stuttgart gewonnen haben · Weil wir vom
»Phantomtor« profitiert haben · Weil wir einen unmöglichen Klassenerhalt möglich gemacht haben · Weil wir Bayern München mit 5:1 besiegt
haben · Weil wir für die Champions League qualifiziert waren · Weil es
Freiburger Nationalspieler und sogar Europameister gab · Weil wir ein
zweites und drittes Mal in die Bundesliga aufgestiegen sind · Weil wir
uns ein zweites Mal für den UEFA Cup qualifiziert haben · Weil wir fast
Feyenoord Rotterdam aus dem UEFA Cup geworfen hätten · Weil wir
7:3 gegen Schalke gewonnen haben · Weil wir souverän mit 18 Punkten
aus der Bundesliga abgestiegen sind · Weil wir für den vierten Aufstieg
mit der ersten Zweitliga-Meisterschale belohnt wurden · Weil wir noch
einen unmöglichen Klassenerhalt möglich gemacht haben · Weil wir ohne
Heimspiel im Pokalhalbfinale 2013 standen · Weil wir uns ein drittes Mal
für den UEFA Cup qualifiziert haben · Weil wir die Thüringer Bratwurstliga gewonnen haben · Weil wir in der Ewigen Bundesligatabelle Platz 21
belegen · Weil 1.000 Anglerhüte in Sevilla Fiesta feierten · Weil wir 2015
den unnötigsten Abstieg aller Zeiten hingelegt haben*

kanischen Torschützenkönig in Liga 2 wurde · Weil Andi Zeyer unser Rekordspieler ist · Weil Uwe Spies für uns den Ball abschirmte · Weil der Kanzler unsere rechte Seite beackerte · Weil der erste Albaner in der Bundesliga-Geschichte für uns spielte · Weil Uwe Wassmer ein Hattrick gegen Bayern München gelang · Weil Rodolfo Cardoso für uns zauberte · Weil Ali Güneş bei uns zum Fußballgott wurde · Weil Alexander Iashvili für uns Haken schlug · Weil der härteste Schuss der Bundesliga für uns hämmerte · Weil ein Champions-League-Finalist für uns spielte · Weil Julian Schuster unser Kapitän war · Weil ein besserer Afrikaner als Anthony Yeboah für uns spielte

5. PARADIESVÖGEL: VON EXOTEN UND ANDEREN ANDERSARTIGEN

Weil Andree Fincke für uns wirbelte · Weil Austin Berry für uns eine starke Minute hatte · Weil Harry Decheiver für uns knipste · Weil Jörg Schmadtke an der Mittellinie herumdribbelte · Weil Boško Bošković für uns sechs Mal das Tor hütete · Weil unsere Spieler Marihuana rauchten · Weil Rolf-Christel Guié-Mien für uns nur in einem Benefizspiel traf · Weil Yacine Abdessadki für uns Shampoo klaute · Weil »Mo« Idrissou für uns traf · Weil unsere Stürmer vom Fahrrad fallen und im Lotto gewinnen · Weil Karim Guédé Musik ins Freiburger Spiel bringt

6. TYPISCH FREIBURG: VON EIGENHEITEN UND MACHERN DES ETWAS ANDEREN BUNDESLIGAVEREINS

Weil Achim Stocker der beste Präsident war · Weil Achim Stocker die Plakate zum Spiel selbst klebte · Weil Vertragsverhandlungen im Finanzamt stattgefunden haben · Weil Achim Stocker Heimspiele nie im Stadion anschaute · Weil Fritz Keller die Unterschrift seines Vaters fälschte, um kicken zu dürfen · Weil unsere Spieler dem Präsidenten bei der Weinlese halfen · Weil unsere Spieler von hier sind · Weil wir arm sind, aber sexy … · … und weil wir trotzdem keine Schulden machen · Weil man uns regelmäßig die besten Spieler wegkauft · Weil an Spieltagen der Verkehr zusammenbricht · Weil man via Strandbad umsonst

Bundesliga schauen konnte ... · ... und weil man trotzdem für Eintritts-karten alles getan hat · Weil unsere Zuschauer Heimspiele von Bäumen aus verfolgten · Weil wir die Studentenmannschaft waren · Weil unsere Jugend die beste ist · Weil wir der Öko-Club in der Nicht-Mehr-Green-City sind · Weil jedes Kind Mitglied im Füchsleclub sein will

EINE UNGLAUBLICHE ERFOLGSGESCHICHTE

Vorwort zur erweiterten Neuausgabe

»Kommen Sie mir nur nicht auf die Idee, hier aufsteigen zu wollen!« Mit dieser Aufforderung des langjährigen Sportclub-Präsidenten Achim Stocker an seinen damaligen Trainer Volker Finke ist das Phänomen Freiburg schon grundsätzlich erklärt.

Ein Mittelfeldplatz in der 2. Liga, vielleicht mal ein deutlicher Sieg gegen den FSV Salmrohr, meinetwegen sogar die Torjägerkanone für »Sammy« Sané – so weit reichten Horizont und Vorstellungskraft in Südbaden Ende der 80er-Jahre gerade noch. Bis zur Verpflichtung von Volker Finke war Freiburg ein mehr oder weniger unbedeutender Fußballstandort mit eher kleinen als großen Skandalen, mit eher wenigen als vielen Zuschauern und mit eher regionalem als internationalem Spieler- und Übungsleiterpersonal. Sowie mit einer Geschäftsstelle, die die Ausmaße eines Kiosks hatte und von einem Ruheständler und einer Halbtagskraft besetzt war.

Doch der Aufstieg in die Bundesliga kam. Und er entfesselte eine geradezu katapultartige sportliche Hausse: kaum mehr möglicher Klassenerhalt, Siege über Bayern München, UEFA-Cup-Teilnahmen und sogar Freiburger Nationalspieler. Die Euphorie im beschaulichen Breisgau kannte keine Grenzen. An Spieltagen brach regelmäßig der Verkehr zusammen, seriöse Mittelständler stiegen auf Styroporblöcke oder Getränkekisten, um im proppenvollen Dreisamstadion wenigstens ein paar Spielzügen der »Breisgau-Brasilianer« beiwohnen zu können.

Voller Dankbarkeit kann ich sagen, dass ich das meiste davon miterleben durfte: Meine frühesten Erinnerungen an den Sportclub drehen sich um mittelmäßige Kicks in der 2. Liga, um wacklig balancierte Lange Rote mit Ketchup, um Holzbänke auf der Tortribüne, um Charly Schulz, Sammy Sané und um den Kartenabreißer, der meinem Opa keinen Eintritt für seinen aufgeregten Enkel abknöpfte. Mit elf Lenzen kratzte ich das Taschengeld für meinen ersten Sportclub-Schal zusammen und sang mit heller Stimme »Heja, heja, SCF!« Zu Hause schrieb ich ganze Bücher mit virtuellen Spielausgängen voll, um den Tag zu bestimmen, an dem der Sportclub wahrscheinlich aufsteigen würde. Dass das etwas Besonderes ist, habe ich schon damals kapiert. Volker Finke war für mich ein Superheld und jedes Tor Anlass, es mit den Fußballkumpels nachzuspielen.

Erst in der Rückschau wird klar, wie sich alles entwickelt hat. Plötzlich war der Sportclub in der Bundesliga. Das Stadion wurde umgebaut, wir zogen von der Nordtribüne um auf die Gegengerade und wieder zurück. Rammelvolle Straßenbahnen, riesige Schlangen an Spieltagen, mehr Leute in Fankleidung. Uwe Wassmer schießt drei Tore gegen Bayern und das ganze Stadion steht Kopf. Als wir Dritter wurden, waren viele überzeugt, dass wir im nächsten Jahr Meister werden. Doch dummerweise stiegen wir, ehe es dazu kam, wieder ab. Sozusagen die erste Hautnah-Erfahrung mit gestiegenen und deswegen abrupt enttäuschten Ansprüchen. Es hat ziemlich lang gedauert, bis manch einem Fan ungefähr klar war, wo man den Sportclub in der deutschen Fußballlandschaft einordnen muss. Umso dankbarer sind wir, wenn das Team mal wieder ein Husarenstück hinlegt, wie 2001, als wir Sechster wurden und gegen Feyenoord spielten. Oder 2013, als wir in Sevilla eine Fiesta feierten.

Wir alle, die wir Anhänger dieses einzigartigen Vereins sind, ob wir uns Ultras nennen, Fans, Sympathisanten oder Teilzeitbesucher, ob wir sitzen oder stehen, ob wir Finkeaner sind oder Streichisten, ob wir ein Schuster-Trikot tragen, »Nils Petersen« skandieren oder schon »Bimbo« Binder über das Geläuf rennen sahen, wir wissen um die Besonderheit des Fußballstandortes Freiburg. Wir wissen, wie viel investiert werden muss, bis wir in der Bundesliga auch nur ein einziges Tor schießen.

Das wird noch klarer, wenn wir auf die Entwicklung dieses Vereins schauen, denn am Anfang brauchte man vor allem die Fähigkeit, (über sich selbst) lachen zu können. Dauernde Namensänderungen, notorischer Geldmangel, ein halbes Jahrhundert ohne eigenes Stadion! Harte Zeiten im südbadischen Amateurfußball, der lange Schatten des FFC, graue Zweitligaspiele vor wenigen und dazu noch mäßig begeisterten Senioren, 15 verschiedene Trainer allein in den 80er-Jahren und ein Präsident, der die Plakate zum Spiel selbst klebte!

Zum Glück wurde es bald besser, und so können wir inzwischen voller Stolz auf manchen Superlativ blicken: 40 Jahre Profifußball am Stück, 25 Jahre seit dem ersten Bundesliga-Aufstieg, Torjägerkanonen und Torrekorde, Fast-Meisterschaften und reale Meisterschalen, Zauberfußball und Triumphe gegen die Großen, internationale Auftritte!

Zahllose Spieler haben wir ins Herz geschlossen: Cardoso, Iashvili, Zeyer, Spies, Cissé, Golz, Schuster, Petersen, Günter, Schwolow und viele mehr. Von anderen Fußballern wissen wir, dass sie nur hier in Freiburg eine richtig gute Zeit haben konnten: Wir hatten Tunesier und Georgier, Mannen aus Mali und Burkina Faso, für uns spielten »andere« Kicker wie Andree Fincke, Harry Decheiver, Austin Berry oder Karim Guédé. Und immer wieder sind es die eigenen Nachwuchsspieler, die in der Bundesliga ihren Mann stehen.

2018 sind wir längst in einer anderen Zeit angelangt. Der Fußball ist durchkommerzialisiert bis in die kleinsten Verästelungen. Um alle Spiele live sehen zu können, benötigt man schon mindestens drei Pay-TV-Abos, Tendenz steigend. Nutznießer der Fernsehgelder und Vermarktung sind vor allem die großen Klubs. Aktuell diktiert England das Geschehen, für einen mittelmäßigen Bundesliga-Profi werden schon mal zweistellige Millionenbeträge abgerufen, und die Kluft zu kleinen Vereinen wie dem Sportclub reißt immer mehr auf. Das neue Stadion soll dem Verein helfen, einigermaßen Schritt zu halten – indes mit ungewissem Ausgang.

Und doch wissen wir als informierte Beobachter, dass das Wesen des Freiburger Fußballs das gleiche geblieben ist – und das ist gut so. »Kommen Sie mir nur nicht auf die Idee, hier aufsteigen zu wollen!« würde zwar so direkt niemand mehr sagen, aber der Kern dieser Botschaft ist fraglos erhalten geblieben. Bundesliga bleibt immer noch ein bisschen Bonus für den kleinen Standort Freiburg, auch wenn dieser bestimmt etwas größer geworden ist. Das weiß auch Christian Streich, und trotzdem hofft er das Gegenteil. Er coacht im Herbst 2018 sein siebtes Profi-Jahr an der Dreisam und ist zu einer Konstante im schnelllebigen Geschäft avanciert. Auch in der Saison 2018/19 versucht er wieder das Unmögliche: mit einem individuell und preislich unterlegenen Kader 40 Punkte zu sammeln und dabei – Chapeau! – noch einen ansehnlichen Ball zu spielen. Schlecht steht es nicht um dieses Unterfangen, doch ob es gelingt, weiß niemand.

Schon immer war klar, dass wir, um etwas Normales erreichen zu können, unnormal sein müssen. Republikweite Sympathien waren uns Freiburgern dafür stets gewiss. Ein Vierteljahrhundert nach dem Aufstieg stellen wir aber auch fest, dass der Freiburger Weg für viele Vereine ein Vorbild darstellt: finanzielle Solidität, intensive Jugendarbeit, regionale Verwurzelung, Bodenhaftung, Konzept, Kontinuität und vor allem das Sich-selbst-treu-Bleiben auch in schwierigen Zeiten. Ja, es ist wahr: Der Sportclub Freiburg, unser Verein, ist zu einer Marke im deutschen Profifußball geworden – und darf trotzdem jederzeit wieder absteigen.

Clemens Geißler

1. KAPITEL

SONNENAUFGANG 1904

VON UNGELIEBTEN AMATEUREN UND GRAUEN ZWEITLIGAMÄUSEN

Weil der Freiburger Fußball
alle Widerstände überwunden hat

»Fußballer hinten einsteigen«, sollen Schaffner um das Jahr 1900 des Öfteren durchgesagt haben. Was an längst überwundene Apartheid erinnert, war schlicht die Realität im Nationalismus der Kaiserzeit. Alles, was nicht unter deutsches Kulturgut fiel, wurde kritisch beargwöhnt. Das Fußballspiel wiederum kam bekanntlich von der Insel, und wenn man die Engländer schon nicht als Seemacht ablösen konnte, so wollte man wenigstens ihr Spiel bekämpfen.

Dies geschah auf unterschiedliche Weise: Zunächst sahen sich die »undeutschen« Kicker gesellschaftlicher Ächtung ausgesetzt. »Affentum« und »Fußlümmelei« wurden angeprangert, gemeinhin galten Fußballer als »Proleten«. Besonders diese Einstufung schoss weit über das Ziel hinaus, waren es doch gerade Schüler und Studenten, die der neuen Sportart nachgingen: Inspiriert von den regelmäßigen Freizeitkicks englischer Kadetten auf dem heutigen Messplatz, hatten sich bald auch an einigen Freiburger Schulen Begeisterte gefunden, die ab 1895 eine inoffizielle Stadtmeisterschaft ausspielten.

Unter diesen findet sich in und um Freiburg manche Berühmtheit. Joseph Wirth etwa, später Reichskanzler in der Weimarer Republik, firmierte dazumal als rechter Läufer der Freiburger Realschulen. Politisch orientierte er sich später freilich mehr zur Mitte hin. Josef »Sepp« Glaser ist nicht nur wegen des 1907 errungenen Meistertitels der bekannteste Vertreter aus den Anfängen des Freiburger Fußballs. Seine Liebe zum runden Leder ging so weit, dass er die 13 Kilometer von seinem Wohnort Waltershofen nach Freiburg zu Fuß auf sich nahm, ebendort einen beherzten Kick hinlegte und sich anschließend wieder auf den Heimweg machte. An Sonntagen musste er zuvor noch die Orgel in der Andacht spielen. Von unkonventioneller Spielvorbereitung konnte er ohnedies von klein auf ein Lied singen: Schon zu Schulzeiten war er heimlich aus dem Internat getürmt und hatte sich bei seiner manchmal erst nächtlichen Rückkehr durch den Kohlenaufzug gezwängt.

Nicht immer blieben solche Eskapaden ohne Sanktion: So wurde der Student Walther Bensemann für drei Jahre von der Freiburger Universität ausgeschlossen, weil er Schüler zum Fußballspiel verführt und anschließende Aufenthalte in Kneipen hingenommen hatte. Doch ließ er sich davon nicht beirren und gründete später das Fußballmagazin *Kicker*, zu dessen erster Ausgabe übrigens Sepp Glaser einen Bericht lieferte.

Neben allgemeiner Verfemung musste sich die junger Freiburger Fußballszene auch obrigkeitliche Sturheit gefallen lassen. Zu Widerständen an Schulen und Universitäten gesellte sich eine Behördenpolitik, die viele Botschaften transportierte, aber nicht gerade den Wahlspruch der Fußmattenindustrie: »Herzlich Willkommen«. Hierfür spricht vor allem die Odyssee der Freiburger Vereine in Sachen Fußballplätze. Es mutet geradezu skurril an, wie und unter welchen Umständen seinerzeit Partien ausgetragen werden mussten. Doch Fußball war schon damals ein Kampfspiel: Die tapferen Freiburger Pioniere ließen sich nicht abschrecken, sie gingen ihren Weg und schufen nach und nach immer professionellere Strukturen – alles mit einem Einsatz, zu dem wir heute mit Staunen und Bewunderung aufschauen.

Übrigens, andere Mitglieder der Gattung Mensch, denen die Nutzung der vorderen Abteile in Zügen per Durchsage untersagt wurde, waren Italiener. Wer weiß, ob diese uns bei einem großen Turnier zwischendurch hätten gewinnen lassen, wenn wir sie damals freundlicher behandelt hätten?

Weil wir viele sonderbare Vereinsnamen hatten

Apropos Italiener: Die Geschichte des Sportclub Freiburg begann mit einer Schwalbe. So nämlich hieß der eine von zwei Ursprungs-vereinen unseres Sportclubs. Doch diese machte noch keinen Sommer. Im Gegenteil, es sollten zahlreiche Umbenennungen und Neugründungen erfolgen, bis der Verein langsam seine heutige Ge-stalt annahm.

Wie personell überschaubar sich die Anfänge ausnahmen, zeigt die Bekleidung merkwürdiger Doppelfunktionen. Fritz Bußhardt etwa war sowohl Gründer der »Schwalbe« als auch deren Spiel-führer. Bereits ein Jahr später benannte sich der Klub ohnehin um in »FC Mars«. Doch diese Huldigung des römischen Kriegsgottes sahen viele als Überbetonung des kämpferischen Elements an; so erfolgte ein weiterer Namenswechsel in das schon viel versöhn-lichere »Union«.

Zeitgleich zur »Schwalbe« war der Freiburger Fußballverein 04 ins Leben gerufen worden. Auch über seine Stirn rann bald neues Taufwasser: Sportverein Freiburg 04. Die allenthalben herrschende Platznot ließ bei allen damals in Freiburg existierenden Vereinen die Erkenntnis reifen, gemeinsam mehr erreichen zu können. So schlossen sich FC Union und Sportverein 04 im Jahre 1912 zum Sportclub Freiburg zusammen. Der dritte Interessent einer solchen Fusion, Germania Freiburg, fand keinen Gefallen an der neuen Ver-einsfahne und sprang kurz vor Toresschluss noch ab. Selbst schuld, möchte man meinen, wachte doch schon damals der stilisierte Greif über die Geschicke des Vereins.

Leider konnte auch er nicht verhindern, dass sich der Sportclub aus kriegsbedingter Platznot der FT 1844 anschloss und fortan drei Jahrzehnte lang über mehr oder weniger taugliche Kickwiesen der Stadt mäanderte. Immerhin blieb der Name »Sportclub« dabei eine

Konstante. Bald aber kam der Zweite Weltkrieg dazwischen und dezimierte die Reihen der Spieler. Zudem verfügte die französische Besatzungsmacht, dass so ziemlich alles, was der Freiburger Fußball sich an Strukturen geschaffen hatte, wieder aufgegeben werden musste. Die Ligen wurden anders gestaltet und bekamen Bezeichnungen, denen doch ein wenig der Esprit fehlte (»Zonenliga«). Auch die Vereinsnamen mussten geändert werden. Die Gleichung dieser Tage lautete also: Sportclub + FT/1844 = VfL Freiburg. Bitteres Detail: Gekickt werden musste im Mösle, der Heimstätte des Freiburger FC. Erst 1951 beschloss man die Wiedergründung des Sportclub und feierte somit den zweiten Geburtstag über 40 Jahre nach der Vereinsgründung. Aber immerhin zugleich den vorerst letzten!

GRUND NR. 3

Weil wir in jeder Menge eigenartiger Stadien spielten …

Als Freiburg-Anhänger ist man heuer ja eine (oder besser gesagt: die) Stadiondebatte gewohnt. Seit Jahren geistern allerlei Vorschläge durch Südbaden, beginnend bei recht seltsamen Standorten wie dem Gewerbepark Eschbach bis hin zu umstrittenen in Kleingartenanlagen oder auf dem Flugplatz. Selbstverständlich hat Freiburg aber derzeit ein Stadion, um seine Spiele überhaupt austragen zu können – das war allerdings nicht immer so.

Die Anfänge der »Schwalbe« im Jahre 1904 nahmen in der Lehener Straße auf einem dreieckigen Gelände westlich der Stühlinger Herz-Jesu-Kirche ihren Lauf. Eine Fläche, die in Notzeiten freilich einer anderen Bestimmung zugeführt werden musste: Man legte dort Kriegsgärten an und erntete zwischen Mittelkreis und Elfmeterpunkt bald darauf Kartoffeln.

Auch schon vorher brachte die Vereinigung der beiden Klubs FV 04 und Union Freiburg den ein oder anderen Umzug mit sich. Staunend lesen wir, wie die Mannen in Rot-Weiß auf einem Exerzierplatz dem Leder nachjagten – ein Gelände in der Nähe des heutigen Flugplatzes, auf welchem die Woche über Schafe weideten. Ob deren Hinterlassenschaften oder das Gebrüll eines heiseren Feldwebels dieser Spielstätte im Laufe der Zeit die Attraktivität nahm, ist nicht überliefert, jedenfalls verlegten die Kicker alsbald in die heutigen Villenviertel der Stadt. Gekickt wurde zwischenzeitlich nahe dem heutigen Lorettobad sowie dem Hölderleplatz.

Am Ende des Ersten Weltkriegs war man schlechterdings nicht nur personell dezimiert, sondern auch in puncto Spielstätte heimatlos: Da sich der Sportclub aber als selbstständige Fußballabteilung der FT 1844 Freiburg anschließen durfte, grätschte man fortan über eine Sportanlage an der Schwarzwaldstraße: An genau jenem Ort also, wo viele Jahrzehnte später Achterbahnfahrer am Alten Messplatz und Studenten in der UB (die UB ist inzwischen wieder woanders – Anm. d. A.) ebenfalls manche schweißtreibende Erfahrung machen sollten. Dank der steigenden Mitgliederzahlen fehlte hier allerdings bald der Platz, und so schätzte man sich glücklich, als man nach schwierigen Verhandlungen im Jahre 1930 das nach dem ehemaligen Freiburger Oberbürgermeister Winterer benannte Stadion sein Eigen nennen durfte. Freilich hielt die Liaison des Sportclubs mit diesem Bauwerk auch nur so lange, bis es im Zuge der nationalsozialistischen Gleichschaltung wieder eingeebnet wurde. Wieder einmal musste die FT helfend ihre Hände ausstrecken – fast zwei Jahrzehnte sollten noch vergehen bis zum Bau des Dreisamstadions.

... und weil wir unsere Spiele sogar im Ausland austrugen ...

Dass der Sportclub irgendwann auf die Idee kam, seine Spiele vorübergehend nicht mehr in Freiburg, geschweige denn innerhalb deutscher Lande auszutragen, ist indes einem anderen Phänomen geschuldet: Das Jahr 1923 erscheint in den Geschichtsbüchern als das Krisenjahr schlechthin in einer bisweilen ohnehin schwer gebeutelten Weimarer Republik. Ruhrkampf, Hitler-Putsch und weitere separatistische Erhebungen gaben sich seinerzeit die Klinke in die Hand. Vor allem aber erlebte Deutschland eine Inflation nie gekannten Ausmaßes: Mehrmals täglich wurden Preise für Lebensmittel festgesetzt, die Banken kamen mit dem Gelddrucken kaum hinterher. Spielende Kinder schichteten in Sandkästen Geldbündel zu Pyramiden auf, und ganz am Ende dieser galoppierenden Geldentwertung wurde der Lohn gar mittels Schubkarren abgeholt. Wobei sich zynische Zeitgenossen des Kommentars nicht enthalten konnten, dass das Wertvollste an dieser Transaktion die Schubkarre selbst gewesen sei.

Natürlich waren auch die Sportvereine von dieser Misere betroffen. Um an die heiß ersehnten Devisen zu gelangen, waren kreative Lösungen gefragt. Und dafür war der Sportclub offensichtlich schon damals bekannt. Ein Viertel der 1922 ausgetragenen Begegnungen hatte man kurzerhand in die angrenzende Schweiz verlagert. Diese Praxis machte Schule: Im darauffolgenden Jahr waren es schon 23 Begegnungen, die im Ausland stattfanden. Der Radius um Freiburg weitete sich dabei nach Italien und Spanien aus. 50 Jahre vor Einführung des UEFA Cups, 90 Jahre vor dem Europa-League-Gastspiel in Sevilla also, bereiste der Sportclub bereits Europa. 1923 lässt sich ein Haufen junger Männer in legerer Kleidung vor dem Panorama der Côte d'Azur ablichten! Keine Diplomatenkinder, keine Großindustriellen, sondern Spieler des SC Freiburg! Jenseits persönlichen Gewinns brachten diese Auslandsaufenthalte noch manches ideelle Zubrot: Man trug den Namen unseres Sportclubs hinaus in die Welt. Vor allem aber war es in Freiburg gelungen, die klamme Finanzkasse aufzubessern. 1.000 Schweizer Franken wurden während dieser beiden Jahre eingespielt, der Grundstock für die kommenden Jahre und Jahrzehnte.

GRUND NR. 5

… und weil wir ein halbes Jahrhundert auf das Dreisamstadion warten mussten

Zwischen Vereinsgründung und Zweitem Weltkrieg glich die Stadionsuche einer Odyssee. An die zehn verschiedene Sportplätze wurden von den Mannen in Rot-Weiß beackert, bis man 1946 der heutigen Spielstätte schon ganz nahe kam: Der ehemalige Hart- und heutige Parkplatz des Dreisamstadions hieß damals noch Hindenburgplatz und diente – von Kriegstrümmern befreit – dem Sportclub als Spielfeld. Es fügt sich nahtlos ins bisherige Bild ein, dass sich auch jene Schirmherrschaft des Helden von Tannenberg bloß über wenige Jahre erstreckte. Denn die französische Besatzungsmacht erwirkte eine Umbenennung des Vereins in VfL Freiburg, und dieser folgte der Umzug ins Möslestadion des Lokalrivalen Freiburger FC.

Ein Zustand, der die Vereinsoberen bei der Ehre packte: 1951 beschloss man die Wiedergründung des Sportclubs und setzte sich infolgedessen sogar der Verlegenheit aus, ein drittes Mal bei der FT um Gastrecht zu ersuchen. Heute kaum vorstellbar, musste man offenbar Spieltag für Spieltag in anstrengende Verhandlungen treten, konnte aber bisweilen noch eine Stunde vorher nicht ob der Austragung des Wettkampfes sicher sein. Da man Duschen und Umkleiden auch nicht betreten durfte und außerdem die Zuschauer nur auf schattenhaften Schleichwegen zum Spielfeld gelangen konnten, dürfte es sich aus heutiger Sicht um ein höchst amüsantes Happening gehandelt haben. Für die Zeitgenossen war es aber selbstredend Ansporn genug, endlich ein eigenes Stadion zu errichten.

Wiederum gingen zähe Verhandlungen mit der Stadt voraus, doch dieses Mal hatte es etwas Endgültiges: Das Gelände zwischen Hindenburgplatz und Strandbad wurde eingeebnet und »schon« 1954, im Jahr der Helden von Bern, wurde das Dreisamstadion offiziell eingeweiht. Wie provisorisch das Ganze trotzdem verlief, zeigt die Tatsache, dass Umzäunung, vor allem aber Kabinen und Sanitärbereiche in mühevoller Kleinarbeit von den Mitgliedern selbst aufgebaut werden mussten – kein Wunder also, dass sich heute gerade die traditionellen Sportclub-Anhänger nur sehr ungern von diesem Stadion trennen wollen. Schließlich packte auch noch der Dauer-Bier-Sponsor, die Freiburger Brauerei Ganter, an. Mit ihrer Hilfe entstand ein Klubraum, in dem sich bis zu 40 (!) Personen an der neuen Spielstätte erfreuen konnten. Es sollte auf jeden Fall ein Prosit auf die nächsten 60 Jahre sein – und das konnte man angesichts der vorangegangenen Mühen bei der Platzfindung nun wirklich nicht vermuten.

GRUND NR. 6

Weil wir jahrelang gegen Waldkirch, Offenburg und Emmendingen spielten

Was heute die Verbandsliga Südbaden ist, hieß damals 1. Amateurliga Südbaden. Der Unterschied war, dass es seinerzeit noch keine Dritte, Regional- und Oberliga gab, sodass die 1. Amateurliga die dritthöchste deutsche Spielklasse war. Man braucht schon allerhand Fantasie oder ein ausgewiesenes Gedächtnis, um sich klarzumachen, welche Vereine damals in diesem Wettbewerb ihren Auftritt hatten. Doch eines vorneweg: Der Sportclub war nicht mehr als einer von vielen.

Wer später den Vorwurf aussprechen sollte, der SC sei ein ewiger Zweitligist, dem muss wohl entgangen sein, dass er zuvor fast 30 Jahre ununterbrochen Bestandteil ebenjener Amateurliga Südbaden war. Immerhin schnupperte man in den 60er-Jahren zwei Mal an höheren Weihen, scheiterte dann aber in der Aufstiegsrunde. Erst 1978 gelang es, in die 2. Liga aufzurücken. Ansonsten steht man im ligainternen Kräftemessen mit einigen regionalen Vereinen auf Augenhöhe – und zwar samt und sonders solchen Vereinen, die immer im Amateurbereich blieben. Der Offenburger FV etwa holte drei Mal so viele Meistertitel wie Freiburg, brachte allerdings auch das Kunststück fertig, in allen neun Aufstiegsrunden zu scheitern. Immerhin gestaltete sich der Abschluss für die Ortenauer noch einigermaßen versöhnlich. Nach 28 Jahren gemeinsamen Weges verließen auch sie die Amateurliga Südbaden, wenn auch in Richtung Oberliga anstatt in den Profibereich.

Ebenfalls mit drei Meistertiteln schmücken kann sich neben dem SC Baden-Baden und dem FC 08 Villingen übrigens auch der alte Rivale aus Emmendingen. Dieser hat sogar eine Spielzeit in der damals zweithöchsten Liga, der Regionalliga Süd, verbracht – zusammen mit dem Freiburger FC und Bayern München. Doch der Auftritt der Kreisstädter über die gesamte Runde ließ viele Wünsche offen. Um das (in den Brunnen gefallene) Kind beim Namen zu nennen: Der FC Emmendingen bezog Prügel nach allen Regeln der Kunst und hätte sich sogar ohne Sieg aus der Liga verabschiedet, wenn nicht beim letzten Heimspiel Mitabsteiger TSG Ulm ein Einsehen gehabt und das Spiel mit 0:1 verloren hätte. Wenigstens hatten Spiele mit Emmendinger Beteiligung einen kaum zu steigernden Unterhaltungswert. In 36 Partien zappelte der Ball 189 Mal in den Maschen.

Weniger spektakuläre, dafür aber zeitweilig erfolgreiche Auftritte gab es auch beim SV Waldkirch zu beobachten, jenem

Klub an der Pforte zum Elztal, dessen Tor einst von dem Europa-Park-Gründer Roland Mack gehütet wurde und der immerhin zwei Meistertitel in den Annalen stehen hat. In zwei aufeinanderfolgenden Jahren wurde man Klassenprimus, im Jahr danach trug man gar ein DFB-Pokalspiel gegen den Karlsruher SC aus. Freilich folgte hernach der zwischenzeitliche Absturz bis in die A-Klasse: Wer in den 80er-Jahren in Waldkirch eine größere Menschenansammlung in Stadionnähe sah, wähnte sich eher vor einer allgemein bestaunten Bergziegengeburt im nahe gelegenen Kleinzoo als einem bedeutenden Fußballspiel. Doch hat man dieses Tief inzwischen überwunden: 2018 steht der SVW – inzwischen unter dem Namen FC Waldkirch – wieder in der Verbandsliga.

Dass der Sportclub momentan so große Erfolge feiert, ist umso erstaunlicher, als er sich drei Jahrzehnte kaum von anderen regionalen Vereinen abhob – und danach noch einmal anderthalb Jahrzehnte in der 2. Liga herumwurstelte. Immer schien man am Ort seiner Bestimmung, am Ende seiner Geschichte angelangt, und immer – wenn auch nach sehr langen Jahren – wurde der nächste Schritt gegangen.

GRUND NR. 7

Weil der »Bomber der Nation« sein erstes Tor in Freiburg schoss

Gerd Müller ist bis heute eine Legende. »Ohne die Tore vom Gerd würden wir heute immer noch in der Bretterbude an der Säbener Strasse sitzen«[1], so urteilte einst der Kaiser Franz Beckenbauer persönlich. Und wenn man sich Müllers bis heute einzigartige Werte anschaut, weiß man, was er damit gemeint hat.

Der »Bomber der Nation«, der von 1964 bis 1979 für den FC Bayern München die Kickstiefel schnürte, erzielte unglaubliche 570

Tore in 620 Profispielen: 365 Tore in 427 Bundesligaspielen. 71 Tore aus 57 DFB-Pokalbegegnungen, 66 Tore bei 74 Auftritten im Europapokal und 68 Tore in 62 Länderspielen. Zugegeben: Der letzte Rekord fiel dank unserem WM-Altmeister Miroslav Klose; dieser allerdings hat schon über 60 Länderspiele mehr auf dem Buckel. »Kleines, dickes Müller« errang alle nationalen und internationalen Titel, wurde EM- und WM-Torschützenkönig und gewann allein die Bundesliga-Kanone stolze sieben Mal. Immer wieder hieß es: »Dann macht es bumm, dann gibt's ein Tor …«

Wie bei vielen Stars seiner Generation nahmen sich die Anfänge seiner Karriere eher bescheiden aus: Müller heuerte für 160 DM Gehalt und 5.000 DM Handgeld beim FC Bayern an – den Vertrag unterschrieb seine Mutter. Dass er überhaupt beim FC Bayern landete und nicht beim ebenfalls interessierten Lokalrivalen 1860, ist der Handlungsschnelligkeit des damaligen Bayern-Geschäftsführers Walter Fembeck geschuldet: Dieser hatte erfahren, wann sich 1860-Kollege Maierböck am Müller'schen Elternhaus in Nördlingen einzufinden gedachte, erschien ebendort eine Stunde früher und überzeugte den 17-Jährigen von den roten Münchnern – der Beginn einer Weltkarriere.

Doch aller Anfang war schwer: Müller beackerte mit seinen Kollegen Sepp Maier und Franz Beckenbauer in seiner ersten Saison noch die Spielfelder der Regionalliga Süd. In dieser Spielzeit 1964/65 kam es am 18. Oktober zum Duell mit dem Freiburger FC. In doppelter Hinsicht ein Meilenstein für die Chronisten. Erstens, weil die Bayern den Freiburger Traditionsverein mit 11:2 unter die Räder schickten. Allein in der zweiten Hälfte zappelte der Ball elf Mal im Netz. Der Kommentar aus Freiburger Sicht: »Bis zum Seitenwechsel war die Widerstandskraft in den heimischen Reihen noch spürbar, obschon man herausfühlte, dass unsere Leute in einem Trancezustand kämpften, Rotweiß im Anspielen mit Weißrot verwechselten, und so Unsicherheit und Verwirrung immer mehr um sich griff.«[2]

Das zweite historische Ereignis des Tages unterdessen nahmen die Zeitgenossen weniger intensiv wahr: In seinem ersten Spiel für die Bayern trug sich nämlich auch ebendieser Gerd Müller in die Torschützenliste ein: Er markierte den Treffer zum zwischenzeitlichen 0:3 – sein erstes Tor in einem Pflichtspiel für den FC Bayern. Am Ende der Saison sollte den Bayern der Aufstieg in die Bundesliga gelingen. Gerd Müller erzielte bei 26 Einsätzen 33 Tore – dieser Aufstieg war zu einem erheblichen Teil auch sein Verdienst. Fortan versuchten die Verteidiger dieser Welt, manchmal in doppelter Manndeckung und dennoch erfolglos, den »Bomber« am Toreschießen zu hindern: Müller traf und sammelte Titel wie am Fließband.

Aus Freiburger Sicht kam diese Begegnung mit der Ewigkeit übrigens zu einem immerhin halbwegs versöhnlichen Abschluss: Der FFC beendete diese Spielzeit auf dem elften Tabellenplatz und konnte dem späteren Meister im Rückspiel ein Remis abtrotzen: 1:1 hieß es am Ende vor 15.000 Zuschauern in München: Für Freiburg traf Werner Anzill, für die Bayern – Gerd Müller!

GRUND NR. 8

Weil wir vor 51 Zuschauern den Aufstieg in die 2. Liga perfekt machten

Der SC Freiburg gegen den MTV Ingolstadt, und zwar in Darmstadt? Eine Konstellation, die noch am ehesten an einen nicht ganz klar zu erschließenden wohltätigen Zweck erinnert, war in der Saison 1977/78 Pflichtspiel-Realität. Aufstiegsrelegation – ein durchaus etablierter Wettbewerb zwar, allerdings mit der Besonderheit des neutralen Platzes. Und jeder Menge weiterer Kuriositäten, von denen die wichtigste bereits vor dem Anpfiff feststand: die sportliche Bedeutungslosigkeit dieses Duells. Der 1. FC Nürnberg hatte nämlich kurz zuvor den Aufstieg in Liga 1 vollendet, sodass durch den frei gewordenen Platz in der 2. Liga Süd beide Rivalen bereits aufgestiegen waren.

Entsprechend geriet die Begegnung zum heiteren Schaulaufen. Nicht nur die Kulisse – 51 zahlende Zuschauer – erinnerte an diesem Tag stark an ein C-Jugendspiel, sondern auch das Ergebnis (4:6 aus Freiburger Sicht). Die Kosten für die Unterbringung der Freiburger Mannschaft beliefen sich dabei übrigens auf etwa das Sechsfache jener 408 DM, die überhaupt durch Eintrittsgelder eingenommen worden waren. Schatzmeister Ziegelbauer wird es angesichts der Euphorie mit Gleichmut registriert haben.

Apropos Euphorie: Der Spaß kannte für die Freiburger in diesen Tagen offensichtlich gar keine Grenzen. Direkt nach Verkündung des Nürnberger Aufstiegs kam es zu einer spontanen Jubelfeier im »Dreisamblick«. Ungünstig war einzig der Umstand, dass die Vereinsgetreuen dort eigentlich zur turnusmäßigen Generalversammlung zusammengekommen waren. In der allgemeinen Ausgelassenheit brauchte es wohl mehr als ein Wick Blau, um sich irgendwie Gehör zu verschaffen. Wie ernsthaft die Tagesformalitäten abgearbeitet wurden, wissen wir nicht, wohl aber, dass die zu Hause informierten Sportclub-Spieler unterdessen ein Wettrennen austrugen, um bei den Feierlichkeiten im Vereinsheim einen guten Platz zu bekommen. Spielmacher Zacher konnte dabei »Bimbo« Binder auf den zweiten Rang verweisen.

Dem zwei Tage später stattfindenden Wettkampf in Darmstadt ging verständlicherweise auch etwas die Seriosität ab. Zwar nahm Trainer Manfred Brief vor Ort von seinem Vorhaben Abstand, sich selbst als Libero aufzustellen. Doch schickte er dafür Mannschaftsbetreuer Theo Schnatterer ins Rennen. Dieser betrat zur Belustigung aller Freiburger Neu-Profis in Minute 55 die spärlich besuchte Bütt, konnte jedoch keine entscheidenden Akzente mehr setzen. An diesem Tag hatte wirklich jeder seinen Spaß – abgesehen vom Darmstädter Kassenwart.

Weil es schon zwei Freiburger Vereine zusammen in der 2. Liga gab

Weil der FC stets höherklassig gespielt hatte als der Sportclub, gab es lange kein direktes Aufeinandertreffen beider Vereine. Und das, obwohl sie sportlich meist nur durch eine Liga und geografisch nur wenige Kilometer getrennt waren. Für einen zusätzlichen Reizpunkt wäre allemal gesorgt gewesen, vereinte doch der FFC eher das Bürgertum der Münsterstadt unter seinem Wappen, wohingegen der Sportclub als Arbeiterverein galt.

Schließlich – im Jahre 1978 – war es dann so weit: Der Sportclub stieg in die 2. Liga auf. FC gegen Sportclub: Freiburger Klassenkampf in der zweithöchsten deutschen Spielklasse. Zweifellos eine Besonderheit für den fußballerisch vergleichsweise kleinen Standort Freiburg. Und das interne Breisgau-Duell währte sogar vier Jahre lang: Meist mit dem besseren Ende für den aufstrebenden Club vom Dreisamufer. Nur im ersten der vier gemeinsamen Jahre landete der FC noch vor dem stark abstiegsbedrohten Lokalrivalen. Weil der Sportclub am letzten Spieltag beim KSC verlor, konnte der FC durch einen 3:2-Sieg über den Absteiger KSV Baunatal – wer kennt ihn nicht? – gerade noch sein Image als Stadtprimus über die Ziellinie retten.

Doch in den anderen drei Saisons sah man vom Sportclub nur noch die Rücklichter. Zugegeben, man war nicht viel schlechter, aber so etwas wie eine schleichende Wachablösung im Freiburger Fußball war dennoch zu beobachten. Dafür spricht auch der Trend in den direkten Duellen: Verlor der FC von den ersten vier direkten Zweitligaduellen nur eines, so konnte er aus den letzten vier kein einziges mehr für sich entscheiden. Oder noch deutlicher: Das erste Zweitligaduell gewann der FC mit 3:0, das letzte verlor er mit 0:4, stieg ab und verabschiedete sich bis heute endgültig aus Liga 2.

An diesem Kulminationspunkt Freiburger Fußballhistorie dürfen zwei Namen damaliger Protagonisten natürlich nicht fehlen. Zum einen der des jungen Charly Schulz, welcher den Niedergang seines FC auch nicht verhindern konnte und sich hernach dem Sportclub anschloss. Zum anderen der des Sportclub-Rekordtorjägers Jogi Löw, welcher am 38. Spieltag der Saison 1979/80 im Möslestadion einen Treffer beisteuerte. Dieser hatte aber nur statistischen Wert, denn der FC drehte die Partie noch zum 3:2. Am Ende wurde der Sportclub Sechster, der FFC Neunter. Aufsteiger dieser Mammut-Runde mit 21 Mannschaften war der Club aus Nürnberg, wohingegen unter anderem solch kuriose Gruppierungen wie Röchling Völklingen und der MTV 1881 Ingolstadt die Liga nach unten verlassen mussten.

GRUND NR. 10

Weil wir jahrelang gegen Union Solingen und den FSV Salmrohr gespielt haben

1978 stieg der Sportclub auf in die 2. Liga. Und blieb dort für fast anderthalb Jahrzehnte. An sportlichen Glanzstunden gibt es aus dieser Phase wenig zu vermelden. Der Sportclub wurde zur grauen Maus der zweithöchsten deutschen Spielklasse: Man spielte immer mit, bewegte sich aber fast durchweg im Niemandsland der Tabelle, der Abstiegssorgen meist ledig, aber weit entfernt von jeglichen Aufstiegsfantasien.

Im ersten Jahr der eingleisigen 2. Liga konnte man dem Abstieg erst spät entrinnen und beendete die Saison als 15. In den nächsten neun Spielzeiten rangierte man am Ende sieben Mal zwischen Platz 7 und 13. Einzig 1985/86 wurde es kurz knapp: Durch ein 3:1 am letzten Spieltag rettete sich die Pöpperl-Elf noch auf den ersten Nichtabstiegsplatz. Hinuntergehen mussten seinerzeit Hertha, Bayreuth, Tennis Borussia und Duisburg. Umgekehrt schnupperte man an der Dreisam als Fünfter der Spielzeit 1988/89 wenigstens einmal an höheren Sphären – auch da fehlten am Ende aber vier Punkte auf den letzten Aufsteiger Saarbrücken.

Nicht nur aufgrund zeitlicher Koinzidenz war der Sportclub also so etwas wie der Ronald Reagan des deutschen Fußballunterhauses: Er war immer dabei, aber was er gemacht hat, weiß keiner mehr so genau. Fast ein Jahrzehnt wurde Reagan nicht müde, den Kampf gegen das »Reich des Bösen« auszurufen, und noch länger wetteiferten die Freiburger, ohne ideologische Gräben, aber doch mit mindestens ebenso hartnäckiger Konkurrenz, die ihren Platz partout nicht räumen wollte.

Die Rede ist von anderen grauen Zweitligamäusen der 80er-Jahre: Hessen Kassel, Darmstadt 98, Wattenscheid 09, Fortuna Köln, Union Solingen, FSV Salmrohr, Aachen oder den Kickers aus Stuttgart. Andere Mannschaften wie der KSC oder Hannover gewannen durch einige Auf- und Wiederabstiege immerhin etwas an Kontur – der Sportclub klebte zusammen mit anderen Mannschaften zäh und verkrustet wie überbackener Käse an der Auflaufform 2. Liga.

Weil wir als einzige graue Maus der 2. Liga *nicht* niedergegangen sind

Was heute die 3. Liga ist, war in den 80er-Jahren die 2. Liga. Nicht das Konzert der ganz Großen – mal verirrte sich eine Traditionsmannschaft hinunter, mal kam ein Exot hinzu – doch der harte Kern der Liga führte ein schwer zu lokalisierendes Dasein auf der ersten, aber noch nebligen Anhöhe der deutschen Fußballlandschaft.

Diese Vereine haben vieles gemein: Für den Aufstieg in Liga 1 fehlte es meist an Qualität, Mitteln und Struktur, doch war man immerhin stark genug, um einige Mannschaften hinter sich zu lassen. Zuschauer kamen zu viele, um jeden persönlich zu kennen, aber zu wenige, um behaupten zu können, man habe jedes zweite Wochenende kaum mehr den Heimweg gefunden. Für einen Platz mit ordentlicher Sicht reichte es, wenn man fünf Minuten vor Anpfiff zum Kassenhäuschen schlenderte, und eine Schlange am Wurststand gab es allenfalls in der Halbzeit. Und noch etwas verbindet diese grauen Mäuse der 2. Liga: Sie sind inzwischen fast alle aus dem Profifußball und damit aus dem Blickfeld des Otto Normalfans verschwunden. Alle – außer der SC Freiburg. Ihm gelang es als einzigem Verein, wirklich langfristig im Profifußball Fuß zu fassen.

Es hätte auch anders kommen können, wie folgende Episode zu zeigen vermag. Wer hat nicht schon einmal den Drang verspürt, an einem x-beliebigen Wochenende ins Rheinland zu fahren, um dort einem echten Amateurkick beizuwohnen? Sagen wir mal Union Solingen gegen den ASV Wuppertal? Schon die Ankunft am Solinger Bahnhof versprüht wenig Glamouröses: ein Sonntag mit wenig Verkehr, rumhängenden Teens und wartenden Taxifahrern. Wer etwas erleben möchte, fährt ins nahe Köln. Fans? Kein einziger! Zum Stadion? Frag jemand anderen! Mitleidiges Lächeln begleitet die Wegbeschreibung, die durch die rheinische Mundart auch nicht leichter wird. Endloser Marsch!

Dann endlich: die Hermann-Löns-Straße. In zehn Minuten beginnt das Spiel. Fans? Kein einziger! Stimmung? Von ferne pfeift ein Singvogel. Das Stadion aber ist Kult: In nicht mehr ganz frischem Blau-Gelb gestrichen, die Stehränge verwittert, der Rasen von frischem Herbstlaub bedeckt. Frugale Funktionsarchitektur, innig umschlungen von den sanften Armen der Natur. Hier ist die Zeit schon etwas länger stehen geblieben. Über diesen erhebenden Augenblick hätte man fast vergessen, warum man eigentlich hier ist. Fans? Immer noch kein einziger! Vor allem aber auch keine Mannschaften! Ein Spaziergänger weist den Weg zur neuen Spielstätte: »Hier spielt schon lang keiner mehr, die kriegen das Stadion doch nicht mehr voll!« Also vorbei an Kleintierzoo und Schrebergärten zu einer schmucklosen Sportanlage.

Der Einlasser im blau-gelben Schal erklärt die Ausgangslage: Die Union aus Solingen sei als Tabellenletzter der Bezirksliga krasser Außenseiter gegen die Spitzenmannschaft aus Wuppertal. Wobei das Ergebnis eigentlich egal sei, da man nächstes Jahr, weil weitgehend insolvent, vermutlich eh »dichtmachen« werde. Einer der anderen 80 Zuschauer bestätigt stumm und mit resigniertem Abwinken. Das Spiel endet erwartungsgemäß und trotz einiger »Eisern Union«-Anfeuerungen mit 1:4. Sic transit gloria Solingens.

Ganz so schlimm hat es natürlich nicht jeden Klub erwischt, der mit dem Sportclub damals das Schicksal scheinbar immerwährender Zweitligazeit teilte. Aber bis auf Darmstadt 98, das 2015/16 unter Dirk Schuster sein Bundesliga-Märchen erlebt, hat man in der oberen deutschen Fußball-Landschaft keinen mehr angetroffen.

GRUND NR. 12

Weil wir vor 2.000 mürrischen Senioren gespielt haben

Doch auch in Freiburg waren wir lange Zeit weit weg von großen Fußballfesten. Ein typisches Spiel aus grauen Freiburger Zweitligazeiten muss man sich in etwa so vorstellen: Ältere Herren im Allwetter-Trenchcoat setzen am späten Samstagvormittag ihre Gattin zum Einkaufen in der Innenstadt ab, besuchen noch auf ein, zwei Schorleweißsauer den Stammtisch und steuern eine halbe Stunde vor Spielbeginn unter provozierendem Einhalten der Richtgeschwindigkeit ihren fellbezogenen Benz Richtung Littenweiler. Diesen lässt man routiniert unmittelbar vor der Geschäftsstelle ausrollen, nötigenfalls unter Beiseitehupen weiterer älterer Herren.

Man schnauzt den Kartenabreißer an, warum schon wieder alles teurer geworden ist, zumal in letzter Zeit nur Scheißdreck gekickt worden sei, droht, sich persönlich beim Präsidenten zu beschweren, welchen man immer dienstags zum Cäsarspielen im Kleinen Meyerhof sehe, und bezieht unter weiteren Missfallensäußerungen einen Platz auf der spärlich besetzten Tortribüne. Zwei Reihen weiter unten hockt der Erwin samt Kindeskind: »Meinsch, sie gwinne heut?« – »Nai, de Sahne isch verletzt!«

Ein Blick ins Stadionheftle verdeutlicht die Konstellation: Der Sportclub (Elfter) hat es heute mit Union Solingen (Dreizehnter) zu tun. Durch einen Sieg könnte man die Saison noch als Zehnter beenden, vorausgesetzt, Viktoria Aschaffenburg verliert das Parallelspiel in Darmstadt mit mindestens 16 Toren Differenz.

Früh stellen die Mannen im Pöpperl-Trikot die Weichen auf Sieg: Souleyman Sané – doch nicht gehandicapt – staubt gewohnt cool ab. Dann zwei Tore der gelb-blauen Gäste aus dem Rheinland, das zweite mit tatkräftiger Unterstützung des einheimischen Torwächters. »Haas, geh heim!«, ruft ein schirmbemützter Rentner aus dem Mittelrang, und da sonst keiner etwas sagt, ist es auch für den Angesprochenen nicht zu überhören. Auf den Stehplätzen wird die Regenkleidung ausgepackt.

Zeit, der Tristesse ein Ende zu bereiten: Der Enkel wird mit einem Fünf-Mark-Stück zum Wurststand geschickt, zwei Lange Rote mit Ketchup, aber zwei Mark retour! Auf dem fast quadratischen Geläuf grätschen Charly Schulz und Rolf Meier – die Eisenstollen voran – einen Gegner nach dem anderen über den Haufen. Dieser nimmermüde Einsatz für die Vereinssache findet auf den Rängen allseitigen Gefallen. Vereinzelt vernimmt man nun gar unterstützende Ausrufe.

Erstes Highlight in Hälfte zwei: Ein missglückter Befreiungsschlag landet auf der Schwarzwaldstraße, man hört ein Auto in die Bremsen steigen. Ein Weckruf für die Heimelf? Jedenfalls erzwingen die Rot-Weißen den Ausgleich in der Schlussviertelstunde.

Eigentor! 2:2 heißt es zum Schluss. Handgezählte 2.518 Zuschauer spenden kraftlos Beifall für das 14. Heimremis der laufenden Spielzeit. Beim anschließenden gestauchten Export im Dreisamblick ist man sich einig: Die Saison war mittelmäßig. Daran, dass sie nicht gut war, ist zunächst der Trainer schuld, weil er erstens keine Ahnung hat, zweitens irgendwo aus dem Norden kommt (z. B. Mannheim) und drittens in jedem Spiel falsch aufgestellt hat. Zudem hat er keine Ahnung.

Die Spieler waren auch schlecht, weil sie erstens das Tor nicht treffen, zweitens hinten nicht dichtmachen und drittens im Seich rumlaufen. Wobei Letzteres vor allem daran liegt, dass der Trainer keine Ahnung hat.

Für die neue Saison braucht man einen neuen Trainer, am besten einen, der Ahnung hat – etwa zum vierten Mal Fritz Fuchs. Sowie neue Spieler und zwar solche, die das Tor treffen und in der Lage sind, hinten dichtzumachen. Vielleicht landen sie dann weiter oben, wobei sie in der Bundesliga eh nichts verloren haben.

»Also, sagsch ä Gruß zuhaus!« – »Ja, wenn ich z' Wort komm!«

 GRUND NR. 13

Weil Pöpperl unser Trikotsponsor war

Fußball-Deutschland, tief in den 80er-Jahren: Bayern München sammelt einen Meistertitel nach dem anderen, die deutsche Nationalelf wird Vizeweltmeister in Mexiko und *Sportschau*-Legende »Addi« Furler kürt mit unerschütterlicher Konstanz den Galopper des Jahres. Tief im Süden dümpelt derweil der Sportclub Freiburg im Niemandsland der 2. Liga herum.

Die Zeiten sind trist an der Dreisam. Zwar hat man den Lokalrivalen FFC langsam hinter sich gelassen, doch jedes Jahr beginnt der Kampf aufs Neue. Und das nicht nur in sportlicher Hinsicht.

Vor allem finanziell kann der Sportclub keine großen Sprünge machen. Die Suche nach einem Trikotsponsor etwa gleicht der nach der Nadel im Heuhaufen. Bisweilen springen sogar Vereinsfunktionäre mit eigenem Kapital ein. Mehr oder weniger aus der Not heraus entwickelt sich ein Sponsoren-Engagement, das inzwischen längst Kultstatus hat.

Die Rede ist natürlich vom legendären »Pöpperl«-Schriftzug, der fast ein Jahrzehnt die Leibchen der Freiburger zierte. Zwar wusste keiner so recht, wer oder was jener Pöpperl eigentlich war, geschweige denn, wofür hier überhaupt geworben wurde. Doch jedes Jahr aufs Neue kam die Mannschaft wieder mit diesen magischen sieben Buchstaben aus der Sommerpause. Sieben Buchstaben nur, aber eben auch eine sechsstellige Zahl, die den Sportclub wohl vor einem wirtschaftlichen Fiasko bewahrte.

Denn Gernot Pöpperl, jahrelanger Freund und Gönner des Vereins, ließ sich die Beflockung mit seinem Nachnamen bis zu 300.000 DM pro Saison kosten. Angesichts dieser für den Sportclub sehr hohen Summe hätte er vermutlich alles Erdenkliche – wahrscheinlich auch eine Abwandlung der Worte Tucholskys: »Deutsche, kauft deutsche Bananen!« – auf die Trikots drucken lassen können. Und selbstverständlich auch das, was am nächsten lag, zum Beispiel »Pöpperl Bauunternehmen« oder auch »Pöpperl Immobilien«. Zumal am Dreisamstadion unter seiner Ägide einige längst notwendig gewordene Modernisierungen durchgeführt wurden. Doch da hier wie überall der Kunde König ist, war der Sponsor eben einfach nur Pöpperl. Ohnehin verstand sich der Mäzen nur als Interims-Löcherstopfer und zeigte sich stets bereit, den Platz auf den rot-weißen Jerseys von seinem Namenszug zu befreien, sollte sich endlich irgendwann ein adäquater Trikotsponsor finden. Dieser und es kam natürlich, wie es kommen musste, erst mit dem sportlichen Erfolg. Einigermaßen indigniert musste der Gönner also registrieren, dass ausgerechnet dann, als der Sportclub zum ersten Mal als attraktiver Werbeträger in den Blick der Öffentlichkeit gelangte, seine Dienste nicht mehr gefragt waren. Stattdessen wurde ein Engagement mit der Firma Zehnder geschlossen, die in Heizkörpern machte. Zum ersten Mal in seiner Vereinsgeschichte hatte der SCF einen professionellen und vor allem zahlungskräftigen Trikotsponsor.

Vorausgegangen waren härteste Zeiten für die Club-Oberen. Zeiten der Peinlichkeiten, des Bettelns und Hausierens, Zeiten, in denen man für ein paar Mark beinahe die Vereinsseele verkauft hätte. So stand angesichts klammster Kassenlage ernsthaft der Vorschlag im Raum, die Trikotfarben in Schwarz-Gelb zu ändern, um dergestalt augenfällig Reklame für einen lokalen Bierbrauer zu machen. Aller Selbstverleugnung zum Trotz kam es zu keinem Vertrag, und so grätschten die Mannen aus dem Freiburger Osten eine ganze Runde lang mit gänzlich entblößter Brust durch die Zweitligastadien. Ein Phänomen, das wir sonst nur vom ruhmreichen FC Barcelona kennen, mit einer im Übrigen recht ähnlichen Fortsetzung. Denn während die Katalanen schon für eine Saison dem Kinderhilfswerk Unicef ihr Oberteil zur Verfügung stellten, bastelte man in Freiburg an der Idee, umsonst für das Deutsche Rote Kreuz zu werben. Der unmissverständliche Slogan »Rettet Kambodscha!« war dann aber seiner Zeit wohl doch etwas zu weit voraus, jedenfalls nach dem maßgeblichen Empfinden des Präsidenten Stocker, welcher monierte, man sei offenbar »nicht ganz gebacken«[3].

Der abschließende Dank gebührt nun also doch Gernot Pöpperl, der Freiburg nicht nur in finanzieller Hinsicht vor Schlimmerem bewahrt hat. Anstatt sich womöglich vorschnell in politische Krisenherde einzumischen, trägt man lieber neun Jahre lang einen nichtssagenden Nachnamen spazieren.

Weil Schalker Fans (fast) unser Stadion kaputt gemacht haben

Als der Sportclub am 15. Spieltag der Saison 1990/91 den FC Schalke 04 empfing, waren die Rollen klar verteilt. Schalke war nicht nur Favorit auf den Bundesliga-Aufstieg, sondern auch Tabellenführer. Ein Klub mit Tradition und ein Team mit glanzvollen Namen wie Jens Lehmann, Ingo Anderbrügge, Jürgen Luginger oder Andreas Müller, trainiert von Ruhrpott-Urgestein Peter Neururer. Kein Wunder, dass das Stadion mit damals 14.000 Zuschauern ausverkauft war.

Der Spielverlauf stellte die Erwartungen völlig auf den Kopf. Nach 20 Minuten hatte Holger Janz eine schnelle 2:0-Führung herausgeschossen, mit den letzten beiden Toren, die er für den Sportclub erzielte. Die Königsblauen kamen mit dem Anfangsdruck der Einheimischen gar nicht klar. Das Publikum war begeistert, schließlich war auch Freiburg gut in die Saison gestartet, und bei einem Sieg wäre sogar ein Aufstiegsplatz drin gewesen. Aus den Reihen des Schalker Anhangs, etwa 2.000 mögen es gewesen sein, vernahm man schon zu diesem Zeitpunkt erste Missfallensbekundungen, die sich nach einem nicht gegebenen Elfmeter immer mehr in Richtung des Schiedsrichters fokussierten.

Die Stimmung eskalierte vollends, als nach einer starken Stunde für den Schalker Schacht Schicht in demselben war, weil Schiedsrichter Wippermann ihm die Rote Karte gezeigt hatte. Von wo auch immer sie herkamen, erkletterten Gelsenkirchner Fans nun in Massen den Zaun an der Gegengerade, und das fast auf der gesamten Länge. Sie begannen daran zu rütteln, der Zaun wackelte bereits sehr bedenklich und drohte jeden Moment nachzugeben. In Erwartung eines Platzsturms packten erste Freiburger bereits panisch ihr Bündel und näherten sich den Ausgängen. Irgendwann während dieser allgemeinen Unruhe hatte sich die Szenerie auf der Gegengeraden dann aber wieder beruhigt. Zurück blieben glücklicherweise nur ein paar materielle Schäden, das Spiel aber wurde – für den ein oder anderen mit klopfendem Herzen – zu Ende geführt, zur Freude der Freiburger sogar mit einem weiteren Treffer durch Thomas Schweizer.

Schalke stieg übrigens am Ende souverän auf, während der Sportclub, traditionell nach verschlafener Rückrunde Neunter wurde. Es war das letzte Jahr von Eckhard Krautzun, Volker Finke sollte ihn zur neuen Runde ablösen. Der Vorbote der Bundesliga in Gestalt des Schalker Gastspiels blieb indes für manchen Freiburger – zu Recht oder nicht – auch mit negativen Erinnerungen behaftet.

GRUND NR. 15

Weil wir an unserem angeblich bundesliga-untauglichen Stadion festgehalten haben ...

Erst mal das Wichtigste: Es heißt »Dreisamstadion«. Wer »Badenova-Arena« sagt oder »Mage Solar Stadion«, die Heimstätte des SCF also beim korrekten Namen des jeweiligen Sponsors nennt, outet sich als schnelllebiger Eventfan und wird von Alteingesessenen belächelt. Umso mehr, wenn Letztgenannte zu denen gehören, die anno '54 mit eigener Hände Arbeit die Umzäunung aus dem Boden des noch jungen Sportplatzes gehoben hatten. Das heutige Dreisamstadion also liegt im Stadtteil Waldsee und gründet auf zwei Fußballfeldern, die der damalige Bürgermeister Gerhard Graf im Jahr des ersten deutschen WM-Triumphs einweihte. Als Umkleidekabine diente eine Baracke am Spielfeldrand, bald ließ der Vorsitzende Helmut Köbele das Vereinsheim »Dreisamblick« bauen. Die Infrastruktur des Stadions wuchs nur langsam. Noch Anfang der 80er-Jahre galt der Sportclub in Zweitligakreisen als zweifelhafte Adresse, ordentliche Kabinen sowie Toiletten für die Zuschauer suchte man vergeblich. Dazu kam ein Rasen, der den künftigen Breisgau-Brasilianern nur in Ausnahmefällen zur Ehre gereichte.

Natürlich wurde im Zuge des sportlichen Aufstiegs nachgebessert – im Rahmen der Freiburger Möglichkeiten, die stets bescheiden gewesen sind. Das Dreisamstadion wuchs Schritt für Schritt. Von einem Fassungsvermögen von rund 15.000 Zuschauern (1989), als besagte Schalker fast den windschiefen Zaun der Gegengerade zum Einsturz brachten, bis zur letzten Ausbaustufe, die das Duo Finke/Rettig 1998 forcierte und letztlich zu einer Kapazität von 24.000 Plätzen führte, davon 14.000 Sitzplätze und 10.000 Stehplätze. Das dickste Stimmband des Stadions, die Nordtribüne, wurde 1999 erweitert und auf 6.000 »Steher« aufgestockt.

Das Stadion platzte vor allem in den ersten Bundesligaspielzeiten aus allen Nähten und die lokalen Gegebenheiten machen eine erneute Erweiterung bzw. einen Umbau schwierig. Das Gelände liegt praktisch im Nadelöhr der Stadt, wird begrenzt von Dreisam, Strandbad, Trainingsplätzen und Schwarzwaldstraße nebst einem Wohngebiet. In unmittelbarer Sichtweite erheben sich die Tannen des Ottilienwalds im Norden und die steilen Hänge gen Kybfelsen und Sternwald im Süden. Man ist von Grün umgeben, und genau diese Lage macht die einzigartige Atmosphäre des Stadions aus. Im Inneren gleicht es oft einem Hexenkessel, was auch an der erstaunlichen Akustik des Schmuckkästchens liegt. Einerseits vernimmt man von der Haupttribüne noch die gerufenen Anweisungen des Trainers, andererseits prasseln die Anfeuerungsgesänge aus nächster Nähe aufs Spielfeld.

»Dreisamstadion – ein Name, der nie vergeht«: Diesen Slogan kann man auf T-Shirts von einigen, vor allem jüngeren, SC-Fans lesen. Er steht auch für Unangepasstheit und die Haltung, sich den Zwängen einer kommerziellen Mehrzweckarena mit ihren Business-Sitzen und Unternehmenslogen nicht beugen zu wollen. Er steht für Freiburg als besonderen Bundesligastandort, für den Sportclub mit seinen Mitteln und Möglichkeiten. Und seiner Tradition: In diesem Stadion schlug der SC die Bayern mit 5:1 und feierte vier Bundesliga-Aufstiege.

Die SC-Heimstätte nennt sich neuerdings Schwarzwaldstadion, eine von vielen Anhängern begrüßte Hommage an die Region. Gleichwohl ist es, so sieht es zumindest der Vorsitzende Fritz Keller, der letzte Mohikaner unter den Bundesliga-Stadien. Lange wird dies nicht mehr so sein. Zum Leidwesen vieler.

GRUND NR. 16

… und weil wir jetzt trotzdem ein neues bauen

Dass ein neues Stadion her soll hat ganz pragmatische Gründe: Das Spielfeld ist 4,50 Meter zu kurz und entspricht nicht den Anforderungen des internationalen Wettbewerbs. Der SC musste bei DFL und UEFA schon so manche Ausnahmegenehmigung einholen. Dazu kommen wachsende medientechnische Bedürfnisse (zum Beispiel 3-D-Kameras), denen man nicht mehr gerecht werden kann. Lange prüfte man die Option, das Dreisamstadion am jetzigen Standort auszubauen. Stadt und Verein gaben eine Reihe von Gutachten in Auftrag, bei denen viele Beobachter den Eindruck nie ganz loswurden, dass das Ergebnis bereits vorher feststand. Im November 2012 dann verkündete der damalige Oberbürgermeister Dieter Salomon das baldige Ende des Standortes an der Schwarzwaldstraße. Ein Ausbau würde sich nicht rechnen – ganz abgesehen von den zu erwartenden Anwohnerprotesten. Was in der unübersichtlichen Debatte indes unterging, waren zwei Dinge. Erstens waren die Anwohnerproteste zuletzt eigentlich gar nicht mehr so groß, respektive ein Neubau würde diese nur anderswohin verlagern. Zweitens – und das ist schon sehr bedenklich – liegen die Kosten für das Neubau-Projekt (inklusive infrastrukturellen Maßnahmen) bei rund 110 Millionen Euro und damit je nach Kalkulation etwa doppelt so hoch bzw. um ein Drittel höher als bei dem als wirtschaftlich untragbar angesehenen Umbau des alten Stadions.

Und eine Uni-Mensa, mit der lange als Synergieeffekt geworben wurde, wird es nun auch nicht geben.

Sicher hat ein neues Stadion auch Vorteile: Es könnte bis zu 35.000 Zuschauern Platz bieten, während am alten Standort durch einen gerichtlichen Vergleich eine Deckelung auf 25.000 festgeschrieben ist. Auch könnte der Anteil der Business-Logen deutlich erhöht werden – inzwischen lukrative Einnahmequelle fast aller Bundesligisten. Fortan jedenfalls wuchsen für beide Positionen die Argumente ins Unüberschaubare, während der Umgang zwischen Befürwortern und Gegnern mithin exponentiell dazu an Niveau verlor. In die lange Liste verbaler Verfehlungen reihte sich einmal mehr Ex-Oberbürgermeister Salomon ein, als er Neubaugegner mit der Pegida verglich.

Doch auch anderweitig taten sich Fronten auf: gereizte Anwohner sowie nervöse Clubmanager, begeisterte Fans, die ihr Dreisamstadion lieben, jenen heimelig-unperfekten Hexenkessel mit der einzigartigen Atmosphäre und dem Panorama der umliegenden Schwarzwaldberge. Der Stadtteil Mooswald rüstete ebenfalls auf: Schon zur ersten Sitzung der neu gegründeten Bürgerinitiative begrüßte SPD-Stadtrat Horst Bergamelli stattliche 400 Stadiongegner. Diese befürchten neben Lärm- und Verkehrsbelästigung auch eine Einschränkung der Frischluftzufuhr sowie giftige Altlasten, da sich das Bauareal auf der ehemaligen Mülldeponie der Stadt befindet. Auch mussten Gutachter prüfen, ob ein Stadion, das sich 180 Meter neben der Landebahn befindet, die Luftsicherheit gefährden würde. Weiterhin warben für ihre Positionen die Segelflieger-Lobby, verschiedene Ultra-Gruppierungen und die Partei »Freiburg Lebenswert«.

Im November 2014 sprach sich der Freiburger Gemeinderat mit 33 zu 10 Stimmen für ein neues Stadion im Wolfswinkel am Flugplatz aus. Und tat sodann keinen ungeschickten Schachzug: Der Beschluss sollte nämlich nur dann wirksam sein, wenn ein Bürgerentscheid drei Monate später ebenfalls positiv ausfällt. In diesen drei Monaten beherrschte die Stadionfrage das Stadtgespräch noch einmal in verschärfter Form und schlug Wellen bis nach Stuttgart. Die Gegner befürchteten Eingriffe in Flora und Fauna und explodierende Kosten im Falle eines sportlichen Abstiegs des Vereins. Zu ihnen zählten nicht nur unmittelbare Anwohner in Mooswald, sondern viele Bürger, die sich mit dem Engagement der Stadt als Geldgeber für die Infrastruktur und als Bürge für das Projekt selbst schwertaten. Die Befürworter hingegen argumentierten mit der Alternativlosigkeit des Neubaus, dem SC als Wirtschaftsfaktor für die Region sowie mit der angeblich soliden Finanzierung. Bundestrainer Jogi Löw machte sich für die Sache des Sportclubs stark. Auch sonst nahmen auf einmal Gott und die Welt Stellung: Moderator Marcel Reif, DFL-Chef Christian Seifert und verschiedene andere Prominente. Kapitän Julian Schuster firmierte gar als Wahlkämpfer am Bertoldsbrunnen.

Der 1. Februar 2015 war für den Sportclub ein voller Erfolg. Es stimmten 58,2 Prozent der Freiburger für den Stadionneubau ab. »Das war der wichtigste Sieg der letzten 20 Jahre«[4], urteilte SC-Präsident Keller. Es ist schwer zu sagen, ob die Befürworter die besseren Argumente bzw. Unterstützer hatten, ob viele Freiburger deswegen für den Standort stimmten, damit nicht ihr eigenes Wohngebiet irgendwann in Betracht gezogen werden könnte, oder ob der Sportclub Freiburg als großer Sympathieträger letztlich die entscheidende Zugkraft entwickelte. Jedenfalls will der SC spätestens zum Saisonstart 2020/21 sein neues Stadion am Freiburger Flugplatz einweihen. Bis dahin fließt aber noch einiges Wasser die Dreisam hinunter.

GRUND NR. 17

Weil die Franken unsere Lieblingsgegner sind …

Badner und Franken – nicht unbedingt eine Liaison, die sich ganz natürlich ergibt. Als vergemeinschaftendes Element lässt sich höchstens noch heranziehen, dass die Symbole beider Regionen – fränkischer Rechen und badischer Greif – nicht mit der allerletzten

Leidenschaft das große Landeswappen Baden-Württembergs zieren.

Im Fußball indes erwuchs den Sportclub-Anhängern über die Jahre eine innige Zuneigung für die Franken. Das erklärt sich schon daraus, dass der Sportclub ja bekanntlich nur deshalb in den Profifußball gelangte, weil der Club aus Nürnberg seinerzeit in die Bundesliga aufstieg. Dadurch nämlich wurde der vierte Platz in der 2. Liga Süd frei: Der SC konnte im 74. Jahr seines Bestehens zum ersten Mal das Abenteuer des bezahlten Fußballs angehen. Das Aufstiegsspiel in Darmstadt verkam zum bedeutungslosen Sommerkick.

Abgesehen von einer Traumbilanz in den direkten Duellen sorgten die Nürnberger noch drei weitere Male ganz konkret für gute Stimmung im Breisgau. Zunächst im ersten Bundesligajahr des SCF: Drei Spieltage vor Saisonende lag der Sportclub schon recht aussichtslos auf einem Abstiegsplatz. Dann geschah das Wunder. Man gewann die drei letzten Spiele, während der »Club« nur noch einen Sieg holte und am Ende wegen der schlechteren Tordifferenz runter musste. An anderer Stelle dazu mehr.

Derselbe Schauplatz, fünf Jahre später: Die halbe Liga ist noch in den Abstiegskampf verwickelt. Darunter auch Nürnberg und der Sportclub, die brisanterweise am letzten Spieltag direkt aufeinandertrafen. Recht unbekümmert als Tabellenzwölfter gingen die Franken in diese Partie, die Klassenerhalts-Shirts wurden schon vor dem Spiel auf der Bank abgelegt, die Feierlichkeiten für die nächste Bundesliga-Spielzeit waren aufgebaut und nur noch ganz graue Theorie hätte die Franken gefährden können. Irrerweise gewannen aber nicht nur die Konkurrenten Rostock und Stuttgart ihre Spiele, sondern auch die Frankfurter mit einem Last-Minute-5:1, dessen Schlusspunkt der Norweger Jan Åge Fjørtoft mit einem legendären Übersteiger setzte. Weil nun zeitgleich wiederum der SC mit 2:1 im Frankenstadion gewann, war es wieder der FCN, der dumm aus der Wäsche schaute und trotz nur elf Niederlagen abstieg. Ein einziges Tor mehr hätte dem Club gereicht. Umso bitterer jene Szene in der letzten Spielminute, als Frank Baumann frei stehend aus drei Metern an den Innenpfosten schoss, bis Richard Golz irgendwie den Ball sichern konnte. Dieser Abstieg traf den FCN wohl ähnlich hart wie der als amtierender Deutscher Meister 1969.

Frankenland, die vierte: Greuther Fürth gegen Sportclub Freiburg, 33. Spieltag der Saison 2012/13. Die längst abgestiegenen Kleeblätter sind nicht gewillt, auch noch das letzte Heimspiel ohne Sieg abzuschließen. Mit viel Mühe retten die Breisgauer ein 2:1 in die Schlussminuten. Dann ein Elfmeterpfiff, der beinahe alle Träume zerstört. Beinahe deswegen, weil Oli Baumann pariert. Ein kollektiver Jubelschrei im Gästeblock, es bleibt beim 2:1, und der Sportclub qualifiziert sich zum insgesamt dritten Mal für den europäischen Wettbewerb. Am letzten Spieltag kommt es gegen Schalke gar zum Kräftemessen um den Champions-League-Einzug.

Ein Aufstieg, zwei Rettungen in letzter Sekunde und ein Ticket nach Europa – gegen die Franken werden Freiburger Träume meistens wahr. Klar, dass auch der Auftakt in die Zweitliga-Saison 2015/16 standesgemäß glückte: SCF gegen FCN 6:3. Leider verbindet der Sportclub nicht mit allen Regionen in Deutschland so gute Erinnerungen.

GRUND NR. 18

… und weil die Bayern inzwischen unsere Angstgegner sind

Eigentlich begannen auch die Partien gegen den deutschen Rekordmeister mehr als verheißungsvoll. 3:1, 5:1, 3:1 lauteten die ersten drei Heimresultate im ewig ungleichen Duell. Uwe Wassmer, Rodolfo Cardoso und Harry Decheiver waren die Torhelden, die Freiburg in Ekstase, die Republik in Staunen und die Münchner Offiziellen in Rage versetzten. Nur zwei Mal in den ersten acht Aufeinandertreffen hatte der Underdog das Nachsehen. Ausgerechnet der deutsche Serienmeister also schien zu einem verlässlichen Punktelieferanten an der Dreisam zu werden. Selbst auswärts kamen die Breisgauer anfangs noch zu brauchbaren Ergebnissen – meist spielte man ansehnlich mit, zwei Mal brachte man sogar ein Remis mit nach Hause, was – wie wir gleich sehen werden – sogar Jürgen Klinsmanns berühmten Tritt in die Werbetonne nach sich zog.

Leider endete diese Serie recht abrupt, und zwei Jahrzehnte später müssen wir eine fatale Entwicklung konstatieren. Aus den folgenden 29 Spielen nämlich erkämpfte sich der SCF noch gerade sechs mickrige Pünktchen. Und auch der 2:1-Sieg über Meister-Bayern am 33. Spieltag konnte den Abstieg 2015 nicht verhindern. Nun sind Niederlagen gegen Bayern München natürlich alles andere als eine Seltenheit. Die Art und Weise musste einem hingegen zu denken geben, kam der Sportclub doch immer wieder böse unter die Räder der Rekordmeister-Karosse.

Schon beim 6:1 in der Spielzeit 1999/2000 schossen die Bayern ein Tor mehr als bei der Mutter aller Niederlagen in Freiburg. Damit war ihr Rachedurst aber noch nicht gestillt. Einem 0:6 zu Hause 2003/04 folgte ein Jahr später gleich eine doppelte Demontage. Hielten die Freiburger beim 0:1 in der Liga (das einzige Tor schoss der gebürtige Südbadner Sebastian Deisler) noch überraschend gut mit, so wurden sie vier Tage später im DFB-Pokal richtiggehend an die Wand gespielt. 0:5 stand es schon zur Halbzeit, am Ende setzten die Bayern noch zwei Treffer drauf. Allein Claudio Pizarro traf vier Mal. Traurige Erinnerungen brannten sich ein: »Sofort lag ein Grauschleier über der Stadt. Mir war, als hätten alle Menschen einen ›Ich bin Bewohner einer Stadt, die gestern 0:7 verloren hat‹-Stempel auf dem Schädel.«[5]

Die vorläufig letzte Klatsche fügten die Bayern dem Sportclub im Jahr 2011 zu. Die inzwischen von Marcus Sorg trainierte Mannschaft ließ den Rekordmeister nach Belieben gewähren, selten sah man in einem Bundesligaspiel so viele Hackentricks oder Übersteiger im Sechzehnmeterraum. Insbesondere Mario Gomez und Franck Ribéry spielten sich in einen Rausch und steuerten beim 7:0 zusammen sechs Treffer bei. Dabei ist dieses Resultat nur ein Tiefpunkt einer Dauermisere! Einen Auswärtssieg gab es nämlich noch gar nicht.

GRUND NR. 19

Weil Jürgen Klinsmann gegen uns in die Werbetonne trat

In keinem Bundesliga-Rückblick fehlt er: Jürgen Klinsmanns berühmter Tritt in die Sanyo-Werbetonne. Die Szene haben wir alle noch vor Augen. An die Umstände des Schwaben-Ausrasters wollen wir an dieser Stelle noch einmal erinnern, weil der Sportclub Freiburg nicht unerheblich daran beteiligt war.

Als Tabellenletzter nämlich reisten die Breisgauer an jenem 10. Mai 1997 nach München. Jeder wartete darauf, dass das Trapattoni-Starensemble seiner Rolle mit einer neuerlichen Gala gerecht werden würde. Es kam aber anders. Denn nach 80 Minuten stand es immer noch 0-0. Nicht unüblich, wenn ein Trainer bei dieser Konstellation einen Wechsel vornimmt. Und dass es nun Jürgen Klinsmann traf, war kein Zufall. Denn der Bayern-Star musste in seinen 30 Einsätzen schon elfmal das Feld vorzeitig räumen. Entsprechend angefressen war er schon vor der Partie. Den emotionalen Rest dürfte ihm aber der Umstand gegeben haben, dass ihn mit Carsten Lakies ein vollkommen unbekannter Vertragsamateur ersetzen sollte. Als Trapattoni jenen vom Aufwärmen zur Bank beorderte, hielt Lakies das zunächst für ein Missverständnis. Ein paar Wochen hatte er überhaupt erst bei den Profis mittrainiert, und nun sollte er in dieser entscheidenden Phase der Saison anstelle des schwäbischen Weltstars für die Entscheidung sorgen? Kein Wunder, dass Klinsi sich besonders gedemütigt fühlte. Noch mehr hätte er sich aber geärgert, wenn er schon damals gewusst hätte, dass das die einzigen zehn Minuten bleiben würden, die Lakies jemals für die Bayern absolvierte. Bei wohl keinem Spieler in der Geschichte der Bundesliga dürfte das Verhältnis zwischen Einsatzzeit und Bekanntheitsgrad so günstig sein.

Jedenfalls flippte Klinsi ziemlich aus: Zunächst ruderte er kopfschüttelnd mit den Armen hin und her und fluchte gen Coach, sodann suchte er sich das erstbeste Opfer auf dem Weg in die Katakomben. Beim Tritt in die Werbetonne hinterließ er nicht nur einen Stampfer im Pappmantel, sondern zog sich, wie er später zugab, zu allem Überfluss noch eine Verletzung zu.

Als Balsam erwies sich die Aktion indes für den Bayern-Werbepartner: Die Firma Sanyo, zuvor bloß ein japanischer Elektronikhersteller wie viele andere, gelangte quasi über Nacht zu Weltruhm. Gut sichtbar zwischen Tribüne und Trainerbänken war ihre schulterhohe Batterie platziert. Und noch besser sichtbar wurde das Firmenlogo, als Klinsmanns starker Fuß bis zum Schienbein im stilisierten »N« des Schriftzugs stecken blieb. Fortan lief dieser Ausschnitt alle Kanäle rauf und runter. Die Dankbarkeit der Japaner war grenzenlos und ging gar so weit, dass sie den blonden Stürmerengel quasi bis an sein Lebensende mit Batterien eindeckten. Umsonst und auch vergeblich: Nur acht Jahre später geriet Sanyo in schwierige Fahrwasser und wurde jüngst gar aus dem Nikkei gestrichen. Die Werbetonne indes genießt inzwischen einen Platz für die Ewigkeit in der FC-Bayern-Erlebniswelt.

Auch in sportlicher Hinsicht ging das Ganze versöhnlich für die Bayern aus. Weil man bis zum Saisonende kein Spiel mehr verlor, verwies man Bayer Leverkusen auf Rang zwei und feierte am Ende die 13. Meisterschaft der Vereinsgeschichte. Dumm aus der Wäsche schaute der SC Freiburg, der zum ersten Mal aus der Bundesliga absteigen musste.

Weil wir gegen Bremen immer die Hucke voll bekommen

Ähnlich trist liest sich die Bilanz gegen Werder Bremen. Nur acht von 33 Spielen konnten die Freiburger bis zum letzten Abstieg 2015 für sich entscheiden, 20 Mal verließen sie mit hängenden Köpfen den Platz. Aus Sicht der meisten Freiburger Fans waren diese Niederlagen noch halbwegs wegzustecken, solange wenigstens das ein oder andere Törchen dabei herausgesprungen war. Tatsächlich boten diese beiden offensiv ausgerichteten Vereine den Zuschauern eine unterhaltsame Partie nach der anderen: Fünf Mal gab es ein 3:2 zu bestaunen, einmal ein 4:2, ein anderes Mal gar ein 5:3.

Schlechterdings kulminierte die Bremer Dominanz aber auch in zahlreichen Kantersiegen, die die Norddeutschen allmählich zum Freiburger Angstgegner werden ließen. Beim 5:1 im März 1995 traf Mario Basler doppelt, auch 1999 kassierte der Sportclub gleich eine Handvoll Gegentore, darunter zwei von Marco Bode. Immerhin trafen damals Weißhaupt und Zeyer. Schlichtweg miserabel fielen die vier Spiele zwischen Dezember 2004 und April 2010 aus – zwischendurch hatte der SCF sein längstes Zweitligagastspiel der jüngeren Vereinschronik. 1:20 Tore ließen sich die Breisgauer einschenken – das entspricht einem Durchschnittswert von 0,25:5 pro Spiel. Entsprechend kunterbunt fällt die Liste der Torschützen aus: Zwei Mal Klose und Borowski, je drei Mal Micoud und Charisteas, dann später zwei Mal Almeida, Özil und natürlich auch wieder Pizarro, dazu je ein Treffer von Naldo, Marin, Hunt und Rosenberg. Spiele gegen Bremen machten zu dieser Zeit nur noch Spaß, wenn man sich des fiktiven Mannschaftstausch-Tricks bediente, den schon Ephraim Kishon in Notzeiten erfunden hatte. Kein Wunder, dass auch den Spielern jegliche Motivation abgegangen war. »Ich persönlich hasse es gegen Bremen zu spielen. Also nix gegen Bremen, ich mag sie wirklich gerne. Aber jedes Mal, wenn ich gegen Bremen spiele, kriege ich die Hucke voll«[6], machte Kapitän Heiko Butscher seinem Ärger Luft.

Zumindest konnte der Bremer Nimbus in denkwürdiger Weise gebrochen werden. In einem kuriosen Spiel im Februar 2013 gewann der Sportclub an der Weser mit 3:2. Gott sei Dank: »Lebenslang Grün-Weiß« blieb eine Schimäre – das Glück im ewig verhexten Duell haben sich die Freiburger also wenigstens vorübergehend zurückgeholt. Wer weiß, ob es ihnen hold bleibt?

2. KAPITEL

ERFOLGE

VON MEISTERSCHALEN UND REKORDEN FÜR DIE EWIGKEIT

Weil Freiburg schon mal
Deutscher Meister wurde

Die Geschichte des Freiburger Fußballs beginnt nicht 1904. Und sie beginnt nicht mit dem Sportclub. Denn bereits 1897 wurde der Freiburger FC aus der Taufe gehoben. Ihm sollten die ersten 80 Jahre des Freiburger Fußballs gehören, dem Sportclub erst die letzten fast 40. Der FFC hat Tradition, und er hat auch Titel. Zum Beleg nehme man – obligatorisches Interieur eines jeden wohlsortierten Haushalts – die Meisterschale zur Hand: Abgesehen von den erst nachträglich und deshalb ganz außen hinzugefügten Deutschen Meistern ab 1982 folgen die Titelträger dem Prinzip »je früher, desto weiter außen«. Und ganz früh steht dort – noch vor 100 anderen Deutschen Meistern – »1907 1. FC Freiburg«.

Der Weg des FFC zum Meistertitel 1906/07 war nicht nur sportlich ein weiter, sondern auch geografisch ein ungewohnter. Aufgrund der Grenzen des damaligen Kaiserreichs hatte man sich so zunächst mit den beiden elsässischen Vertretern Sportverein Straßburg und FC Mühlhausen auseinanderzusetzen, ehe man sich »Gaumeister« nennen durfte. Die Kreismeisterschaft errang man durch Siege über den Karlsruher FV und die Kickers Stuttgart; zur Süddeutschen Meisterschaft reichte es, weil man sich in insgesamt vier Duellen mit dem FC Hanau 93 und dem 1. FC Nürnberg schadlos hielt. Überraschenderweise schlug der FC im Halbfinale um die Deutsche Meisterschaft den Vorjahres- und Rekordsieger VfB Leipzig mit 3:2.

Auch vor dem Finale um die Deutsche Meisterschaft gegen Viktoria Berlin in Mannheim gab es nicht nur optimistische Stimmen. Denn im anderen Halbfinale gewann die »Berliner Viktoria (…) gleichzeitig in Hamburg außergewöhnlich hoch: 7:1. Daher das Bangen, das man im Süden für seinen Vertreter, den FFC, empfand, und daher die Zweifel, die man an seinem Sieg hegte«[7], so die Rückschau eines Augenzeugen des historischen Tages.

Doch der FC – »ein beispielloser Siegeswille durchglühte die Freiburger« – ließ sich auch durch den zwischenzeitlichen Ausgleich nicht entmutigen und gewann das Finale durch zwei Tore des Halblinken Burkart mit 3:1. »Vielumjubelt, mit einem Riesenlorbeerkranz geschmückt und begleitet von einer tausendköpfigen Menge, fuhr der FFC in blumengeschmückten Autos zur Stadt zurück als stolzer Sieger, als Deutscher Fußballmeister. Sein Stolz war vollauf berechtigt, war er doch der erste, der die heißumstrittene Siegespalme der deutschen Meisterwürde nach dem Süden bringen konnte.«

Die Zusammensetzung der Meisterelf von 1907 mutet übrigens vergleichsweise international an: Im Tor stand ein Österreicher, über halb rechts lief Sydler aus dem Schweizer Neuchâtel, Doppeltorschütze Burkart zog es 1908 beruflich nach Marseille, und über de Villiers ist bekannt, dass er noch im Jahre des Meistertitels in seine Heimat Südafrika zurückkehrte.

Der Kreis zum heutigen Fußball des Sportclubs schließt sich aber noch über eine andere Ebene. Gymnasiallehrer Volker Finke, studierende Spieler, Universitätsstadt Freiburg – dem jüngeren Freiburger Fußball wohnte stets eine intellektuelle Komponente inne. Auch die Meisterelf von 1907 hatte zahlreiche angehende Wissenschaftler in ihren Reihen. Haase widmete sich ebenso wie Sepp Glaser dem Lehramt, oben genannter de Villiers verfügte ein paar Jahre später ebenso über einen Doktortitel wie Hofherr. Falschlunger wurde gar Professor, wie auch Felix Hunn, der Ehrenspielführer und Mitbegründer des FFC. Freiburgs Fußball begann intellektuell und mit einem großen Titel. Intellektuell ist er irgendwie immer noch, auf den großen Titel warten wir nun aber schon etwas länger.

Weil wir 55 Jahre lang nicht abgestiegen sind

Aktionäre so manches Start-up-Unternehmens können ein Lied davon singen: hoher Ausgabepreis, überzogene Erwartungen, jäher Absturz und schließlich die Pleite. Die Entwicklung des Sportclub Freiburg setzt zu jedem einzelnen dieser Schritte einen Kontrapunkt. Niedriger Einstieg, praktisch keine Erwartungen, kontinuierlicher Aufbau und eine gesunde Entwicklung. Böse Zungen würden natürlich behaupten, ein Abstieg sei gar nicht möglich, wenn man immer in der untersten Liga spielt. Ganz so einfach ist es dann aber doch nicht.

Zugegeben, bis zu Beginn des Zweiten Weltkriegs rutschte auch dem Sportclub immer mal wieder der Boden unter den Füßen weg. Zu seiner Ehrenrettung sei aber gesagt, dass es in dieser Zeit bisweilen an den wirklich ganz elementaren Dingen des Fußballspielens mangelte: Man musste bis in die 50er-Jahre hinein kämpfen, um überhaupt einen Platz zu bekommen, Kriege und Wirtschaftskrisen ließen das Kicken zur Nebensache werden. Zudem wurden die Ligen immer wieder umstrukturiert. So müssen wir zwischen 1922 und 1942 schweren Herzens vier Abstiege notieren, aus der Kreisliga Südwest, der Bezirksliga Württemberg/Baden, der Gauliga Baden sowie der Bereichsliga Baden-Süd. Immerhin drei Mal gelang der direkte Wiederaufstieg.

Über die Jahre etablierte sich der SC. Im ersten Jahr der neu gegründeten Zonenliga ließ man nur eine Mannschaft, in den drei folgenden Jahren mindestens drei hinter sich. 1950 wurde die 1. Amateurliga Südbaden ins Leben gerufen. Auf Anhieb wurde der FT/SC Freiburg Fünfter, im Jahr darauf Vierter. Wechselhafte Platzierungen folgten bis zum Jahre 1965, als man den ersten Meistertitel errang. In der Aufstiegsrunde scheiterte man jedoch ebenso wie drei Jahre später. Bis zur Mitte der 70er-Jahre hatte sich der Sportclub zu einer Spitzenmannschaft entwickelt, die ihre Leistung 1978 mit dem Aufstieg in die 2. Bundesliga Süd krönte. Auch die Qualifikation zur eingleisigen 2. Liga hatte keinen Abstieg zur Folge. Von Platz fünf bis 16 aus erblickten die Freiburger die Zielflagge. 1991 reichte es sogar zum Herbstmeister, am Ende sprang Platz drei heraus.

1993 dann der Aufstieg in der Mammutliga mit 24 Mannschaften, in der der Sportclub mehr als 100 Tore schoss. In Liga 1 war man nun endgültig der Underdog, schaffte im ersten Jahr aber den Klassenerhalt auf den allerletzten Atemzug. Nachdem man sensationell im folgenden Jahr auf Platz drei gestürmt war, trat 1997 ein, was Skeptiker schon lange befürchtet hatten: der erste Abstieg seit 55 Jahren. Gerade einmal 15 Zähler wurden in 27 Spielen erwirtschaftet. Eigentümlicherweise holte man fast ebenso viele (14) aus den letzten sieben Partien – darunter ein 0:0 beim späteren Meister Bayern – und nährte damit noch einmal kurz Hoffnung auf eine Wiederholung des Wunders von 1994. Schließlich lief der in Lager gespaltene Kader von Volker Finke aber als Vorletzter ein. Gleich im Jahr darauf korrigierte man das Malheur wieder.

55 Jahre am Stück ohne Abstieg sind eine stolze Bilanz. Damit übertrifft der Sportclub sogar Grönemeyers Lieblingsteam tief im Westen, dem bekanntlich schon das Attribut »unabsteigbar« anhaftet – allerdings zumeist für höhere Spielklassen. Die Freiburger Vereinschronik bis hin in die jüngste Zeit lehrt uns aber noch ein anderes höchst erfreuliches Phänomen: Zwar sind wir nicht ganz unabsteigbar, zumindest aber wiederaufsteigbar.

Weil wir den FFC überholt haben

Fußball in Freiburg: Solange man denken konnte, war das gleichbedeutend mit dem Freiburger FC. National gesehen kein ganz großer Klub, aber regional eindeutig der größte und vor allem der einzige mit wirklicher Tradition: Deutscher Meister von 1907, für alle Ewigkeit dokumentiert per Gravur, noch ganz am äußeren Rand der Meisterschale.

Der FFC war *der* Fußballverein in Freiburg. Woche für Woche pilgerten die Fans in Scharen ins traditionsreiche Mösle. Ab den 50er-Jahren spielte der FFC fast ununterbrochen in der zweithöchsten deutschen Spielklasse und scheiterte 1969 nur knapp in den Aufstiegsspielen zur Bundesliga. Bis dato stand der Sportclub durchweg im Schatten des großen Bruders. Fast 30 Jahre lang jagte er in der drittklassigen Amateurliga Südbaden dem Ball nach. Zu einem direkten Zusammentreffen der beiden Freiburger Vereine kam es 1974, als der FFC in die Amateurliga abgestiegen war. Bereits in dieser Saison ließ der Sportclub als Vizemeister den Stadtrivalen hinter sich und schuf dergestalt einen Vorboten der kommenden Wachablösung. Doch drei Jahre später stieg der FFC erneut auf – die Verhältnisse schienen wieder zurechtgerückt.

Schließlich – im Jahre 1978 – war es dann so weit. Auch der Sportclub zog in die 2. Liga ein und sollte bis zum heutigen Tag nie mehr schlechter dastehen. Damit gab es zum ersten Mal zwei Freiburger Vereine in der zweithöchsten deutschen Spielklasse. Zweifellos eine Besonderheit für den fußballerisch vergleichsweise kleinen Standort Freiburg.

Der Stabwechsel im Freiburger Fußball erfolgte nicht vollkommen abrupt: Vier Jahre spielten beide Vereine noch gemeinsam in derselben Klasse, zunächst der 2. Liga Süd, ab 1981 in der neugegründeten eingleisigen 2. Bundesliga. Doch in jeder dieser Spielzeiten lag der Sportclub in der Endabrechnung vor der Konkurrenz aus dem Mösle. So auch im bis heute letzten Zweitligajahr des Freiburger Traditionsvereins. In der Rückrunde brachte es der FFC auf nicht mehr als magere sechs Pünktchen, ging am 35. Spieltag mit 0:4 im Dreisamstadion baden und stieg als Vorletzter ab. Der FFC war überholt.

Dies wird noch deutlicher, wenn man sich klarmacht, dass der Sportclub bis heute nie mehr schlechter, der FFC bis heute nie mehr besser dastand als in der Zweitliga-Saison 1981/82, diesem Schnittpunkt zweier gegenläufiger sportlicher Tendenzen. Während die einen Rot-Weißen rund ein Jahrzehnt später die Eliteklasse des deutschen Fußballs und gar den europäischen Wettbewerb erreichen sollten, ging es für die anderen Rot-Weißen mehr oder weniger kontinuierlich bergab – zwischenzeitlich bis in die Landesliga. Aktuell hat es sich der Traditionsclub irgendwo zwischen Verbands- und Oberliga gemütlich gemacht.

Die Wachablösung im Freiburger Fußball manifestiert sich inzwischen auch geografisch. Denn das ruhmreiche Möslestadion ist seit 2001 Standort der (SC-)Freiburger Fußballschule. Nach einer längeren Odyssee durch Freiburgs Stadien, die an die Frühzeit des Sportclubs erinnert, hat der FFC nun seine Heimat im Dietenbach-Sportpark gefunden, den Rasen durch Zäune vor Kaninchen-Attacken geschützt. Aber – und das hat der Sportclub noch nicht geschafft – auf der Brust prangt der Stern von 1907.

Symbolhaft stand die Saison 1991/92 auch für die Wachablösung im Freiburger Fußball. Während nämlich die Herbstmeisterschaft des SCF die erste von vielen weiteren Erfolgsstationen bedeutete, feierte der FFC in demselben Jahr noch einen letzten Abgesang auf große Zeiten. Zum DFB-Pokalspiel gegen den VfB Stuttgart strömten noch einmal mehr als 10.000 Besucher ins altehrwürdige Mösle. Unterdessen war die vermeintlich dritte Kraft des Freiburger Fußballs längst im Niedergang befindlich. Die Sportfreunde DJK, einstiger Oberligist, ächzten bereits Anfang der 90er-Jahre unter gravierenden Finanzproblemen. In den allerschlimmsten Phasen wurden die zum Trainingsbetrieb erschienenen Spieler postwendend wieder nach Hause geschickt, weil selbst das Geld für den Flutlichtbetrieb fehlte. Nachdem es zwischenzeitlich ganz düster aussah, wetteifert die DJK inzwischen – fusioniert und entschuldet – als Sportfreunde Eintracht durch die Kreisliga A.

GRUND NR. 24

Weil wir Meisterkandidat der Ewigen Zweitligatabelle sind

Nur 22 von 111 Vereinsjahren spielte der Sportclub zweitklassig. Trotzdem belegt er (Stand Winter 2015) in der inoffiziellen Ewigen Tabelle der 2. Liga Rang sieben von 125 gelisteten Teams. Rechnet man das auf eine normale Tabellengröße herunter, wäre der SCF also gewissermaßen aufstiegsberechtigt. Zu erklären ist diese Top-Platzierung mit einer Mischung aus Masse und Klasse. Von Anfang an hatte sich der SC für das deutsche Fußball-Unterhaus qualifiziert und fast anderthalb Jahrzehnte durchgehalten. Während die zu guten beziehungsweise zu schwachen Teams sich immer wieder nach oben beziehungsweise unten verabschiedeten, punktete sich Freiburg kontinuierlich durchs Mittelmaß. Der Sportclub als Kind der 2. Bundesliga. Steter Tropfen höhlt den Stein.

Dieser solide Sockel wurde aufgestockt durch ziemlich erfolgreiche Zweitligajahre nach dem ersten Gastspiel in der Bundesliga. Gerade vor dem letzten Bundesligaaufstieg 2009 scheiterte man einige Male sehr knapp, holte aber als Vierter oder Fünfter massenweise Zähler für die ewige Bilanz. So erklärt sich, dass der Sportclub beispielsweise mehr Punkte erspielt hat als der VfL Osnabrück, obwohl Letzterer eine Spielzeit mehr zweitklassig war. Inzwischen verbucht der Sportclub 1.260 Punkte auf der Habenseite, die aus 812 Spielen geholt wurden. Auch insgesamt überwiegt das Positive: 346 Siegen stehen 244 Niederlagen gegenüber. Doch die ganz großen Träume werden so schnell nicht wahr werden, denn auf Spitzenreiter Fürth fehlen nämlich noch sechs Spielzeiten, auf die man angesichts der Alternative Bundesliga dann doch lieber verzichten möchte.

Generell birgt der Blick in die Ewige Tabelle manches Schmankerl für Fußballverrückte. Nebenbei erfährt man von einem starken Dutzend Hauptstadtvereine, die zum Teil erstaunlich lange das Unterhaus bevölkerten. Man vergewissert sich der Einstufung alter Rivalen aus grauen Freiburger Zweitligazeiten und stellt mit Genugtuung fest, dass man Hessen Kassel, Union Solingen und den SV Meppen weit hinter sich gelassen hat. Es wird einem bewusst, dass Lüdenscheid nicht nur ein Schmähruf für einen der beiden großen Revierclubs ist, sondern tatsächlich selbst unter der Flagge Rot-Weiß vier Spielzeiten in der 2. Liga verbrachte. Der Reagenzclub Hoffenheim brauchte nur eine Saison, um insgesamt 21 Mannschaften hinter sich zu lassen, wenn diese auch teilweise zwei Zweitligajahre dem Leder nachjagten. Und garantiert begegnen einem Klubs, von denen man wirklich noch nie etwas gehört hat. Der Herforder SC, FC Bayern Hof, Röchling Völklingen und der VfR Bürstadt waren jeweils vier Jahre zweitklassig, der KSV Baunatal und die Spvgg. Erkenschwick je drei. Da können der DSC Wanne-Eickel, der 1. FC Bocholt sowie Eintracht Bad Kreuznach natürlich nur bedingt mithalten. Einen alten Bekannten treffen wir dann aber doch noch im Mittelfeld der Tabelle an. Und der liegt näher, als man denkt.

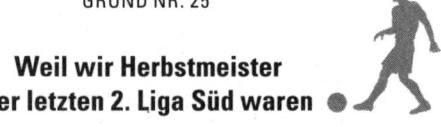

Weil wir Herbstmeister
der letzten 2. Liga Süd waren

Christian Simon gelang beim Sportclub nie der ganz große Durchbruch. Über die gesamten Jahre seiner Karriere verkörperte der schlaksige Blondschopf das, was man einen klassischen Joker nennt. Teilweise verletzungsbedingt, musste er in der Breisgauer Offensivabteilung meistens Uwe Spies und Altin Rraklli den Vortritt gewähren. Dennoch ist ein Moment unverbrüchlich mit seiner Person verbunden: Christian Simon köpfte in der 95. Minute den Siegtreffer gegen Carl Zeiss Jena. Und er machte sein Team damit zum Zweitliga-Herbstmeister der Saison 1991/92.

Gleich in mehrfacher Hinsicht war dies ein denkwürdiger Augenblick. Alle Emotionen, die sich während des Dauer-Sturmlaufs gegen den Tabellenzweiten aufgestaut hatten, entluden sich in diesem einen grenzenlosen Jubelschrei. Der Sportclub Freiburg, bis dahin ein Team aus dem soliden Tabellenmittelfeld, überwinterte damit als Erster. Und schließlich war es auch deswegen ein Meilenstein, weil nach der Wiedervereinigung zum ersten und letzten Mal an die langjährige Tradition angeknüpft wurde, die zweithöchste deutsche Spielklasse regional zu unterteilen. Bis heute also und vermutlich bis in alle Ewigkeit wird sich der Sportclub Freiburg der letzte Herbstmeister der 2. Liga Süd nennen dürfen.

Ganz Freiburg war in Wallung ob dieser in weiter Ferne geglaubten und nun ganz realen Option eines Bundesligaaufstiegs. Der Verein ließ gar eine zusätzliche Tribüne errichten. Bedauerlicherweise konnten die Mannen von Volker Finke in der im Play-off-Modus ausgetragenen Rückrunde nicht mehr in derselben Weise überzeugen. Obwohl man etwa die Zeiss-Städter noch weitere zwei Mal schlagen konnte, blieb es bei einer Bilanz von 9:11 Punkten.

Am Ende bedeutete das Rang drei hinter dem Aufsteiger Saarbrücken und Waldhof Mannheim. Gleichwohl war diese Spielzeit ein Wetterleuchten für kommende Erfolge. Die Euphorie wurde in die nächste Saison mitgenommen, die Zuschauerzahlen stiegen zum ersten Mal merklich an.

Viel Kredit konnte auch Volker Finke zurückgewinnen – der den Beginn seines Freiburger Wirkens durch den Bruch mit Charly Schulz mit einer gewissen Hypothek belastet hatte. Nun stand der Verein auf seinem vorläufigen Höhepunkt, und Finke hatte den Rückhalt, um die Strukturen in Freiburg zu professionalisieren. Über Jahrzehnte sollte er die bestimmende Kraft bei der einzigartigen Entwicklung des Sportclubs werden.

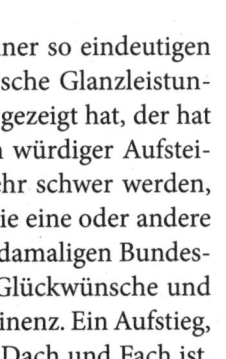

GRUND NR. 26

Weil wir mit über 100 Toren in die Bundesliga gestürmt sind

»Wer durch dieses Mammutfeld der Liga in einer so eindeutigen Weise durchmarschiert ist und durch spielerische Glanzleistungen in fast allen Spielen eine solch tolle Saison gezeigt hat, der hat einfach das Recht aufzusteigen und der ist ein würdiger Aufsteiger in die Bundesliga. Es wird dort schwer, sehr schwer werden, aber ich bin sicher, daß diese Mannschaft für die eine oder andere Überraschung sorgen wird.«[8] Diese Worte des damaligen Bundestrainers Berti Vogts stehen exemplarisch für Glückwünsche und Einschätzungen fast der gesamten Fußballprominenz. Ein Aufstieg, der schon fünf Spieltage vor Saisonende unter Dach und Fach ist, kann nur als verdient bezeichnet werden. Am Ende waren es zehn Punkte auf den ersten Nichtaufstiegsplatz. Und noch ein Faktor, den der Fußball-Kaiser höchstselbst wie folgt umriss, machte diesen Erfolg zu etwas ganz Besonderem: »Vor Beginn der Saison hat man den Aufstieg der Freiburger sicher nicht erwartet. Deshalb ist die Überraschung jetzt groß.«[9] Dem ist kaum etwas hinzuzufügen, denn trotz Herbstmeisterschaft und Platz drei in der Vorsaison war ein solcher Maximalerfolg fast außerhalb jeder Vorstellungskraft: zu dünn der Kader, zu beschränkt die Möglichkeiten, zu groß der Sprung aus dem grauen Mittelfeld der 2. Liga, in welchem es sich die Badner mehr als ein Jahrzehnt gemütlich gemacht hatten. Für einen guten Start waren die Freiburger fast traditionell bekannt. Dass man aber den am siebten Spieltag errungenen Platz an der Sonne auch die kommenden 39 Wochen würde verteidigen können, wurde von den allermeisten Beobachtern schlicht für unmöglich gehalten.

Es kam anders. Der Sportclub Freiburg wurde zu der Mannschaft, die bis heute die meisten Tore in einer Zweitligasaison geschossen hat! 102 Mal klingelte es am Ende in des Gegners Kasten – ein fraglos imposanter Wert, mit allerdings einer Einschränkung. Denn in der Spielzeit 1992/93 gingen 24 Teams ins Rennen, sodass sage und schreibe 46 Spieltage ausgetragen werden mussten. Ein Streifzug durch die Zweitligajahre zeigt aber dennoch, dass die Freiburger Torfabrik jedem Vergleich standhält. Zwar schoss Hannover 93 Tore in einer 18er-Liga (2001/02) und reichte damit nicht ganz an das Vereinsgründungsjahr heran und auch der KSC wartete einst mit besserem Torquotienten auf. 1983/84 gelangen den Nordbadnern 94 Treffer in einer Runde mit 20 Teams, die zweitplatzierten Schalker brachten es in demselben Jahr sogar auf einen mehr. Umgekehrt reichten dem VfL Bochum ein Jahr nach dem ersten Freiburger Aufstieg etwas mehr als die Hälfte der Freiburger Treffer (56) für Rang eins.

Die wenigsten Torschreie begleiteten die Frankfurter Eintracht in die Bundesliga. Spartanische 50 Mal ließen die Hessen 1997/98 ihre Fans jubeln. Damals präsentierte sich übrigens auch der Sportclub ungewohnt minimalistisch. Als Zweiter schoss er gerade sieben Tore mehr.

Zurück zur Rekordsaison: Diese dominierten Finkes Mannen in allen Belangen. Fünf Punkte Vorsprung auf den Zweiten (Duisburg), sieben auf den Dritten (Lok Leipzig), vor allem aber schoss der Sportclub 37 beziehungsweise 36 Tore mehr als die beiden härtesten Verfolger. In ähnlich produktiven Sphären wandelte nur die Hertha aus Berlin, die immerhin 82 Mal ins Schwarze traf. Vor allem zu Hause schickten die Freiburger manch namhaften Gegner mit einem ordentlichen Päckchen in die Heimat. Hannover, Hertha BSC und Unterhaching bekamen vier Tore eingeschenkt, Oldenburg gar sechs. Die Düsseldorfer Fortuna wurde am vorletzten Spieltag mit 5:1 auseinandergenommen; der letzte Treffer in dieser Partie durch Oliver Freund bedeutete zugleich den 100. Zweitligatreffer der Saison.

Einig waren sich die Experten auch hinsichtlich der spielerischen Leistung dieser Freiburger Mannschaft. Der Aufstieg gelang nicht durch herausragende Einzelkönner, nicht durch besondere Cleverness oder gar Erfahrung in Sachen Aufstiegskampf, sondern vielmehr durch die Überlegenheit eines Spielsystems, durch einen taktischen Vorsprung gegenüber den meisten anderen Mannschaften, der der Sachkenntnis von Volker Finke zu verdanken war.

Garanten dieser Erfolgssaison gab es viele: Maxi Heidenreich absolvierte alle 46 Spiele, Thomas Seeliger nur eines weniger. Ebenfalls auf 45 Einsätze kam das Schwarzwälder Urgestein Martin Braun, und nicht nur das. 29 Scorerpunkte steuerte er zum Aufstieg bei – ein herausragender Wert. Ganz knapp dahinter rangierte Publikumsliebling Altin Rraklli, der als Rekordtorjäger 16 Treffer selbst erzielte und weitere elf auflegte. Auch Uwe Spies stellte seine Gefährlichkeit unter Beweis, wiewohl schon fast traditionell mehr als Vorbereiter: 15 Mal spielte er den letzten Pass, elf Mal traf er selbst.

Wie man es dreht und wendet, in der Spielzeit 1992/93 warf der Sportclub mit Rekorden und Superlativen nur so um sich. Kein Wunder, dass plötzlich allerorten in Anlehnung an die US-Basketballer vom »Dream-Team« die Rede war. Die »Breisgau-

Brasilianer« brachten den Aufstieg durch ein 2:2 bei Fortuna Köln bereits am fünftletzten Spieltag unter Dach und Fach. Im Festzelt hinter der Haupttribüne wurden Mannschaft und Trainer frenetisch gefeiert, mitunter so laut, dass der *Sportschau*-Moderator sein eigenes Wort nicht mehr verstand. Fast 90 Jahre nach der Vereinsgründung war der SC Freiburg erstklassig. Freiburg in der 1. Liga – das versprach den Reiz des Neuen, Unkonventionellen, Überraschenden. Das verhieß eine interessante Erweiterung der bis dato bi- bis tripolaren baden-württembergischen Derbywelt. Und nicht zuletzt die Überprüfung eines Spielsystems unter erschwerten Bedingungen.

GRUND NR. 27

Weil wir den BVB im Sternregen entzaubert haben

Erschwerte Bedingungen: Vor der ersten Freiburger Bundesligasaison regierte in Sachen Konkurrenzfähigkeit an der Dreisam am ehesten das Prinzip Hoffnung. Zu groß, vielleicht unüberbrückbar schien die Kluft zu den großen und traditionsreichen Bundesligastandorten. Der Start mit 3:13 Punkten schien allen Realisten recht zu geben. Doch der Neuling mit dem kleinen Etat überraschte in der weiteren Spielzeit immer wieder. Erstmals ließ man beim 3:1-Auswärtssieg auf Schalke aufhorchen. Dann – bis heute unvergessen – der ganz große Wurf: Uwe Wassmer schoss alle drei Tore beim Sieg gegen Bayern München. Der Sportclub war zum Ende der Hinrunde in der Liga angekommen.

Das letzte Heimspiel vor Weihnachten bestritten die Breisgauer gegen die Dortmunder Borussia. Jeder, der damals dabei war, bekommt heute noch eine Gänsehaut, wenn er daran denkt. An diesem Tag passte einfach alles zusammen. Mit 4:1 wurden die Gelb-Schwarzen nach Hause geschickt. Ein Starensemble um Matthias Sammer und Weltmeister Stefan Reuter, trainiert von Ottmar Hitzfeld. Mit Legenden wie Michael Zorc, Stéphane Chapuisat und Flemming Povlsen. Eine Mannschaft, die am Ende Vierter wurde und mit demselben Gerüst bald darauf zwei Meister- und einen Champions-League-Titel erringen sollte. An diesem 11. Dezember 1993 bekam der BVB in Freiburg eine fußballerische Lehrstunde.

Durch ein Traumtor von Cardoso und ein weiteres von Jens Todt lag der Sportclub mit 2:0 in Front. Das 2:1 besorgte Chapuisat nach einer Stunde. Für kurze Zeit begann das Zittern, denn schon im Hinspiel hatte die Finke-Elf nach demselben Vorsprung noch 2:3 verloren. Doch binnen zweier Minuten bauten wiederum Cardoso und Bayern-Erlediger Wassmer den Vorsprung aus. Dass es kalt war und – im größtenteils noch nicht überdachten Stadion – in Strömen regnete, störte nun keinen mehr. »Oh, wie ist das schön«, erklang es aus aller Munde. Auf den Tribünen zündeten die Zuschauer Sternregen an und verwandelten die Arena passend zur Weihnachtszeit in ein einziges Lichtermeer. Tausendfach sprühten und zischten die Funken, eine ganze Region feierte ergriffen sich selbst und den unglaublichen Höhenflug des Freiburger Fußballs. Ganz sicher war dies einer der emotionalsten Momente in der gesamten Vereinsgeschichte.

Ja, an diesem grauen Dezembertag lagen große Geschenke unter dem Freiburger Weihnachtsbaum: Dortmund mit 4:1 besiegt, Elfter zur Winterpause und als goldenes Schleifchen die vorzeitige Vertragsverlängerung von Volker Finke. Doch erst nach einem wahren Wechselbad der Gefühle sollte dem Sportclub in dieser Saison noch der Klassenerhalt gelingen.

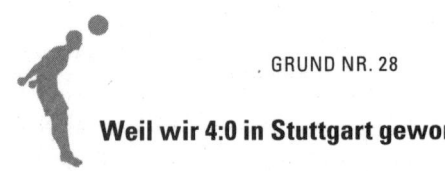

GRUND NR. 28

Weil wir 4:0 in Stuttgart gewonnen haben

Dieselbe Saison, etwa zehn Spieltage später: Anstelle des rotwangigen Nikolauses mit prallem Geschenkbeutel geistert fahl und mit schwarzer Sense das Abstiegsgespenst durch den Breisgau. Nicht einmal mehr ein Sieg war den furiosen Freiburgern seit dem Dortmund-Heimspiel gelungen. Auf zwei magere Pünktchen brachte es dieselbe Mannschaft, die 3:1 auf Schalke und gegen Bayern gewonnen hatte, in fast einer gesamten Rückrunde. Drei Spieltage vor Ende war schon fast alles vorbei.

Wenn man zum Siegen verdammt ist, gibt es weiß Gott leichtere Aufgaben als das baden-württembergische Derby – und dann noch auswärts. Die Zahlen schwanken, denn manches wird in der Erinnerung gerne verklärt. 10.000 Freiburger mögen es aber doch gewesen sein, die den Sportclub an diesem Tag im Daimler-Stadion unterstützten. Bei den meisten von ihnen ging es wohl einfach nur noch darum, Freiburg überhaupt noch einmal in der Bundesliga sehen zu können.

Doch dieser Tag war keiner für Wahrscheinlichkeiten. »Kanzler« Ralf Kohl, seines Zeichens Dauerläufer, zuverlässiger Kämpfer, Arbeitsbiene über rechts, alles, nur nicht Mr. Torriecher, schoss in Stuttgart gleich zwei davon und spielte wie von einem anderen Stern. Für die beiden anderen Treffer sorgte Rodolfo Cardoso. Der Jubel unter den Mitgereisten kannte keine Grenzen mehr. Vier Mal, ja wirklich vier Mal, klingelte es hinter dem späteren Pokerstar und Dschungelcamper Eike Immel, vier Mal überwanden die quirligen Breisgauer die Mannen um die Weltmeister Guido Buchwald und Carlos Dunga sowie Thomas Strunz.

Besonderes Martyrium für die fahrlässigerweise Daheimgebliebenen war unterdessen der Live-Ticker des großen Bundesliga-Privatsenders. Man musste ja minütlich befürchten, dass die favorisierten Schwaben irgendwann selbst einen Treffer erzielen würden. Insofern wäre es das Beste gewesen, dass nach der frühen Führung durch Kohl einfach gar keine Meldung mehr aus Stuttgart gekommen wäre. Stattdessen geschah in der zweiten Halbzeit gleich drei Mal, was sich ungefähr so anfühlte: Vau Eff Bee Stuttgart (»Oh nein«) gegen den Sportclub Freiburg (»Bitte kein Tor gegen Freiburg«), aktu-eller Zwischen-stand (»Wir sind so gut wie abgestiegen«) aus der ein-und-fünfzigsten Mi-nu-te (»In vierzig Minuten schaffen wir eh kein Tor mehr«): 0:2 Cardoso (»Jaaaaaaa! Waaas? Nein? Doch!«). Erst als neun Minuten vor dem Ende das 0:4 über den Ticker lief, lösten sich auch noch die letzte Zweifler aus ihrer angespannten Haltung.

Das 4:0 beim VfB war die dritte große Sternstunde dieser ersten Freiburger Bundesligasaison. Und zugleich der höchste Freiburger Auswärtssieg aller Zeiten. Es war kein zusammengestolpertes 1:0 mit Zeitspiel, Fouls und Ballwegschlagen über die Cannstatter Tribüne. Am Abgrund stehend hatte der Sportclub vielmehr so gespielt wie in der gesamten Saison: frech, offensiv und torhungrig. Woher die unerfahrene Truppe an diesem Tag ihr Selbstbewusstsein nahm, wird wohl auf ewig ein Geheimnis bleiben. Lokalisieren wir es irgendwo zwischen Volker Finkes Motivationskünsten, der Besinnung auf die eigenen Stärken und dem Nichts-mehr-zu-verlieren-Haben!

Der erste Schritt war getan, doch kurz darauf ereilte den Freiburger Anhang bereits der nächste Nackenschlag: Wegen des »Phantomtors« von Thomas Helmer wurde die Nürnberger Niederlage bei den Bayern zur Chefsache der DFB-Oberen.

Weil wir vom »Phantomtor« profitiert haben

Nein, Stefan Kießling, es war kein Loch im Außennetz. Trotzdem ist dieses »Tor« nicht nur kaum wegzudenkender Bestandteil eines jeden soliden Bundesligarückblicks, sondern wird inzwischen auch in jeder dritten Woche beim sonntäglichen Fußballtalk thematisiert. Thomas Helmer stochert in der Partie gegen Nürnberg fast auf der Torlinie stehend die Kugel relativ stümperhaft ins Toraus. Die Bayern-Spieler drehen enttäuscht und in Erwartung eines Abstoßes ab. Der offensichtlich von einem Armkrampf heimgesuchte Linienrichter Jablonski rudert unterdessen mit seiner Fahne herum, was Schiedsrichter Osmers dazu animiert, einfach mal auf Tor zu entscheiden. Prima, denken sich die Bayern, dann führen wir ja jetzt und gewinnen doch einfach mal mit 2:1.

Der DFB überstimmte nach Ansicht der Fernsehbilder die Tatsachenentscheidung des Schiedsrichters und entschied sich für eine Neuansetzung der Partie. Diese wurde kurioserweise auf den 3. Mai terminiert, also einen Mittwoch zwischen Spieltag 33 und 34 – nicht nur nach heutigem Befinden eine klare Wettbewerbsverzerrung. Zum Glück für Freiburg sorgten die Bayern dieses Mal für eindeutige Verhältnisse und schickten den »Club« mit 5:0 nach Hause. Die oft kolportierte Aussage, Nürnberg sei später aufgrund dieser mehr kassierten Tore im Wiederholungsspiel abgestiegen, ist so allerdings nicht richtig. Am Ende fehlten dem Club nämlich elf und nicht nur vier Tore zum Klassenerhalt. Dennoch dürfte es der Moral der Franken durchaus abträglich gewesen sein, dass man drei Tage vor dem alles entscheidenden Spiel in Dortmund derart unter die Räder kam.

Es muss aber eine weitere Überlegung angestellt werden: Eine Rücknahme der Tatsachenentscheidung hätte nämlich auch bedeuten können, das »Phantomtor« an sich zu annullieren. Dann wäre das bayerische Derby unentschieden ausgegangen. Dieser eine

Punkt hätte Nürnberg gerettet und Freiburg wäre abgestiegen, während der Rekordmeister ohne diesen Punkt den Meistertitel an den FCK hätte abtreten müssen. Wohin der Freiburger Weg in diesem Fall gegangen wäre? Wir wissen es nicht, aber vielleicht kommt zu irgendeinem Jubiläum des »Phantomtors« ein findiger Freiburger auf die Idee, Hans-Joachim Osmers durch eine Widmung zu ehren. Es wäre gute Tradition: In Bremen gibt es ja auch schon den »Ahlenfelder«.

GRUND NR. 30

Weil wir einen unmöglichen Klassenerhalt möglich gemacht haben

»Wenn Freiburg mit seinen Mitteln in der Bundesliga bleibt, haben wir in den letzten 20 Jahren alles falsch gemacht.«[10] Diese Aussage des damaligen Stuttgarter Managers Dieter Hoeneß taxiert recht deutlich den Stellenwert der Breisgauer vor Beginn der Saison 1993/94. Und in der Tat, das Abenteuer Bundesliga schien für die Finke-Truppe schon wieder vorbei, ehe es überhaupt richtig begonnen hatte. Nicht, dass im Freiburger Umfeld jemand ernsthaft überbordende Saisonziele postuliert hätte, aber insgeheim hofften Fans und Verantwortliche natürlich schon auf ein längeres Intermezzo im Oberhaus. Doch am 31. Spieltag gab es überall lange Gesichter. Soeben hatte der Sportclub sein Heimspiel gegen Dresden verloren. Bei vier Punkten Rückstand auf Nürnberg und noch drei ausstehenden Spielen hätte dank der Zwei-Punkte-Regel wirklich alles passen müssen. Die Fans reagierten toll. Obwohl auch bei ihnen die Enttäuschung überwog, feierte man das Team weit über den Schlusspfiff hinaus. Volker Finkes System, eine attraktive Spielweise, Mut zur Offensive statt destruktiven Verteidigungsfußballs – die Freiburger Philosophie hatte die Herzen der Fans im Sturm erobert.

Glanzlichter in dieser ersten Bundesligaspielzeit gab es manche, darunter das 4:1 über Borussia Dortmund im letzten Heimspiel vor Weihnachten. Schon wenige Wochen zuvor hatte man dank dreier Tore von Uwe Wassmer einen 3:1-Sieg gegen die Bayern gefeiert. Nicht nur in Freiburg rieb man sich fassungslos die Augen, die ganze Republik staunte über die Leistungen des Neulings vom Rande der deutschen Fußballlandkarte. Zum Jahreswechsel rangierten die Breisgauer mit 20:22 Punkten auf Platz elf der Tabelle. Doch schon in der Folge sollte sich zeigen, dass erfrischender Fußball nicht immer gleichbedeutend ist mit erhoffter Punktausbeute. Eine Serie mit 2:18 Zählern zog dem Sportclub den Boden unter den Füßen weg. Drei Spieltage vor Schluss stand man auf einem Abstiegsplatz. Der Klassenerhalt lag nicht mehr in eigener Hand.

Als wäre die Spannung nicht so schon groß genug gewesen, ging es für die Freiburger zum ersten von drei Endspielen ausgerechnet zum Derby nach Stuttgart. Nach dem denkwürdigen 4:0 schöpfte die ganze Region wieder etwas Hoffnung. Die zwei auf Nürnberg gutgemachten Punkte gerieten allerdings schnell wieder in Gefahr. Denn wegen Thomas Helmers »Phantomtor« konnten die Franken ein Wiederholungsspiel erzwingen, das die Bayern aber dieses Mal klar und deutlich für sich entschieden. Ein einziger Punkt hätte dem FCN zu diesem Zeitpunkt bereits gereicht, da er am vorletzten Spieltag die bereits abgestiegenen Wattenscheider mit 4:1 besiegen konnte. Die Finke-Elf hatte unterdessen ihre Hausaufgaben verrichtet. Denkbar knapp und vor allem denkbar spät wurde Leipzig mit 1:0 besiegt. Das goldene Tor gegen die bereits abgestiegenen Sachsen erzielte Rodolfo Cardoso erst sieben Minuten vor Abpfiff.

Die Konstellation war also vor dem letzten Spieltag unverändert: Freiburg musste in Duisburg gewinnen und der FCN parallel in Dortmund verlieren. Dann wäre der Klassenerhalt über das Torverhältnis gesichert gewesen. Teil eins gelang: Der BVB besiegte die Franken schließlich mit 4:1 und konnte so in den UEFA Cup einziehen. Auch die Zebras hatten zu diesem Zeitpunkt noch Hoffnungen auf den internationalen Wettbewerb. Am Ende aber waren es die 8.000 Freiburger, die wie entfesselt das Spielfeld des Wedaustadions stürmten. Martin Spanrings 1:0 kurz vor der Pause stellte für den Underdog die Weichen auf Sieg. Andreas Zeyer sorgte mit seinem Treffer eine Viertelstunde vor dem Ende für die Entscheidung. Ein mindestens doppeltes Wunder: Erstens blieb der SC in der Bundesliga, und zweitens gewann er die letzten drei Partien, davon zwei auswärts, und machte so innerhalb von drei Spieltagen vier Punkte auf die Nürnberger gut.

Der Klassenverbleib hing – bei einer so knappen Konstellation fast überflüssig zu erwähnen – mehrmals am seidenen Faden. Hätte Cardoso in diesem Abstiegskrimi gegen Leipzig nicht wenige Minuten vor Schluss doch noch getroffen, der Freiburger Abstieg wäre besiegelt gewesen. Ebenso, wenn das DFB-Sportgericht statt eines Wiederholungsspiels eine Annullierung des »Phantomtors« entschieden hätte. Hätte, hätte, Fahrradkette. Der Klassenerhalt war trotz allem verdient. Der Sportclub spielte eine starke Saison, verließ den Platz viel zu oft als unverdienter Verlierer und hatte außerdem immer wieder mit merkwürdigen Schiedsrichterentscheidungen zu kämpfen, die in der Summe Osmers' falschen und ohnehin nicht entscheidenden Pfiff aufwiegen dürften. Die Mannschaft hatte ihr Können schon in der ersten Bundesligaspielzeit gezeigt. Welches Potenzial wirklich in ihr steckte, sollte sie bereits in der darauffolgenden Saison eindrucksvoll unter Beweis stellen. Diese nämlich sollte zur besten aller Zeiten werden.

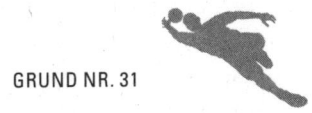

GRUND NR. 31

Weil wir Bayern München mit 5:1 besiegt haben

Zwar haben wir diesen Erfolg nicht so werbewirksam umgesetzt wie der FC St. Pauli (»Weltpokalsiegerbesieger«), aber trotzdem war er einfach nur Wahnsinn – dieser zweite Spieltag der Saison 1994/95. An diesem Tag hieß es David gegen Goliath – selten hat diese viel bemühte alttestamentarische Analogie besser gepasst.

Der Rest der Bundesliga hat sie vielleicht schon vergessen, die Namen der legendären Elf mit der Steinschleuder, doch Freiburgkennern klingen sie noch wie Musik in den Ohren. Jörg Schmadtke stand zwischen den Pfosten, Rodolfo Cardoso glänzte als Doppeltorschütze, Martin Spanring eröffnete den Torreigen, »Kanzler« Kohl schoss das frühe 2:0, Jörg Heinrich setzte den Schlusspunkt. Alle Helden dieser historischen Erfolgssaison standen auf dem Platz: Martin Braun, Jens Todt, Maximilian Heidenreich, Andreas Zeyer, Uwe Spies. In Minute 54 konnte sich Volker Finke gar den Luxus erlauben, einen gewissen Paschalis Seretis einzuwechseln, ein Name, bei dem selbst szenekundigste Breisgauer eher an eine tropische Pflanze als an einen Fußballkünstler denken.

Bayern war übrigens nicht mit geschwächter Rotationstruppe angetreten. Im Tor stand – oder an diesem Tag tobte – Oliver Kahn, Dietmar Hamann und Thomas Helmer zeichneten für die Defensive verantwortlich, ebenso wie der inzwischen Ex-Bayern-Manager Christian Nerlinger, der freilich bereits in Minute 21 (beim Stand von 3:0) durch Christian Ziege ersetzt wurde. Weiter im Aufgebot: ein kleiner französischer Stürmer, den Franz Beckenbauer in etwa so auszusprechen pflegte: »Schabbababa«. Dazu feinste Kicker von Weltformat: Mehmet Scholl und Lothar Matthäus.

Trainer Trapattoni musste ziemlich hilflos mit ansehen, wie sein Team förmlich überrannt wurde – die Bayern fingen sich außerdem sechs Gelbe und eine Gelb-Rote Karte ein. Ein Tag, an dem sich der Sportclub in einen Rausch spielte und Bayern komplett neben der Spur war. Noch absurder macht das Ganze, dass die Münchner als Meister der Vorsaison nach Freiburg kamen und das erste Heimspiel gegen Bochum recht standesgemäß mit 3:1 gewonnen hatten. Unterdessen hatte Freiburg im Vorjahr in einem wahren Fotofinish gerade noch die Klasse halten können – in seinem ersten

Bundesligajahr überhaupt. Ferner musste man befürchten, dass die Schickeria auf Rache aus war. Denn schon bei ihrem ersten Auftritt an der Dreisam hatten die Bayern völlig überraschend mit 1:3 den Kürzeren gezogen. Damals hatte Uwe Wassmer alle drei Tore erzielt. Ein weiteres Mal passiert das den Bayern bestimmt nicht – so die einhellige Meinung vor dem Anpfiff. Kurz und gut, wenig hatte auf einen Sieg, schon gar nichts auf einen derartigen Erfolg der Freiburger hingedeutet.

Entsprechend fassungslos und zugleich glückstaumelnd war man währenddessen und hinterher. Ein ganzes Stadion, eine gesamte Region stand kopf. Ehrenrunde folgte auf Ehrenrunde. Das Gefühl, etwas gesehen zu haben, was man eigentlich gar nicht gesehen haben kann, weil es das nämlich gar nicht gibt. Fünf Tore gegen Bayern München. Darunter ein Kopfballtor von Rodolfo Cardoso. Die Quadratur von Mondlandung und Barschel in der Badewanne an einem Tag im Breisgau. Darüber hinaus ein Ereignis mit Identifikationswert. Hätte man alle Leute, die hernach angaben, bei diesem Jahrhundertspiel dabei gewesen zu sein, zusammengezählt, wäre der einzig mögliche Ort für dessen Austragung das Maracanã gewesen – und nicht das damals kaum 18.000 Zuschauer fassende Stadion an der Dreisam, das erst im Jahr zuvor so etwas wie eine Anzeigetafel erhalten hatte.

Mit diesem Triumph schwappten Sympathien aus ganz Deutschland nach Südbaden. Sympathien, die vielfach bis heute Bestand haben. Es war eine Legende geboren, und zugleich war der Boden bereitet für die erfolgreichste Saison der gesamten Vereinsgeschichte. Wenngleich die Bayern später bitterlich Rache nehmen sollten: Es sollte nicht das letzte erfolgreiche Aufbäumen eines Fußballzwergs aus der Provinz gegen die internationalen Riesen der Liga gewesen sein …

Weil wir für die Champions League qualifiziert waren

Barça, Real, Milan, Juve oder ManU – groß war die Auswahl an europäischen Top-Teams, auf die der Sportclub 1995 hätte treffen können. Doch das Drehbuch wollte es anders. Vorerst sollte es noch kein Jahrhundertspiel an der Dreisam geben. Zum bis dato vorletzten Mal reichte nämlich Platz drei in der Liga nicht für die Teilnahme an der Champions League aus. Trotz allem war die Saison 1994/95 die beste aller Zeiten. Im Vorjahr konnte die Finke-Elf noch denkbar knapp die Liga halten, nun beendete sie die Saison gerade einmal drei Punkte hinter dem Deutschen Meister Borussia Dortmund – im erst zweiten Bundesligajahr der Vereinsgeschichte.

Den markantesten Vorboten ungeahnter Leistungsfähigkeit sandten die Freiburger bereits am zweiten Spieltag aus, als sie den deutschen Rekordmeister mit 5:1 aus dem Stadion fegten. Möglicherweise war das der Impuls für die ganze Runde, ein Schlüsselerlebnis, das das Bewusstsein schuf, jeden Gegner der Liga schlagen zu können. Jedenfalls kam der Sportclub in einen Lauf und zeigte neben unübersehbaren spielerischen Qualitäten vieles, was im Vorjahr gefehlt hatte: Cleverness, Geduld, Effektivität und die Fähigkeit, ein Spiel drehen zu können. Schon in der Hinrunde hatte man mit dem einen oder anderen Überraschungsergebnis aufhorchen lassen.

Vor allem auswärts (Siege in Dresden, Bochum, Duisburg) präsentierte man sich ungewohnt stark. Am neunten Spieltag war Platz drei die Belohnung für einen starken Heimauftritt beim 3:0 gegen den HSV. Weil es jedoch auch immer wieder Rückschläge gab, gelang es nicht, sich dauerhaft im oberen Tabellendrittel festzusetzen. Am 17. Spieltag hingegen glückte durch Tore von Cardoso, Spies und Kohl ein überzeugendes 3:0 gegen die Schalker. Nachdem Volker Finke – wie immer per Handschlag – zur Winterpause seinen

Vertrag verlängert hatte, rangierte der Sportclub weit über den allgemeinen und eigenen Erwartungen auf Tabellenplatz vier.

Ein 1:5 in Bremen am 21. Spieltag war Ausdruck einer Schwächephase, von der man sich allerdings schnell erholen konnte. Bereits zwei Wochen darauf startete man eine Siegesserie gegen Teams vom Niederrhein (4:2 in Leverkusen, 2:1 in Gladbach, 3:0 gegen Duisburg), um mit einem 2:1 in der Hansestadt nachzulegen. Vier Spieltage vor Schluss gastierte der zweitplatzierte BVB in Freiburg. Leider blieb der Rückstand von zwei Punkten auch nach dem Spiel bestehen. Matthias Sammers verrücktes Eigentor fast von der Mittellinie kam zu spät. Dennoch hatte der SCF am 32. Spieltag gar noch eine realistische Chance auf die Deutsche Meisterschaft. Mehr als 25.000 Gästefans – eine bis heute nicht überbotene Rekordzahl – wandelten das schwäbisch-badische Derby in ein Heimspiel um. Der über die gesamte Runde enttäuschend agierende VfB mobilisierte noch einmal alles, um die Niederlage im Hinspiel vergessen zu machen. Bedauerlicherweise mit Erfolg – nach dem 0:1 durch »Wiggerl« Kögls Tor aus der Anfangsphase musste der Sportclub alle Titelträume begraben.

Weil man aber noch die beiden letzten Spiele erfolgreich gestalten konnte, ergab sich zu guter Letzt das folgende, schlichtweg sensationelle Tabellenbild. Dritter Platz: SC Freiburg, 46:22 Punkte, 66:44 Tore, nur drei Zähler hinter Meister Dortmund, zwei hinter Vizemeister Bremen. Finkes Truppe holte drei Punkte mehr als Bayern, zehn mehr als Leverkusen, gar 15 beziehungsweise 16 und 17 mehr als Schalke, Stuttgart und der HSV. Um eine halbe Welt verbesserte der Sportclub sein Vorjahresergebnis: 24 Punkte betrug der Vorsprung auf den ersten Abstiegsplatz. Ärgerlich und gleichsam erfreulich ist die Gewissheit, dass ebenjene Punktausbeute ein Jahr vorher und – umgerechnet auf die Drei-Punkte-Regel – etwa auch in der Spielzeit 2000/2001 für nichts weniger gereicht hätte als den Meistertitel! Kein Wunder also, wenn fast alle Statistiken aus dieser Runde bis heute unübertroffen sind: Zu Hause verlor man nur gegen Bremen und Bochum, auswärts erspielte man zusammen mit dem Meister Dortmund die meisten Punkte und holte sogar die meisten Siege (neun). Dagegen gingen nur acht Partien während der gesamten Saison verloren.

Wie immer hat ein solcher Erfolg viele Väter. Besonders in Freiburg ergibt sich aber eine Erkenntnis quasi von selbst: Der Schlüssel lag in einem funktionierenden Kollektiv. In einem von Volker Finke perfektionierten System der kurzen Wege und Pässe, dessen oberstes Prinzip die Überzahl in Ballnähe war. Nur auf dieser Grundlage konnten einzelne Akteure ganz besondere Leistungen abrufen. Zuerst zu nennen ist Rodolfo Cardoso, der mit 16 Treffern zum internen Torjäger avancierte. Gerade seine Gefährlichkeit bei Standards stellte das Puzzleteil dar, das in anderen Spielzeiten immer wieder vermisst wurde. Sie bildete eine optimale Ergänzung zwischen langem Ballbesitz einerseits und Effektivität in den entscheidenden Momenten andererseits. Cardosos Abgang am Ende der Runde wog zweifellos am schwersten. Aber auch andere Spieler machten von sich reden: Jörg Schmadtke spielte wohl seine beste Freiburger Saison, die Abwehr stabilisierte sich, Maxi Heidenreich zeigte viele starke Leistungen, Uwe Spies erzielte noch einmal 13 Treffer und der in der Vorsaison noch für Kickers Emden spielende Jörg Heinrich erwies sich als trickreicher und torgefährlicher Linksaußen. Er wurde – eine weitere Premiere für den Sportclub – ebenso zum Nationalspieler wie sein Mittelfeldkollege Jens Todt. Der Erfolg machte es möglich: Die Breisgau-Brasilianer waren nun endgültig international geworden.

Weil es Freiburger Nationalspieler und sogar Europameister gab

Freiburg und Nationalspieler – diese nicht gerade selbstverständliche Verbindung riecht, wenn überhaupt, nach außergewöhnlichen Erfolgen einer noch jungen Vereinshistorie. In Wahrheit streifte schon der eingangs erwähnte Sepp Glaser das Deutschland-Trikot über. Zwischen 1909 und 1912 absolvierte der Freiburger Vorzeigefußballer fünf Länderspiele, in welchen er sogar als jüngster Mannschaftskapitän aller Zeiten firmierte. In dieser kurzen Zeit erlebte er nicht nur den höchsten DFB-Sieg aller Zeiten (16:0 gegen Russland), sondern auch die deftigste Packung (0:9 in England). Doch diese Erlebnisse liegen nicht nur lange zurück, sie haben auch mit dem Sportclub Freiburg wenig zu tun. Bekanntlich spielte Glaser – genau wie Ernst Bantle und Heiner Mechling, die später ebenfalls auf zwei beziehungsweise einen Nationalmannschaftseinsatz kamen – für den Lokalrivalen FFC, mit dem er 1907 auch Deutscher Meister wurde.

Dürre sieben Jahrzehnte sollten vergehen, bis wieder ein Freiburger in die Garde Deutschlands Bester berufen wurde. Jens Todt schaffte diesen Sprung nach ebenjener grandiosen Saison 1994/1995, als der Sportclub noch am 32. Spieltag um die Deutsche Meisterschaft mitspielte und am Ende Dritter wurde. Auch wenn er es nicht gerade auf eine Serie von Einsätzen brachte (drei Mal je 90 Minuten), ist Todt sogar der erfolgreichste aller Freiburger Nationalspieler. Zur EM 1996 wurde er von Berti Vogts eigens für das Finale nachnominiert und darf sich daher heute, wiewohl ohne Einsatzminute, Europameister nennen. Als richtiggehend ärgerlich dürfte er es nur empfunden haben, dass ihm bei einem Einbruch in seine Wohnung der einzig greifbare diesbezügliche Nachweis, die EM-Medaille, entwendet worden war. Trotz Anzeige und Eigenrecherche in Internet-

Auktionshäusern blieb die Suche bislang erfolglos. Sachdienliche Hinweise nimmt jede Polizeidienststelle entgegen.

Ohne Eigentumsdelikt verlief die Nationalmannschaftskarriere von Jörg Heinrich. Der in der DDR ausgebildete und über Kickers Emden nach Freiburg gelangte Linksfuß debütierte anno 1995 und sammelte bis 2002 insgesamt 37 Einsätze im Trikot mit dem Adler. Zu den Höhepunkten darf ganz gewiss Heinrichs Teilnahme am Confederations Cup gesehen werden, wenngleich diese, wie die weitaus meisten seiner Spiele für den DFB, bereits nach seiner Freiburger Zeit stattfand. Bekanntlich war Heinrich im Januar 1996 nach Dortmund gewechselt und wurde dort gleich im ersten Jahr Deutscher Meister, dazu Champions-League- und Weltpokalsieger. Zwischenzeitlich überwies der AC Florenz gar bereitwillig 25 Millionen Euro für die Dienste des Linksaußen, der später wieder nach Dortmund zurückkehrte.

Sebastian Kehls Stern ging zwar erst 2001 auf, doch ansonsten hat seine Entwicklung viele Parallelen zu der von Jörg Heinrich. Wieder war seiner Nominierung ein außergewöhnlich erfolgreiches Freiburger Jahr vorausgegangen – als Sechster ging es in den UEFA Cup, wo man trotz zweier Wettbewerbstore von Kehl am späteren Sieger Feyenoord Rotterdam scheiterte. So konnte Kehl beim 2:0 über die Slowakei seinen ersten Einsatz für Deutschland feiern. Auch er verließ den Sportclub zur Winterpause (2002), auch er ging nach Dortmund, auch er wurde dort gleich im ersten Jahr Deutscher Meister, auch er absolvierte den weitaus größten Teil seiner Länderspiele erst nach seiner Freiburger Zeit. Auch wenn Kehl selten im Fokus der Öffentlichkeit stand, sammelte er auch mit der Nationalmannschaft Titel, wie die Vize-Weltmeisterschaft 2002 oder den dritten Platz vier Jahre später. Bei diesem Turnier hatte er zugleich seinen letzten von 30 Einsätzen für den DFB. Nach dem 3:0 über Portugal wurde der Mann vor der Abwehr immer wieder von Verletzungen zurückgeworfen, schaffte aber ein beachtliches Comeback. Noch 2013 stand Kehl im Finale der Champions League.

Weit entfernt von so viel Ruhm ist Martin Spanring, der dritte Freiburger Nationalspieler aus der ersten Generation. Sein Auftritt für Deutschland beschränkte sich 1996 schlechterdings darauf, im wahrsten Sinne des Wortes am Rande des Spiels gegen Dänemark ein paar Aufwärmübungen zu machen. Ob er die Arme falsch herum gekreist hat, wissen wir nicht – wohl aber, dass er hernach nie mehr zu einem Spiel der Nationalmannschaft eingeladen wurde.

Die dritte Generation Freiburger Nationalspieler – wieder ging die Teilnahme am internationalen Wettbewerb voraus – eröffnete Max Kruse. Mit elf Toren und acht Assists spielte der dynamische Offensivmann eine außergewöhnliche Saison 2012/13. Dass es gleich in seinem ersten Bundesligajahr mit einem DFB-Einsatz klappte, ist jedoch auch anderen Umständen geschuldet. Da sich das gesamte Gerüst der Löw-Elf noch kurz zuvor beim Champions-League-Finale gegenübergestanden hatte, rückten für die USA-Reise automatisch Spieler aus dem zweiten oder dritten Glied nach. So oder so – Max Kruse hinterließ einen prima Eindruck und steuerte während seiner zwei Einsätze sogar ein Tor und eine Vorlage bei. Für einen zählbaren Erfolg hat es bei Nils Petersens Nationalelf-Debüt leider nicht gereicht. Im Vorfeld der WM 2018 kam er auf einen Einsatz gegen Österreich, leider fuhr er nicht mit nach Moskau. Dafür aber Matthias Ginter, Kind der Region und bereits Weltmeister 2014 und Confed-Cup-Sieger 2017.

GRUND NR. 34

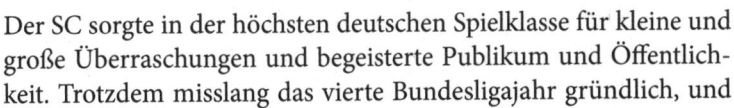

Weil wir ein zweites und drittes Mal in die Bundesliga aufgestiegen sind

Der SC sorgte in der höchsten deutschen Spielklasse für kleine und große Überraschungen und begeisterte Publikum und Öffentlichkeit. Trotzdem misslang das vierte Bundesligajahr gründlich, und der Verein stand vor der nicht eben leichten Aufgabe, diese Scharte in der Spielzeit 1997/98 wieder auszuwetzen. Es gelang sofort, wenngleich weder mit der Leichtigkeit noch der Souveränität des ersten Aufstiegsjahres. Mit am schwersten lastete ein eigentlich positiver Aspekt. Mit dem größten Etat aller Zweitligisten waren die Freiburger an den Start gegangen. Nur produzierte dies eine ungewohnt hohe Erwartungshaltung, die angesichts der errungenen Herbstmeisterschaft des runderneuerten Teams zunächst berechtigt schien. Als dann aber Zoubaier Baya und Mehdi Ben Slimane beim Afrika Cup weilten, als Iashvili, Diarra und andere eine formschwache Phase erlebten, geriet die Rückrunde doch noch zur Zitterpartie. Die Mannschaft fand aber noch rechtzeitig zu den gewünschten Ergebnissen zurück. Am 33. Spieltag schließlich gelang der erste »selbstverständliche« Aufstieg der Freiburger durch ein 4:1 in Wattenscheid. Zum zweiten Mal traten die Breisgauer in der Bundesliga an.

Dieses Comeback weist Parallelen zur ersten Etappe im Oberhaus auf. Wieder geriet die erste Saison zum Überlebenskampf, wieder gelang bald darauf die Teilnahme am internationalen Wettbewerb, wieder musste die Mannschaft im vierten Jahr absteigen, und wieder glückte der sofortige Wiederaufstieg. 2002/03 lief der Sportclub sogar als Erster ein. Das 2:1 in Burghausen am 32. Spieltag war Volker Finkes dritter – und letzter – Streich. In einer stark besetzten Liga führte der SC am Ende die Heim- und Auswärtsbilanz an, absteigen mussten unter anderem Braunschweig, St. Pauli und Waldhof Mannheim.

Beide Aufstiege wurden naturgemäß weniger frenetisch honoriert als der erste. Jedes Mal war der Sportclub als Favorit in die Zweitligasaison gegangen und hatte diesen Status im Grunde ja nur bestätigt – zeitweilig sogar ohne wirklichen Zauberfußball. Gleichwohl muss man vor dieser Leistung den Hut ziehen. Längst nicht jeder Bundesligaabsteiger kehrt wieder zurück. Dem SC gelang dieses Kunststück gleich vier Mal. Von insgesamt fünf Aufstiegen glückten vier als Tabellenerster und ebenfalls drei direkt im Jahr nach dem Abstieg. Immer wieder wurden die Zweitligazeiten zu einer personellen Runderneuerung genutzt, die in den allermeisten Fällen gleichsam den Grundstein für die nächsten Spielzeiten legte. Seit dem ersten Bundesligaaufstieg verbrachte der SCF 18 Jahre in der Erstklassigkeit. Legt man den einst selbstdefinierten vereinsinternen Maßstab an, die Abstiegszone beginne erst ab Platz vier der 2. Liga, so hat der Sportclub sogar nur drei Jahre unter den Erwartungen gespielt. Und ist zwischendurch sogar noch mal in Europa gelandet ...

GRUND NR. 35

Weil wir uns ein zweites Mal für den UEFA Cup qualifiziert haben

Wenn der Sportclub Freiburg unter den ersten sechs Mannschaften der Tabelle landet, ist das immer eine Überraschung. Jeder Fußballfan hat es selbst schon erlebt: Die unerwarteten Erfolge sind die, die man am meisten genießt. Genuss ist sowieso ein Wert, der im Breisgau seit jeher groß geschrieben wird. Selbst bei den schlechtesten Resultaten sind die meisten Zuschauer doch halbwegs versöhnt nach Hause gegangen, wenn sie wenigstens einen tollen Doppelpass, ein sehenswertes Dribbling, einen gewagten Abschluss gesehen haben – kurz, irgendetwas, von dem man sagen konnte, das ist typisch für den Freiburger Fußball. Am schönsten ist es natürlich aber, wenn fußballerischer Augenschmaus mit dem tabellarischen zusammentrifft. Und das war in Freiburg mindestens vier Mal in ganz besonderer Weise der Fall.

Über allem thront natürlich die besagte Rekordsaison von 1994/95. Als Fast-Absteiger in die Runde gestartet, kämpfte der Sportclub noch am 32. Spieltag in Stuttgart um die Deutsche Meisterschaft, zu welcher am Ende nicht mehr als drei Pünktchen fehlen sollten. Wäre dieses Kunststück zwei Jahre später gelungen, hätte die Elf von Volker Finke an der Champions League, zumindest aber an der Qualifikation teilgenommen. Sechs Jahre später gelang eine ähnliche Sensation: Der Sportclub erreichte Platz sechs, acht Punkte hinter Bayern München und mit nur drei Zählern Rückstand auf den Champions-League-Rang drei, welchen sich Dortmund sicherte. Wieder hatte man den Klassenerhalt erst am vorletzten Spieltag der Vorsaison dingfest gemacht. Die Saison 2000/01 begann jedenfalls denkwürdig – und mit einer Tabelle zum Einrahmen. Das 4:0 über den Derby-Rivalen Stuttgart bedeutete Platz eins der noch jungen Liga-Arithmetik. Ein gewisser Björn Dreyer hatte dabei den Torreigen in Minute sechs eröffnet – es sollte sein einziges Tor für Freiburg in nur neun Spielen bleiben. Bis zum fünften Spieltag blieb man ohne Niederlage, von welchen man sich in den kommenden sieben Spielen dann gleich aber sechs einfing – wieder mal stand der SC auf einem Abstiegsplatz!

Ein 2:0 auf dem Betzenberg, von wo man in jenen Zeiten meistens etwas Zählbares mit nach Hause brachte, läutete die bis heute längste Freiburger Serie ohne Niederlage in der Bundesliga ein: zehn Spiele am Stück, in welchen es unter anderem gegen Bayern und Tabellenführer Hertha ging. Sukzessive tastete sich die Mannschaft nach oben. Nach vier sieglosen Spielen in Folge schien der Faden allerdings wieder gerissen, der Sportclub verabschiedete sich ins Mittelfeld der Liga. Als alles den normalen Gang zu nehmen schien, gelang dem Finke-Team die eindrucksvolle Auferstehung: Das 5:2 gegen Frankfurt läutete eine Erfolgsserie mit 19 Punkten aus acht Spielen ein. Besonders brillierten die Freiburger beim 3:1 in Leverkusen, als man den Tabellendritten phasenweise vorführte.

Ähnlich fulminant geriet das folgende Heimspiel. Gegen überforderte Lauterer stand es bereits zur Halbzeit 5:0. Dass man sich in München die letzte von insgesamt drei Rückrunden-Niederlagen erlaubte, konnte den Freiburger Siegeslauf nicht stoppen. Auch die letzten drei Partien gewannen Coulibaly, But und Co, das letzte mit einem imposanten 4:1 gegen Wolfsburg. Hinter dem FC Bayern belegte der Sportclub Rang zwei der Rückrundentabelle. Vor allem aber grüßte der Sportclub Freiburg nun Europa, wie auf Zuschauertransparenten zu lesen war – zum zweiten Mal in der Vereinsgeschichte.

War der Erfolg 1994/95 noch eng mit Rodolfo Cardoso verbunden, so verteilten sich die entscheidenden Beiträge zu diesem neuerlichen Coup auf mehrere Schultern. Vier Stürmer, von denen der beste, Adel Sellimi, mit zehn Treffern nicht einmal einen herausragenden Einzelwert hatte, trafen, so schien es, immer genau dann, wenn es nötig war. Neben Iashvili, Dorn und Ramdane ragten in der Offensive vor allem Zoubaier Baya, Soumaila Coulibaly, aber auch der erst während der Saison verpflichtete Wladimir But heraus. Zumal auch Levan Kobiashvili sieben Treffer beisteuerte. Richard Golz agierte über die gesamte Saison auf konstant hohem Niveau, davor setzten Andreas Zeyer und Sebastian Kehl Volker Finkes Anforderungen an den modernen »Sechser« glänzend um.

Wenig erbaulich war, dass der Sportclub im nächstfolgenden Jahr die Bundesliga wieder verlassen musste. Darauf hatte lange wenig hingedeutet, vor allem, weil die Freiburger ein kleines UEFA-Cup-Märchen schreiben sollten.

GRUND NR. 36

Weil wir fast Feyenoord Rotterdam aus dem UEFA Cup geworfen hätten

UEFA Cup, Saison 2001/02: Der zweite europäische Auftritt war deutlich erfolgreicher als der erste, als man denkbar früh an Slavia Prag gescheitert war. In der ersten Runde besiegte der Sportclub die Slowaken von Matador Púchov (0:0/2:1) durch einen Last-Minute-Treffer ausgerechnet des sonst eher torgeizigen Ibrahim Tanko. Gegen St. Gallen fing man sich in der Nachspielzeit des Hinspiels noch das 0:1 ein. Auch das Rückspiel begann schlecht, nach acht Minuten musste Richard Golz bereits hinter sich greifen. In sensationeller Manier kam der Sportclub dann aber zurück, schoss noch vier Tore (Sellimi, But, Tskitishvili und Kehl) und zog in die dritte Runde ein. Hier wurde ein Gegner mit internationalem Flair zugelost: Man bekam es mit dem von Bert van Marwijk trainierten 14-maligen niederländischen Meister zu tun. Feyenoord Rotterdam war eine Truppe mit alten Bekannten wie Ebi Smolarek und Stars wie dem Japaner Shinji Ono, Johan Elmander, Jon Dahl Tomasson oder Pierre van Hooijdonk.

Bereits im Hinspiel schlugen sich die im Argentinien-Oberteil aufgelaufenen Breisgauer wacker und ließen die eine oder andere Großchance ungenutzt. Das 0:1 durch Shinji Ono war nicht nur aufgrund des späten Zeitpunkts ziemlich schmeichelhaft. Im Rückspiel an der Dreisam hatten einige Feyenoord-Akteure Sperren oder Verletzungen hinter sich gelassen, sodass die Gäste mit sieben aktuellen Nationalspielern antraten. Nur war davon in Durchgang eins recht wenig zu sehen, ein Van-Hooijdonk-Kopfball blieb die einzig nennenswerte Szene. Ganz anders der SC: Feldüberlegen erspielte er sich Chance um Chance. Gerade Alexander Iashvili wirbelte wie aufgedreht durch die gegnerischen Abwehrreihen. Er war es dann auch, der herrlich und in der ihm eigenen Manier das Führungstor von Sebastian Kehl vorbereitete. Früh in der zweiten Hälfte verwandelte Levan Kobiashvili einen berechtigten Foulelfmeter zum 2:0. Zu diesem Zeitpunkt war das große Feyenoord Rotterdam ausgeschieden.

Leider währte dieser Zustand nur acht Minuten. Denn Pierre van Hooijdonk sorgte mit einem Jahrhundertfreistoß für den Anschluss. Bis heute bleibt diese Szene ein Albtraum für alle Freiburg-Fans. Zwischen Seitenauslinie und Strafraum lag der Ball vor der Ausführung, die Distanz zum Tor betrug gut 30 Meter. Am Ende schlug der stark angeschnittene Schuss am Innenpfosten des langen Torwinkels ein, der Zwei-Meter-Mann Richard Golz war überwunden.

Und es kam noch dicker. Nachdem die Freiburger in der Folge etliche weitere Gelegenheiten liegen gelassen hatten (Iashvili, Coulibaly), bekamen sie in der Schlussphase den Ball nicht weg.

Leonardo ließ sich nicht zweimal bitten und traf zum glücklichen Ausgleich. »Schade, Freiburg, alles ist vorbei«, skandierten stimmgewaltige Holländer durch ein ansonsten totenstilles Stadion. Doch kurz vor Schluss stimmte sogar die Gästekurve in die stehenden Ovationen ein, die den unglücklichen Fast-UEFA-Cup-Helden zuteil wurden. Die Finke-Elf hatte sich nun auch auf europäischer Ebene Respekt und Anerkennung verschafft.

1:0 und 2:2 sieht auf dem Papier nach einer klaren Sache für den Favoriten aus. Fakt ist aber, dass Feyenoord gegen Freiburg am Rande des Ausscheidens stand. Hier greifen nun gleich wieder mehrere Fußballweisheiten: Die vom cleveren Favoriten, vom Pferd, das nur so hoch springt, wie es muss, oder frei nach Matthias Sammer, das Prädikat, gut gespielt zu haben, sei noch nie in irgendeinen Pokal eingraviert worden. Immerhin gab es am Ende Trost in hohen Dosen für die Badner. Die starken Holländer wurden später nicht nur zum Stolperstein für die Glasgow Rangers, den PSV Eindhoven und Inter Mailand. Sie gewannen – übrigens im heimischen Stadion – am Ende sogar den UEFA Cup durch ein 3:2 über die Dortmunder Borussia. Nach Jürgen Kohlers Roter Karte waren die Schwarz-Gelben über eine Stunde lang dezimiert. Zweimal van Hooijdonk und Tomasson trafen für die Niederländer, für den BVB Amoroso und Koller. Ein Hauch von Freiburg wehte dennoch durch das Finale: Jörg Heinrich wurde zur 70. Minute eingewechselt.

 GRUND NR. 37

Weil wir 7:3 gegen Schalke gewonnen haben

Am 29. Oktober 2003 ereignete sich im Dreisamstadion ein denkwürdiges DFB-Pokalspiel, in welchem die Zuschauer zehn Tore zu sehen bekamen. Nach einer mitreißenden Partie stürmten die Freiburger in die nächste Runde des Pokals.

Ruhmreiche Pokalauftritte haben Seltenheitswert beim Sportclub Freiburg. Der Einzug ins Halbfinale in der Saison 2012/13 war schon der größte Erfolg aller Zeiten. Nicht selten blamierte man sich gegen Gegner aus tieferen Ligen. Hilden-Nord, Bergmann Borsig Berlin oder die Sportfreunde Siegen sind nur die entlegensten Beispiele des Scheiterns in den letzten gut 20 Jahren. Seltsamerweise waren es daneben überproportional häufig Stuttgarter oder Kölner Teams, die den SC aus dem reizvollen Wettbewerb beförderten. So auch 1982/83, als die Kölner Fortuna Endstation war und später das Finale gegen den Stadtrivalen FC austrug.

Wie dem auch sei, gegen Schalke gelang dem Sportclub bereits nach acht Minuten die Führung durch Soumaila Coulibaly. Christian Poulsens Ausgleich konnte Alexander Iashvili kurze Zeit später beantworten, sodass es mit 2:1 in die Pause ging. Binnen fünf Minuten sorgten Sérgio Pinto und Filip Trojan für die königsblaue Führung, wieder einmal schien der Sportclub einen Vorsprung leichtfertig zu verdaddeln. Als die ersten Zuschauer schon in Richtung Parkplatz aufbrachen, erzwang Dennis Kruppke doch noch die Verlängerung. Schon zu diesem Zeitpunkt schwankte die Kulisse mehrmals zwischen Hoffen und Bangen.

In der Extra-Zeit gab es zunächst Chancen hüben wie drüben. Die entscheidende Szene ereignete sich aber erst in der 105. Minute. Gustavo Varela hatte im Sechzehner zu ordentlich hingelangt, Schiedsrichter Weiner ihn daraufhin unter die Dusche geschickt. Den fälligen Elfmeter verwandelte Zlatan Bajramović zum 4:3. Zur Überraschung aller brachen die Knappen nun völlig ein. Binnen elf Minuten schlugen die Einheimischen drei weitere Male zu – wiederum in Gestalt von Coulibaly (2) und Iashvili. Die 16.000 Zuschauer standen kopf. Nach längerer Durststrecke war das endlich einmal wieder ein Tag zum ganz großen Jubel im Breisgau. Fairerweise muss man erwähnen, dass die Freiburger zu einem solchen Ergebnis wie die Jungfrau zum Kind gekommen waren. Vor der Schalker Unterzahl war das Spiel ausgeglichen und noch völlig offen. Vieles deutete auf ein Elfmeterschießen hin. Obwohl noch eine Viertelstunde zu spielen war, ließen die Schalker nach dem Rückstand auf wenig nachvollziehbare Art die Köpfe hängen. Einer von ihnen spielte übrigens später selbst im Trikot der Breisgauer. Mike Hanke stand seinerzeit bis zur letzten Minute auf dem Platz, konnte jedoch keinen Treffer beisteuern.

Fraglos hat der SC Freiburg mit diesem Spiel Geschichte geschrieben. Zum torreichsten Pokalspiel aller Zeiten fehlten allerdings immer noch sieben Treffer. Mit 16:1 gewann der FC Bayern in der Saison 1996/97 bei der DJK Waldberg. Nur wenig beflügelnd wirkte sich unterdessen dieses denkwürdige Resultat auf das weitere Pokalabschneiden der Breisgauer aus. Direkt in der nächsten Runde schied man mit 0:1 beim VfB Lübeck aus, damals einem eher farblosen Zweitligisten, der dann aber doch noch bis ins Halbfinale kam, wo er vom späteren Pokalsieger Werder Bremen erst in der Verlängerung bezwungen werden konnte.

GRUND NR. 38

Weil wir souverän mit 18 Punkten aus der Bundesliga abgestiegen sind

Im Fußball geben sich Erfolg und Misserfolg mitunter sehr schnell die Klinke in die Hand. Dass auch in Freiburg Tränen auf Triumphe folgen würden, war durchaus zu erwarten. Dennoch war es die Art und Weise des Abstiegs 2005, die vielen, darunter auch Swamp-Betreiber und *Heimspiel*-Autor »Chico«, zu denken gab: »Tja, irgendwie hatten wir uns das ganz anders vorgestellt. Ich meine, Abstieg schön und gut, aber doch keine sieben Wochen vor Saisonende.«[11]

In der Tat hatte diese Runde nur wenige positive Aspekte. Dazu gehörte, dass es Teilen der Mannschaft nicht durchweg egal zu sein schien, wie das Spiel ausgeht. Dass man trotz allem recht ansehnlichen Fußball zeigte und zumindest in puncto Spielanlage kaum einem Gegner unterlegen war. Und schließlich, dass der Sportclub nach fünf Spieltagen noch ungeschlagen war – als eines von vier Teams der Bundesliga. Sieben Punkte und Platz acht lautete die sehr brauchbare Zwischenbilanz – einer Verbesserung des Vorjahresergebnisses (Platz 13 bei 38 Punkten) schien der Boden bereitet.

Alles, was folgte, war selbst für Freiburger Verhältnisse ein Super-GAU. In den folgenden 29 Partien erwirtschafteten Finkes Mannen noch mickrige elf Pünktchen. Wobei man zwischendurch noch hoffen durfte: Am neunten Spieltag besiegte man den bis dato ungeschlagenen VfB Stuttgart in einem mitreißenden Derby mit 2:0. Die Kehrtwende führte das freilich nicht herbei. Die folgenden sieben Spiele gingen sang- und klanglos verloren, nach dem 0:6-Heimdebakel gegen Angstgegner Bremen wanderte die Rote Laterne erstmals an die Dreisam. Der letzte Sieg in dieser Runde glückte am 29. Januar (1:0 gegen Wolfsburg), wenigstens hatte man dadurch den letzten Platz wieder kurzzeitig verlassen.

Ein Freiburger Negativrekord nach dem anderen purzelte im weiteren Verlauf der Saison: 15 Spiele am Stück konnte der Sportclub nicht gewinnen. Führungen, ohnehin ein seltenes Phänomen in diesen Tagen, wurden leichtfertig hergeschenkt, wie gegen Nürnberg, als Phantom Mintál in den letzten fünf Minuten mit zwei Toren den sicher geglaubten Sieg in eine Niederlage verwandelte. Dazu gesellten sich frustrierende Klatschen wie das 0:7 gegen die Bayern im DFB-Pokal. Typisch für die ganze Runde war das Abstiegsendspiel auf der Bielefelder Alm. Ballsicher, gefällig und mit schnellem Flachpassspiel kombinierte sich der SC durch weite Teile des Spielfelds. Weite Teile, aber eben nicht den gegnerischen Sechzehner. Dieser wurde großzügig ausgespart. Als hingegen die recht bieder agierenden Ostwestfalen zum ersten Mal in Tornähe auftauchten, stand es auch schon 1:0. Der zwischenzeitliche Ausgleich half nichts – am Ende hatte ein gewisser Massimilian Porcello gar die ganzen drei Treffer für die Bielefelder erzielt – bezeichnenderweise ein Drittel aller Treffer, die er in fünf Bundesligaspielzeiten markiert hatte. Immerhin behielten die mitgereisten Breisgauer ihren Humor: »Wir steigen ab und ihr nicht!« skandierten sie in Richtung Heimfans.

Fürwahr, gegen Freiburg durfte in dieser Saison jeder mal: 75 Gegentore musste Richard Golz am Ende aus dem Netz fischen. Nun war der Sportclub nicht gerade bekannt für eine sattelfeste Defensive. Besonders schwer wog allerdings, dass man vorne einfach keine Wurst vom Teller zog. Nur 30 Torerfolge konnten die leidgeprüften Freiburger Anhänger bejubeln, Ibrahim Tanko etwa brachte das Kunststück fertig, in 20 Spielen keinen einzigen Treffer zu erzielen. So reichte es letztlich nicht für mehr als zwei Siege gegen Wolfsburg und einen gegen Stuttgart. Seit Einführung der Drei-Punkte-Regel war der SCF der schlechteste Absteiger aller Zeiten.

Auch das Publikum wurde in dieser Phase – eigentlich zum ersten Mal während Volker Finkes Freiburger Amtszeit – nachhaltig ungeduldig. Uneffektive Schönspielerei, ein Beharren auf einem längst überholten Spielsystem, das realitätsferne Verklären von Niederlagen und die fehlende Einstellung manches Akteurs im Abstiegskampf waren nur einige der Vorwürfe, die unter den ansonsten geduldigen Freiburger Fans die Runde machten. Bislang war der Sportclub nach jedem Bundesliga-Abstieg sofort wieder aufgestiegen, dieses Mal reichte es am Ende nicht. Weil nun aber die Erfolge auch in der kommenden Saison 2006/07 zunächst auf sich warten ließen, sah der Vorstand Handlungsbedarf. Zur Winterpause, als der Sportclub nur knapp über den Abstiegsrängen (der 2. Liga) stand, entschloss man sich zur Entlassung von Trainer Finke. Kurioses und gleichsam freiburgtypisches Detail: Die Entlassung wurde zwar zur Winterpause verkündet, sollte aber erst ab dem kommenden Sommer in Kraft treten. Volker Finke saß also während der gesamten Rückrunde noch auf seinem Trainerstuhl.

Weil wir für den vierten Aufstieg mit der ersten Zweitliga-Meisterschale belohnt wurden

Finkes Nachfolger Robin Dutt baute die Mannschaft in den tragenden Bestandteilen um. Altgediente, aber teils überspielte Leistungsträger wie Diarra, Coulibaly oder Iashvili wurden entlassen, dafür kamen Spieler mit Erfahrungen bei anderen Bundesligisten: Heiko Butscher, Ivica Banović oder Mohamadou Idrissou. Am Abschneiden der Freiburger änderte dies zunächst wenig. Auch im nächsten Jahr scheiterte der Sportclub ähnlich knapp am Aufstieg wie die zwei Mal zuvor unter Volker Finke.

Erst im zweiten Dutt-Jahr sollte der große Wurf gelingen. Am 24. Mai 2009 streckte Kapitän Heiko Butscher die Meisterschale in den Freiburger Himmel. Es war zugleich die erste derartige Reliquie, die ein Zweitligachampion erhalten hatte. Dass sie vom Freiburger Torwart-Urgestein Richard Golz überreicht wurde, machte die Sache nur noch schöner. Auf beiden in Deutschland existierenden Meisterschalen prangt nun der Name eines Freiburger Vereins. Der SCF war nach vierjähriger Abstinenz wieder erstklassig. Dieser Aufstieg läutete zugleich die bis heute längste Phase ununterbrochener Freiburger Bundesligazugehörigkeit ein.

In einer stark besetzten 2. Liga (unter anderem mit Nürnberg, Lautern, 1860, St. Pauli, Mainz) hatten sich die Breisgauer von Beginn an in die Spitzengruppe orientiert und die Tabellenführung am fünften Spieltag nach einem glanzvollen 5:0 über Wehen Wiesbaden übernommen. Zur Winterpause war der Sportclub Dritter, kam jedoch dann deutlich besser ins neue Jahr als die Konkurrenz aus Mainz und Kaiserslautern. Nach sechs Siegen in Folge schien bereits Mitte der Rückrunde alles auf eine klare Sache hinauszulaufen – ehe der Sportclub plötzlich schwächelte und aus drei Spielen nur noch einen Punkt zuwege brachte.

Mit dieser Bilanz ging es ausgerechnet zum aufstrebenden Tabellenzweiten nach Mainz. An jenem milden Frühlingstag in Rheinhessen hatte der mitgereiste Anhang zunächst kaum Grund zum Jubel. 0:1 lag man zur Pause zurück, spielte auch in der zweiten Hälfte wenig berauschend – und gewann trotzdem. Zwei Standardtreffer durch Banović und Idrissou drehten die Partie, und am Ende hieß es 2:1. Von da an war der Sportclub nicht mehr aufzuhalten. Rechnerisch besiegelte die Dutt-Elf den Gang ins Oberhaus durch ein fulminantes 5:2 bei der TuS Koblenz. Weil die Konkurrenz unverhofft Federn ließ, reichte es schon an diesem 31. Spieltag zu Aufstieg und Meisterschaft auf einen Streich. Unvergessen die Szenen, als Tausende von Freiburgern das Spielfeld in Oberwerth stürmten und alles – vom Koblenzer Platzwart über den Balljungen – umarmten und mit Getränken übergossen. Im SC-Schal interviewte der Reporter eines Privatsenders die Freiburger Spieler. Für die Stadt am deutschen Eck bedeutete diese Niederlage tiefstes Abstiegsschlamassel, und trotzdem zeigten sich alle dort als ausgezeichnete Gastfreunde. Weit nach Spielschluss, als längst kein Koblenzer mehr im Stadion war, durfte sich das Erfolgsteam samt Trainer und Offiziellen von der Tribüne aus seinen feiernden Fans zeigen. Welche dabei zum Dank den Rasen vor den Trainerbänken zertrampelten wie eine wild gewordene Rinderherde.

In Freiburg fiel der Jubel unterdessen verhaltener aus. Augenzeugen berichten von vereinzelten Schlachtenbummlern, die ohne Fankleidung gen Altstadt gezogen waren und dort mit der Bierbüchse in der Hand vergeblich versuchten, irritierte Passanten zum Mitjubeln zu animieren. Nicht alle hatten an diesem warmen Sonntag Fußball geschaut. Selbstverständlich wurde aber auch dem derart aufgestauten Feierdrang der Daheimgebliebenen schließlich noch Rechnung getragen. Am Abend erreichte der Mannschaftsbus das Stadion, wo noch zu später Stunde Heerscharen von Fans ihre Helden empfingen. Der erste Freiburger Bundesliga-Aufstieg ohne Volker Finke war zum Glück bis jetzt auch der letzte der Vereinsgeschichte.

Weil wir noch einen unmöglichen Klassenerhalt möglich gemacht haben

Drei Mal während seiner Bundesligazugehörigkeit hatte der Sportclub den Klassenerhalt erst am letzten Spieltag unter Dach und Fach gebracht. Ein weiteres Mal – unter Robin Dutt – genügte ein Remis in Köln am vorletzten Spieltag, um eine schwächere Saison zu einem doch noch versöhnlichen Abschluss zu bringen. Auch 1999/2000 und 2003/04 musste man so lange warten. Insofern ist man das Bangen an der Dreisam durchaus gewohnt. Zur Winterpause 2011/12 sah es aber wirklich ganz düster aus. Auf nur 13 Punkte belief sich die Ausbeute der Vorrunde – das waren ebenso viele wie in der Abstiegssaison 1996/97, fünf weniger als beim zweiten Abstieg 2001/02 und nur zwei mehr als im Seuchenjahr 2004/05, das man als schlechtester Absteiger seit Einführung der Drei-Punkte-Regel beendete.

Statistisch betrachtet war man also eigentlich schon abgestiegen. Zudem rumorte es hinter den Kulissen gewaltig – verständlich angesichts der unbefriedigenden sportlichen Situation, und doch ungewöhnlich für Freiburg. Zunächst trennte sich der Verein auf Wunsch des Trainers Marcus Sorg von einem halben Dutzend Akteuren, darunter gestandene wie Felix Bastians oder Kapitän Heiko Butscher. Dass mit Papiss Demba Cissé dann auch noch der erfolgreichste Torschütze nach Newcastle verkauft wurde, schien für viele Beobachter schon auf einen bewussten Neuanfang in Liga 2 hinzudeuten. Seltsamerweise verstrickte sich kurz danach auch die Vereinspolitik in unauflösbare Widersprüche. Trainer Marcus Sorg wurde ebenfalls entlassen, Freiburg begann die Rückrunde mit einem ausgedünnten Kader, ohne den besten Torjäger und mit einem neuen Trainer. Für die gesamte Liga stand der erste Absteiger damit praktisch fest.

Doch wieder einmal trotzte der SC allen Unkenrufen. Vor allem aber besann sich der Verein, allen voran Trainer Christian Streich, auf das, was den Sportclub seit jeher stark gemacht hatte. Statt planlos den Kader aufzublähen, setzte man auf den eigenen Nachwuchs und ließ junge Spieler unter denkbar schweren Bedingungen Erfahrungen sammeln. Dieses Konzept ging nicht nur auf, es übertraf alle Erwartungen. Der Sportclub holte 27 Punkte in der Rückrunde und verhinderte den Abstieg sogar frühzeitig.

Beginnend mit einem zugegebenermaßen zähen 1:0 über Mitkonkurrent Augsburg, präsentierte sich die Mannschaft als Heimmacht. Im eigenen Stadion schlug man Hochkaräter wie Schalke und trotzte sogar den Bayern ein denkwürdiges Remis ab. Am Ende standen vier Siege und vier Unentschieden aus acht Heimspielen zu Buche. Gegen Mitte der Rückrunde klappte es dann auch auswärts. Einem 0:0 beim Tabellendritten Gladbach folgte ein klarer 3:1-Erfolg in Hamburg. Ein sehenswerter Freistoßtrick, der Makiadis 3:0 vorausgegangen war, dokumentierte die in den Breisgau zurückgekehrte Spielfreude. Zum nächsten Auswärtsspiel ging es nach Leverkusen. Das 2:0 unter dem Bayer-Kreuz (Torschützen: Schuster und Caligiuri) kostete nicht nur Ex-Trainer Dutt den Kopf, sondern vergrößerte den Abstand auf den Relegationsplatz erstmals auf drei Zähler. Fünf Mannschaften hatte die Streich-Elf bis zu diesem Zeitpunkt schon hinter sich gelassen. Am 30. Spieltag wartete aber eine schwere Hürde. Eine Niederlage im Abstiegsduell bei der Hertha hätte den Sportclub wieder tief in den Strudel hineingezogen. Wiederum setzte Christian Streich dort auf sechs Akteure aus der eigenen Jugend und wurde belohnt. Mit unglaublicher Souveränität, mit Ruhe und Konzentration hielt das junge Team dem Druck stand, das 2:1 in der Hauptstadt geriet zu keinem Zeitpunkt in Gefahr. Nach zwei torlosen Remis gegen Hoffenheim und in Hannover stand der Klassenerhalt bereits am 32. Spieltag fest. Die Mannschaft hatte sich die Krone für eine sensationelle Rückrunde aufgesetzt.

Alles andere war Zubrot. Am vorletzten Spieltag überrannte man den 1. FC Köln mit 4:1. Die Rheinländer mussten mit ihrem Volkshelden Prinz Poldi ebenso absteigen wie Hertha BSC nach dem denkwürdigen Elfmeterpunktklau- und Rasensturm-Relegationskick in Düsseldorf, als der Ex-Freiburger Kobiashvili zu allem Überfluss auf Schiedsrichter Stark einprügelte. Da half auch nicht das flammende Plädoyer seines Trainers Otto Rehhagel, Kobiashvili sei der »fairste Spieler nach dem Zweiten Weltkrieg«[12] – der Georgier wurde zu einer Rekordsperre von siebeneinhalb Monaten verurteilt.

Nicht den geringsten Grund zur Aggression liefert hingegen die Freiburger Rückrundenstatistik. Sie gleicht vielmehr einem Bilderbuch: Zu Hause blieb man ebenso ungeschlagen wie zwischendurch zehn Spiele in Folge, die Mannen von Christian Streich belegten Platz sieben der Rückrundentabelle und schafften mit den magischen 40 Punkten sogar noch Platz zwölf in der Endabrechnung. Es gelang mit einer runderneuerten Mannschaft und neuem Trainer ein Kraftakt sondergleichen. Wie sich bald darauf zeigen sollte, knüpfte der Sportclub auch in der nächsten Spielzeit nahtlos an diese Erfolge an – und zwar in Liga und Pokal.

GRUND NR. 41

Weil wir ohne Heimspiel im Pokalhalbfinale 2013 standen

Zittersiege, Derbys, Highlights, Enttäuschungen – die Pokalsaison 2012/13 bot die gesamte emotionale Achterbahn des Fußballs. Dass der Sportclub dabei jedes Mal auswärts antreten musste, ist ein Kuriosum, das hinter das ohnehin schon starke Abschneiden noch ein weiteres Ausrufezeichen setzt.

Den ersten Auftritt legte die Streich-Elf bei Victoria Hamburg hin. Die rund 500 Gästefans sahen in ungewohnter Hamburger

Gluthitze einen mühevollen Gurkenkick, in welchem die Amateure relativ häufig relativ ungestört durch den Freiburger Sechzehner wirbelten. Besonders originelle Zuschauer vertrieben sich die Zeit, indem sie Böller auf den Rasen warfen, was angesichts fehlender Fangzäune kein logistisches Wunderwerk war. Erst die Drohung, das Spiel abzubrechen (womit die Pokalreise des Sportclubs mit ziemlicher Sicherheit beendet gewesen wäre), sorgte für Ruhe. Mit etwas mehr Glück als Geschick stolperten sich die Badner zu einem 2:1. Aufbruchsstimmung für eine schwierige Runde sieht anders aus.

Schon deutlich besser lief es beim nächsten Pokalspiel. Bei der Braunschweiger Eintracht, dem bis dato ungeschlagenen Zweitliga-Tabellenführer und späteren Aufsteiger, siegte der Sportclub mit 2:0. Möglicherweise noch restbegossen vom berühmten Magenbitter war man damit für das Achtelfinale qualifiziert, in welchem es zur Mutter aller badischen Derbys kam. KSC gegen SCF, wenige Tage vor Weihnachten. Das Tor des Tages gelang Jonathan Schmid und das so früh, dass etliche Fans noch draußen standen, weil die Karlsruher Einlasser mit dem ausverkauften Haus nicht wirklich fertig wurden. Dass dabei auch das damals durch alle Stadien geisternde zwölfminütige Schweigegelübde eine jähe Unterbrechung erfuhr, kümmerte jedenfalls bei den rot-weißen Badnern niemanden. Bei frischem Lüftchen und weitgehend ohne Stadiondach reichte der minimalste aller Siege, um nach langer Zeit einmal wieder das Ticket für das Viertelfinale zu lösen. Eine gute Vorrunde wurde zu einer herausragenden.

Die Fortsetzung des Pokalmärchens gelang in Rheinhessen. Ein denkwürdiges Spiel: Die Mainzer überrannten Freiburg anfangs regelrecht, und bereits nach 202 Sekunden stand es 0:2. Zu diesem Zeitpunkt überlegten etliche Daheimgebliebene, ob sie den mühsam erkämpften Kneipensitzplatz nicht doch lieber verlassen und stattdessen zum Beispiel zu Hause Steuerunterlagen sortieren sollten. Alles schien vorbei. Doch das Spiel nahm eine irrsinnige Wendung.

Besonders in der zweiten Hälfte drehten die Breisgauer richtig auf. In einer der heißesten Schlussphasen mit Freiburger Beteiligung gab es alles. Am Ende wies die Bilanz aus: 30:12 Torschüsse, ein Platzverweis, vier Mal Aluminium, Elfmeter in der Nachspielzeit, Verlängerung und schließlich das frenetisch gefeierte 3:2 durch Daniel Caligiuri. Ein Boulevardmagazin überschlug sich: »Der geilste Klub Deutschlands.«[13] Freiburg im Pokalhalbfinale – das gab es noch nie.

Auf dem vorläufigen Saisonhöhepunkt angelangt, registrieren schlechterdings auch andere Vereine die Qualitäten der Freiburger Spieler. Innerhalb kürzester Zeit geisterten haufenweise – und zum großen Teil leider wahre – Transfergerüchte durch den Breisgau. Ob es die damit verbundene Unruhe war, ist schwer auszumachen. Jedenfalls agierten die Badner im Pokal-Semifinale wie das berühmte Kaninchen vor der Schlange. Die Voraussetzungen schienen doch bestens: 12.000 mitgereiste Anhänger, eine fantastische Choreografie, heimschwache Stuttgarter, auswärts- und pokalerprobte Freiburger. Aber an diesem Tag wollte der Sportclub einfach nicht zu seinem Spiel finden und schied auf denkbar bitterste Weise – in der Vorschlussrunde – im Pokal aus. Ade Berlin! Und angesichts der beiden kommenden Liga-Aufgaben (Stuttgart, die zweite und Bayern) rückte mit einem Mal auch der internationale Wettbewerb in weite Ferne.

Doch schon zu diesem Zeitpunkt der Saison registrierte das Freiburger Publikum, wie viele außergewöhnliche Momente diese Mannschaft geschaffen hat! Berlin blieb sehr, sehr lange ein sehr, sehr echter Traum. Und nicht zuletzt die Erfolge im Pokal machten diese Saison zu einem Stück Ewigkeit!

Weil wir uns ein drittes Mal für den UEFA Cup qualifiziert haben

Für außergewöhnliche Momente sorgte die Mannschaft von Christian Streich auch in der Liga immer wieder. Verlief der Start in die Saison 2012/13 noch etwas mühevoll (nur ein Sieg aus den ersten fünf Spielen), so übertraf die Zwischenbilanz kurz vor der Winterpause bereits alle Erwartungen: Platz neun in der Tabelle, beruhigender Vorsprung auf die Abstiegsränge, erfrischender Fußball und ein Kader mit Perspektive. Am 17. Spieltag dann das Spiel auf Schalke. Auch weil Jan Rosenthal einen Sahnetag erwischte, gewann der Sportclub mit 3:1. Nach dem Spiel war der Sportclub plötzlich Fünfter und wäre damit für das internationale Geschäft qualifiziert gewesen. Ein Jahr zuvor konnte man sich – Tabellenletzter und 13 Punkte – kaum vorstellen, überhaupt die Klasse zu halten. Ein Satz nach oben, wie es ihn selten gibt, ein regelrechter Panthersprung des Sportclub-Greifs.

Mitverantwortlich waren zahlreiche starke Auswärtsauftritte. Am Ende der Runde sollten es elf ungeschlagene Partien sein, die der Streich-Elf in der Fremde gelangen. Niederlagen musste man nur bei den »großen Drei« sowie in Frankfurt, Stuttgart und Hoffenheim einstecken. Auswärtsmacht Freiburg – auch im Pokal: Drei Tage später glückte mit einem Derbysieg im Karlsruher Wildpark der Einzug ins Viertelfinale. Eine gute Vorrunde geriet binnen weniger Tage zu einer herausragenden.

Erfolg weckt Begehrlichkeiten. Dass Freiburg immer wieder Akteure zu zahlungskräftigen Konkurrenten ziehen lassen muss, ist nichts Neues. Dass aber innerhalb weniger Wochen der halbe Stammkader an anderen Bundesligastandorten gehandelt wurde, war nicht nur Übungsleiter Christian Streich zu viel – er beschwerte sich über Zustände wie auf dem Viehmarkt. Begleiterscheinungen waren Unklarheit, Nebenkriegsschauplätze und Missstimmung im Mannschaftsgefüge. Besonders die in Freiburg verwurzelten Abgänger (Caligiuri, Flum, Rosenthal) kämpften fortan mehr mit sich selbst als dem Gegner. Nach dem Pokal-Ausscheiden in Stuttgart und den beiden folgenden Liga-Pleiten drohte der SC, der doch eine so starke Runde gespielt hatte, am Ende mit leeren Händen dazustehen.

Typisch für diese Saison war aber, dass die junge Truppe aus dem Breisgau auch mit dieser Drucksituation umzugehen wusste. Am 33. Spieltag sicherte sich die Mannschaft durch einen 2:1-Sieg bei Greuther Fürth die Teilnahme am europäischen Geschäft – zum dritten Mal in der Vereinsgeschichte. Parallelen zum Pokalauftritt in Mainz drängen sich auf: früher Rückstand, hoher Aufwand, lange wenig Ertrag, späte Wende und eine turbulente Schlussphase. Schließlich packte Oliver Baumanns Elfmetergriff das Saisonglück beim Schopf. Nach dem Schlusspfiff tanzten Spieler und Trainer mit dem mitgereisten Anhang: »Wir sind total international.« Glückseligkeit allenthalben, und auch die Harmonie war zurückgekehrt. Vor dem Gastspiel in Fürth wurde bekannt, dass Trainer Christian Streich sein Engagement in Freiburg langfristig verlängert und nicht in Schalke unterschrieben hatte. Apropos Schalke – am Ende hat es zum ganz ganz großen Wurf dann doch nicht gereicht. Nicht, weil Schalke in dem Endspiel um die Königsklasse besser gewesen wäre. Sondern eher, weil dieses ein Eigentor zu viel und einen Handelfmeter zu wenig hervorbrachte. Doch auch weil in diesem bedeutungsvollen Aufeinandertreffen mit Sebastian Kerk ein 19-Jähriger debütierte, setzte Freiburg sich, seiner Philosophie und einer ganzen Saison die Krone auf.

Wie viele außergewöhnliche Momente hat uns diese Mannschaft beschert! 39 Pflichtspiele, fast die Hälfte gewonnen! 22 Auswärtsspiele, nur sieben verloren! Fünfter in der Liga! DFB-Pokal-Halbfinale! Die Großen geärgert: Hamburg, Hannover, Gladbach, Stuttgart, Wolfsburg, Bremen hinter sich gelassen! Die drittbeste Abwehr der Liga! Und zum Abschied darf es sogar noch ein bisschen mehr sein: Max Kruse wurde Nationalspieler und trug sich bei der USA-Länderspielreise prompt in die Torschützenliste ein! Der Abstieg blieb eine Schimäre, Berlin ein lange sehr echter Traum. Europa aber wurde real, der Sportclub war – wie man schon vor dem letzten Heimspiel auf vielen Shirts lesen konnte – »mittendrin, statt nur daheim«.

Woher nun dieser Lauf? Zuallererst muss Trainer Christian Streich genannt werden. »Der beste Mann in Freiburg sitzt auf der Bank«[14], konstatierte vor dem Bayern-Spiel Trainer-Ikone Jupp Heynckes. Streich kommt aus der Region, ist bodenständig, aber doch ein Fußballverrückter. Er lebt die Leidenschaft vor, hat klare Vorstellungen vom Fußball und weiß, wie er mit jungen Spielern – dem beinahe einzigen Kapital des Vereins – umgehen muss. War schon der Klassenerhalt in der vorausgegangenen Saison im Wesentlichen sein Werk, so ist es auch hauptsächlich ihm zu verdanken, dass die Mannschaft inzwischen ein junges regionales Gesicht hat und dazu noch erfolgreich Fußball spielt. Wer kannte schon am Beginn jener Erfolgssaison Spieler wie Immanuel Höhn, Christian Günter, Oliver Sorg, Matthias Ginter oder Jonathan Schmid? Inzwischen sind sie gestandene Bundesliga-Profis.

Seit Christian Streich das Amt übernommen hat, hat sich der Sportclub Freiburg auf das besonnen, was ihn stark macht. Und das ist zugleich auch das, wofür der Verein steht – regional wie überregional.

GRUND NR. 43

Weil wir die Thüringer Bratwurstliga gewonnen haben

Die Saison 2012/2013 war also eine der erfolgreichsten der gesamten Freiburger Vereinsgeschichte. Mit 51 Punkten – dem drittbesten Abschneiden seit Bundesligazugehörigkeit – sicherte sich die

Streich-Elf Platz fünf und damit die direkte Teilnahme am europäischen Wettbewerb. Im Pokal kam man bis ins Halbfinale. Siege wurden gefeiert, junge Spieler entdeckt, große Vereine geärgert. Kurzum, es fallen einem viele Attribute für diese außergewöhnliche Spielzeit ein, aber nicht unbedingt solche, die man mit einer Benachteiligung durch die Schicksalsmächte verbinden würde.

Zu einem völlig anderen Urteil gelangte das Deutsche Bratwurstmuseum in Thüringen. Es stufte den Sportclub auf Platz eins der Thüringer Bratwurstliga ein. Punkte in diesem recht unkonventionellen Wettbewerb erhält, wer vermeintlich am meisten Pech hatte. Berechnungsgrundlagen sind Aluminiumtreffer (einfach) und Gegentore in der Nachspielzeit sowie Eigentore (jeweils dreifach). Zur Winterpause rangierte der Sportclub glücklicherweise noch eher in den Abstiegsregionen dieser Tabelle. Dann aber wackelte das gegnerische Gestänge ein ums andere und am Ende 16 Mal. Schließlich sorgte ausgerechnet Julian Schuster mit seinem Eigentor in ebenjenem letzten Saisonspiel gegen Schalke für den ungewünschten Meistertitel.

Fraglich ist indes, ob die Trauer über die entgangenen europäischen Millionen allein mit dem Siegerpreis bewältigt werden kann, den das Deutsche Bratwurstmuseum ausgeschrieben hat. 1.000 Thüringer Rostbratwürste sollten nach Freiburg geschickt werden. Viel zu viel für den Briefkasten der Geschäftsstelle, noch zu viel für ein Spielergrillfest, zu wenig, um die Fans einzuladen. Ohnehin wird sich die eigenwillige Postsendung akribischer Begutachtung ausgesetzt sehen. Christian Streich hatte schließlich in der väterlichen Metzgerei hinlänglich Vergleichsmaterial. Doch selbst wenn dem SC-Trainer die Rezeptur der ungewöhnlichen Ehrung nicht zusagen sollte, würde er eines bestimmt jederzeit wieder unterschreiben: dass seine Mannschaft als Pechvogel der Saison bezeichnet und am Ende trotzdem Fünfter wird.

Weil wir in der Ewigen Bundesligatabelle Platz 21 belegen

In der Saison 1992/93 stieg ein kleiner Verein aus Freiburg in die Bundesliga auf. Mit viel Geschick und auch ein wenig Glück gelang ein Jahr später am letzten Spieltag der Klassenerhalt. Zweieinhalb Jahrzehnte später staunen wir schon über die Entwicklung: Der Sportclub Freiburg geht mit der Spielzeit 2018/19 bereits in seine 19. Bundesligasaison.

Langweilig war es dabei so gut wie nie: Sieben Mal kämpfte der Sportclub bis mindestens zum drittletzten Spieltag noch um den Klassenerhalt, in vier weiteren Saisons reichte es am Ende nicht – der SC musste absteigen. Drei Mal allerdings glückte den Breisgauern etwas ganz Besonderes: 1994/95, 2000/01 sowie 2012/13 bestand bis kurz vor Rundenende noch die Chance, in die Champions League einzuziehen. In allen drei Fällen wurde es am Ende der UEFA Cup beziehungsweise die Europa League, 2016/17 die Quali zur Europa League. Da Abstiegskampf und europäischer Traum stets ganz dicht beieinander lagen, erlebten die Fans immer wieder ein Wechselbad der Gefühle.

In wechselnden Etappen vollzogen sich auch die personellen Schwerpunkte der jeweiligen Mannschaften. Der Sportclub schickte, je nachdem, was gerade – nicht zuletzt finanziell – möglich war, Teams mit ganz unterschiedlichen Gesichtern ins Rennen. Beginnend mit einer Generation von (Nord-)Deutschen, die eigentlich eher dem gehobenen Amateurbereich entstammten, folgten bald Spieler und Charaktere aus aller Herren Länder. Volker Finkes Beobachtungsradius war weit. Eine Fraktion Georgier, eine Delegation aus Tunesien und Spieler aus Schwarzafrika konnte er vom Sportclub überzeugen. Zwischendurch bediente man sich auch aus dem Pool an aussortierten Akteuren großer Vereine, etwa von Bayern München oder Borussia Dortmund. Die Tradition, bezahlbare Profis von anderen Bundesligisten an die Dreisam zu locken, wurde auch unter Robin Dutt fortgeführt. Hinzu kam eine frankofonelsässische Garde. Nicht zuletzt und besonders im Moment standen im SC-Dress auch immer wieder junge Spieler, die ihre Wurzeln in der Region und meist die Freiburger Fußballschule durchlaufen hatten. Doch ganz gleich, mit welchen Teams der Sportclub angetreten war, jeder dieser Generationen gelang es, von sich reden zu machen, sei es dadurch, die Klasse zu halten, sei es durch Siege oder beachtliche Leistungen wie die UEFA-Cup-Teilnahmen, oder sei es einfach dadurch, im Wettbewerb Bundesliga eine konkurrenzfähige Mannschaft zu stellen. Auch wenn zwischendurch immer wieder ein Abstieg kam, erfand sich der Sportclub daraufhin einfach ein Stück weit neu und kam schnell in die Erfolgsspur zurück.

Bei allen wechselnden Gesichtern ist Kontinuität natürlich das größte Pfund, mit dem man an der Dreisam wuchern und anderen ambitionierteren Bundesligisten den Spiegel vorhalten kann. Zwei Präsidenten und im Wesentlichen drei Trainer prägten das Gesicht des südlichsten Bundesligisten in den letzten nun beinahe 25 Jahren. Langfristige Konzepte und Überlegungen wurden nötigenfalls dem aktuellen Saisonverlauf übergeordnet. Nur so konnten sich Verein und Mannschaft entwickeln, nur so waren und sind 19 Jahre Bundesligazugehörigkeit trotz stets überschaubarer Mittel zu erklären.

Belohnt wird das – neben zahllosen schönen Erinnerungen und Ereignissen – auch mit einem Stern auf dem Walk of Fame des deutschen Fußballs, mit einem Platz in der Ewigkeit. Auf Platz 21 rangiert der SCF inzwischen in der Ewigen Bundesligatabelle, und das obwohl man rund zwei Drittel der inzwischen 55-jährigen Geschichte der höchsten deutschen Spielklasse nur von außen beziehungsweise unten betrachten konnte. Umso verständlicher, wenn der Sportclub noch weit weg ist von den Gründungsmitgliedern Bremen, Hamburg, Dortmund oder auch dem MSV Duisburg, und umso schöner, dass man manchen dieser Bundesligadinos inzwischen hinter sich gelassen hat. Preußen Münster (Platz 51, 23 Punkte) oder auch der 1. FC Saarbrücken (Platz 37, 112 Punkte) werden noch einige gute Jahre brauchen, um den Sportclub einzuholen. In nächster Zeit könnte man sogar noch Boden gut machen. Denn Fortuna Düsseldorf ist nicht allzu weit weg, und der KSC sowie 1860 spielen so schnell nicht wieder in der Bundesliga. Der ganz große Wurf könnte ohnehin alsbald glücken. Vorausgesetzt, der Sportclub holt in jeder Bundesliga-Spielzeit exakt 40 Punkte, so hätte man bei einem gleichzeitigen Abstieg aller aktuell vor Freiburg rangierenden Bundesligisten (und deren dauerhaften Verbleib in der 2. Liga) den Tabellenführer FC Bayern München bereits um das Weihnachtsfest des Jahres 2081 eingeholt. Das wäre nun allemal ein Grund, gemäß alter Freiburger Sitte den Vertrag des Trainers zum Jahreswechsel per Handschlag zu verlängern.

GRUND NR. 45

Weil 1.000 Anglerhüte in Sevilla Fiesta feierten

Auswärtsspiele auf europäischer Bühne sind immer etwas Besonderes. Erst recht, wenn sie an solch historischer Stätte ausgetragen werden wie im Estadio Ramón Sánchez Pizjuán zu Sevilla, wo sich schon Deutschland und Frankreich während der WM '82 duellierten. Dies sahen wohl auch die etwa 1.000 Freiburger so, die sich per Flugzeug, Zug oder Auto in die andalusische Metropole aufmachten. Einige bewiesen hierbei besonderes Sitzfleisch und legten die rund 2.200 Kilometer im Fanbus zurück – in nicht weniger als 35 Stunden.

Bereits am Mittag hatten sich etliche badische Grüppchen in der Altstadt eingefunden und auf das erste europäische Auswärtsspiel seit zwölf Jahren eingestimmt. Besonders das Quartier rund um die Kathedrale geriet, je näher das Spiel kam, zur stimmgewaltigen Freiburger Fanmeile, beobachtet, beklatscht und mitunter begeistert gefilmt von den Ortsansässigen. Ganz hoch im Kurs standen bei den badischen Schlachtenbummlern die rot-weißen Anglerhüte mit dem Aufdruck »Freiburg international«. Derart eingekleidet zog der Freiburg-Tross zum Stadion und ließ sich auch von recht offensiver Präsenz der eskortierenden Polizei nicht vom Feiern abhalten.

60 Minuten lang bot der Auftritt der Streich-Elf, bei dem wiederum sechs Akteure aus der eigenen Jugend aufspielten, denn auch berechtigte Hoffnung auf etwas Zählbares. Dann sah Fallou Diagné gleich doppelt Rot: Zunächst, als er Gegenspieler Barras im Sechzehner niederrang, dann in Form einer Karte, seiner zweiten binnen fünf Tagen. In Unterzahl kam der Sportclub dann nur noch einmal gefährlich vor das Tor der Spanier. Hankes Versuch kurz vor Schluss wurde aber zur Ecke geblockt. Derselbe Spieler, an diesem Tag von manchem auch »Mike Hacke« getauft, leitete kurz darauf mit ebendieser den letzten Konter der Einheimischen zum 0:2 aus Freiburger Sicht ein.

Ganz Sevilla rannte nun wie von der araña (nicht zu verwechseln mit naranja!) gestochen aus dem Stadion. Der Gästeblock dagegen, dessen Gesänge schon während des Spiels die eher schläfrige andalusische Kulisse übertönt hatte, feierte und sang noch lange nach Spielende – selbst, als schon der Rasen leer war. Einsam hallten die Freiburger Choräle und Klatschrhythmen durch die menschenleere Arena. Derlei famose Dauerovationen fanden freilich bei den spanischen Sicherheitskräften wenig Widerhall. Ohne ersichtlichen Grund wurden einzelne Fans mit dem Knüppel angegriffen oder die steilen Ränge hinuntergestoßen. Allein der Besonnenheit des durchweg vorbildlichen Freiburger Anhangs war es zu verdanken, dass die Situation nicht eskalierte. Den Lohn dafür gab es kurz darauf. Noch zwei Stunden nach Spielschluss verharrten etliche Unentwegte am Spielerausgang, wo sich Baumann, Sorg, Ginter und Günter, ja fast jeder Spieler und Offizielle, persönlich bei den Fans für die Unterstützung bedankten. Weil Sebastian Freis trotz lautstarker Unterstützung (»Freisi, lass es laufen, oh oh oh oh!«) beim Dopingtest nicht vorankam, wurde beinahe nach Belieben Plausch gehalten, Fotos geschossen und Trikots unterschrieben.

Gelacht wurde auch später wieder, denn bis tief in die Nacht mischten sich rot-weiße Farbtupfer in die junge spanische Feiergemeinde der Altstadt. Man hatte Spaß und verbrüderte sich, tauschte Anfeuerungsgesänge oder debattierte über die schönste Nebensache der Welt. Verwegene Summen wurden immer wieder für südbadische Devotionalien geboten, an erster Stelle selbstredend der Anglerhut mit dem SCF-Emblem in der Mitte. Nicht nur, weil der schwarz-weiße Greif in Form von Aufklebern oder Tags inzwischen an mancher andalusischen Aborttür pappt, hat der SC Freiburg in Europa eine bunte Visitenkarte abgegeben. Auch wenn die Bundesliga-Saison 2013/14 lange sehr holprig verlief – das Freiburger Gastspiel in Sevilla war eine einzige Fiesta.

GRUND NR. 46

Weil wir 2015 den unnötigsten Abstieg aller Zeiten hingelegt haben

Vermutlich jede Mannschaft der Welt, die abgestiegen ist, wird betonen, wie viele unglückliche Momente es in der Saison zuvor gegeben hat. Das ist logisch, denn zum Abstieg gehören Misserfolge, und immer wieder einmal gibt es eine Niederlage, die unglücklich zustande gekommen ist. Umso mehr im Fußball, wo eine einzige Situation den Ausschlag geben kann. Was dem Sportclub allerdings in der Runde 2014/15 widerfahren ist, toppt eigentlich alles – in negativer Hinsicht, versteht sich.

Zum Mitleiden, Mitärgern und Haareraufen hier noch mal alle Spiele der Saison, die in den letzten Minuten vermasselt wurden. Auch bekannt als das Protokoll des Grauens:

4. Spieltag:	SCF–Hertha 2:1 nach 79 Minuten, am Ende 2:2 durch einen Ronny-Freistoß in der 96. Minute
5. Spieltag:	1899–SCF 0:2 nach 33 Minuten (2x Mike Frantz), 2:3 nach 75, schließlich 93. Minute Ausgleich durch Vestergaard
12. Spieltag:	FSV Mainz–SCF 1:2 nach 58 Minuten, am Ende trifft Stefan Bell in der 88. Minute zum 2:2
14. Spieltag:	SC Paderborn–SCF 0:1 durch einen Darida-Elfmeter, 89. Minute Ausgleich durch Kachunga.
17. Spieltag:	SCF–Hannover 2:0 bis zur 83. Minute, dann Ausgleich durch Bittencourt und Joselu.
32. Spieltag:	HSV–SCF, 0:1 durch Mehmedi, in der 90. Minute Ausgleich Gojko Kačar
Dazu:	
2. Spieltag:	SCF–Gladbach 0:0 (Mehmedi verschießt Elfmeter)
15. Spieltag:	SCF–HSV 0:0 (Darida verschießt Elfmeter)
28. Spieltag:	Schalke–SCF 0:0 (Schuster verschießt Elfmeter)

Wir sind jetzt mal so vermessen und zählen einfach alle verlorengegangenen Punkte zusammen (18!), addieren sie zu den tatsächlich erreichten (34), konzentrieren uns, zählen noch mal nach, erhalten 52 Punkte und ordnen den Sportclub einfach mal locker flockig auf Rang 5 dieser neuen virtuellen Tabelle ein. Wäre also alles normal gelaufen, würden wir in diesem Jahr vielleicht wieder in Sevilla antreten und nicht in Sandhausen, könnten wir uns mit Dortmund und Bayern messen und nicht mit Heidenheim und Leipzig.

Nun werden Skeptiker entgegnen, dass nie alles normal läuft. Geschenkt, aber wir reden ja eigentlich auch nicht von Europa, sondern vom schieren Klassenerhalt, dem nackten Verbleib in der Liga. Und hierzu hätte nur ein einziges dieser neun Spiele für uns laufen müssen. Gut, einen Elfmeter kann man mal verschießen, aber dann haben wir immer noch sechs andere Jokerpartien, von denen einige schon für sich genommen unglaublich schlecht liefen, aber in der

Summe jenseits aller Vorstellungskraft. Freitag, der Dreizehnte plus Schwarzer Kater von links bei Vollmond in der Walpurgisnacht.

Gehen wir aber einmal weg von den Emotionen hin zu den Fakten: Hatte der Sportclub ein Konditions-, ein Konzentrationsproblem oder einfach nur Pech? Zunächst ist offensichtlich, dass man in sechs Partien entscheidende Gegentreffer in den Schlussminuten kassierte, selbst aber nur einen einzigen erzielte (und den paradoxerweise gegen Bayern). Das würde für nachlassende Kräfte gegen Ende sprechen. Auch gingen einigen dieser Gegentreffer (z.B. Paderborn oder Hannover) recht skurrile individuelle Fehler voraus. Trotzdem muss man sagen, dass viele Spiele gegen Ende recht unglücklich liefen oder von Schiedsrichterentscheidungen beeinflusst wurden. Nicht unterschätzt werden darf auch ein weiterer Faktor: Wenn man schon ein paar Mal in den letzten Minuten Gegentore bekommen hat, flattern einem umso mehr die Nerven.

Vordergründig hat der Sportclub also den Abstieg verdient. Denn erstens lügt die Tabelle bekanntlich nicht, zweitens sind nur sieben eigene Siege eine ziemlich magere Ausbeute, drittens konnte man zuletzt wichtige Heimspiele gegen Mainz und Paderborn nicht gewinnen, und viertens war man zu häufig nicht imstande, entscheidende Situationen eines Spieles für sich zu nutzen.

Hinzu kommt der Langzeitfaktor: Der Sportclub wurstelte in den vergangenen sechs Jahren vier Mal unten herum und blieb dabei immer wieder unter der 40-Punkte-Marke und trotzdem in der Liga: 2014: 36 Punkte, 2012: 40 Punkte, 2010: 35 Punkte. Die Erkenntnisse der Stochastik in einfache Worte gekleidet: Irgendwann erwischt es einen halt.

Nichtsdestotrotz sprechen viele Daten für den Sportclub: Mit nur 14 Niederlagen ließ man sechs Teams hinter sich und befand sich gleichauf mit Hoffenheim und dem BVB. Im Umkehrschluss bedeutet das, dass man 20 Spiele von 34 nicht verloren hat! Mit einer solchen Bilanz abzusteigen, ist fast ein Kunststück, das in der Bundesligahistorie kaum jemandem und zuletzt Bielfeld gelang

(2003). Auch das Torverhältnis ist besser als das von sechs anderen Mannschaften, mit 47 Gegentoren stellt man die zehntbeste Abwehr der Liga, 36 geschossene sind zwar nicht Weltklasse, jedoch auch nicht Abstiegsplatz. Aber: Nur fünf Heimsiege waren einfach zu wenig, und die Bilanz gegen die direkten Konkurrenten war abgesehen von den vier Punkten gegen Hertha auch dünn: Paderborn 1, HSV 2, VfB 1, Hannover 1.

Im Langzeitvergleich offenbart sich erst wirklich, wie unverdient, auf jeden Fall aber unnötig dieser Abstieg war: Der SC hatte vermutlich den besten Kader der jüngeren Bundesligageschichte zusammen: Bürki mit zahllosen Top-Leistungen, in der Hinrunde Darida, phasenweise Höfler, zuletzt auch Sorg wussten auf der Sechs zu gefallen, vorne sorgten im Wechsel Frantz, Mehmedi, Petersen und auch Philipp für Gefahr und Tore. Auch die Abwehr war für die erreichte Tabellenregion ordentlich: 47 Gegentore und solide bis verheißungsvolle Auftritte von Riether, Mitrović, Kempf, Torrejón und natürlich Krmaš. Wie konnte eine Mannschaft dieser vergleichsweise hohen Qualität, ein Kader, der so viele Optionen bot, ein spielerisch und taktisch so gut funktionierendes Gefüge, absteigen, wenn vor sieben Jahren eine Mannschaft die Klasse gehalten hat, in welcher Oliver Barth lange Bälle auf Mo Idrissou gedroschen hat?!? Aus dieser verhexten Runde bleibt nur die teure Erkenntnis: Schluss ist, wenn der Schiri abpfeift.

3. KAPITEL

TRAINER

VON SCHLEUDERSITZEN, STRANDKÖRBEN UND PATTEXSTÜHLEN

Weil Jörg Berger alles bestimmen wollte

Die verrückteste Geschichte um Jörg Berger spielte sich erst im Herbst seiner Karriere ab. Arminia Bielefeld sicherte sich die Dienste des 1979 aus der DDR geflohenen Kulttrainers 2009 – für genau einen, nämlich den 34. Spieltag. Die Kurzmission Klassenerhalt, für die Berger eine Million Euro kassiert haben soll, misslang. Das Spiel gegen Hannover 96 endete 2:2, und die Ostwestfalen mussten absteigen, während Cottbus den Relegationsplatz erreichte. Schon lange zuvor hatte sich Berger den Ruf des Feuerwehrmannes im deutschen Profifußball erarbeitet. Zahlreiche heikle, wenn nicht unmögliche Konstellationen hatte er noch zum Guten gewendet. Berger trainierte unter anderem den FC Schalke, Köln, Karlsruhe und Aachen. Nachhaltig in Erinnerung bleibt der letzte Spieltag der Saison 1998/99, als er mit Eintracht Frankfurt 5:1 gegen Kaiserslautern gewann und den Klassenerhalt schaffte, wohingegen der 1. FC Nürnberg (1:2 gegen den SC Freiburg) wegen eines einzigen weniger geschossenen Tores doch noch abstieg.

Als harter Hund und Einpeitscher präsentierte sich Berger auch beim Sportclub, einer seiner früheren Stationen, wo er vom Juli 1986 bis zum Dezember 1988 blieb. Jeder Schritt im Umgang mit den Spielern war bei ihm festgelegt und durchgeplant. Es gibt Berichte von einem Trainingslager in Löffingen, in welchem Berger den Spielern sogar noch vorzugeben gedachte, an welchem Abend sie Bier trinken sollten. Was bei dem ein oder anderen zu der Trotzreaktion geführt hatte, genau an diesem Abend doch nichts zu trinken. Selten einmal präsentierte sich Berger so spontan wie an jenem Rosenmontag des Jahres 1988, als er den zum Training versammelten Spielern merkwürdigerweise mit einer Magnum-Flasche Sekt und einer aufgesetzten Fastnachts-Pappnase gegenübertrat. Die Hoffnung des Teams auf einen legeren Ausklang der fünften Jahreszeit zerstreute Berger allerdings schnell. Turnusgemäß scheuchte er die Kicker bis in den Abend über den Trainingsplatz, um sie hernach dann doch noch zu einer närrischen Veranstaltung zu lotsen. Im Kirchzartener Ratskeller wollte später aber keine so rechte Stimmung mehr aufkommen, die meisten Spieler beließen es bei einem Anstandsbier und machten sich hastig aus dem Staub.

Jörg Bergers Arbeit war geprägt von Klarheit und Berechenbarkeit. Seine Bilanz ist sehr zufriedenstellend, was sich allein daran ablesen lässt, dass er über die mit Abstand längste Amtszeit unter den Freiburger Trainern der 80er-Jahre verfügt. In seinem ersten Jahr führte er eine zuvor fast abgestiegene Truppe auf Rang acht und holte auch in der zweiten Saison nur einen Punkt weniger. Zur Winterpause 1988 stand das Team sogar auf Rang fünf und der Freiburger Übungsleiter wurde dergestalt auch für die Konkurrenz interessant. Schließlich folgte Berger dem Ruf nach Frankfurt, und der SC Freiburg musste wehmütig einem Mann hinterherblicken, von dem mancher später sagen sollte, er habe den Aufschwung eingeleitet, der später unter Volker Finke seine Vollendung fand.

GRUND NR. 48

Weil wir ein Jahrzehnt »Trainer, wechsel dich« spielten

»Ich habe neun Jahre für den Sportclub gespielt und hatte praktisch jedes Jahr einen neuen Trainer. Manche blieben für eine Saison, andere gingen schon wieder nach drei Monaten.«[15] Diese Erinnerung von Charly Schulz führt gerade den jüngeren Fans des Vereins vor Augen, dass die viel gerühmte Kontinuität auf dem Trainerposten an der Dreisam lange Zeit keine Selbstverständlichkeit war. Bis Volker Finke das Ruder übernahm, wechselte der Verein allein seit 1980 sage und schreibe 17 Mal den Coach. Über die Jahre sahen die Spieler im Pöpperl-Trikot namhafte und gute, weniger gute und Behelfs-Übungsleiter und erlebten manch eigenwillige Episode.

Zu den renommierteren Vertretern seines Fachs gehörte unter anderem Fritz Fuchs, welcher beim Sportclub für die Saison 1983/84 verantwortlich zeichnete. Mit beachtlichem Erfolg, beendete die Mannschaft die Runde doch auf Rang sieben der 2. Liga, was die bis dato beste Platzierung aller Zeiten bedeutete. Sein zweites Engagement, die Nachfolge Jörg Bergers, verlief dagegen weniger rühmlich. Nach drei Monaten und acht Tagen wurde Fuchs geschasst, obwohl er sich für manches Aufeinandertreffen eine besondere Vorbereitung ausgedacht hatte. Um die Flutlicht-Bedingungen eines Nachholspiels in Braunschweig zu simulieren, hatte Fuchs an einem Winterabend den holprigen Rasenplatz des SV Ebnet gemietet. Nicht gerade im Einverständnis mit jedem seiner Kicker. Einzelne Spieler zogen es vor, in der warmen Stube des Dreisamblicks zu verbleiben, um dem Finale der Langlauf-WM beizuwohnen. Wer dann viel zu spät in Ebnet eintrudelte, wurde von Fuchs mit 50 DM Geldstrafe belegt. Diese erließ er manchen nach dem 1:1 in Braunschweig freilich wieder und versuchte auch, durch eine übergroße Flasche Bier die Stimmung im Mannschaftsbus aufzuhellen. Indes – es half nichts. Fritz Fuchs wurde bald darauf von Uwe Ehret abgelöst.

Ehret, der 2013 nach langer Krankheit verstarb, war zunächst Trainer der SC-Amateure. Nachdem er die Profis übernommen hatte, landete die Mannschaft am Ende der Spielzeit auf Rang fünf. Es gibt nicht wenige Stimmen, die dem jungen, aufstrebenden Trainer das Erreichen des Relegationsplatzes zugetraut hätten, wenn man ihn bereits zu einem früheren Zeitpunkt engagiert hätte. So aber trat Ehret wieder ins zweite Glied zurück, wurde jedoch bereits 57 Tage später wieder zum Nachfolger seines Nachfolgers. Lorenz-Günther Köstner leitete in Freiburg nur sechs Spiele, von denen drei gewonnen wurden. Nach einem 1:1 gegen Braunschweig wartete das Team vergeblich in der Mannschaftskabine, recht unvermittelt wurde mitgeteilt, Köstner sei zurückgetreten. Lange wurde vermutet, er habe sich für diesen Schritt entschieden, weil sich sein Co-Trainer an einem Mannschaftsabend über einen Scherz von Charly Schulz amüsiert habe, der auf Kosten seiner Person gegangen sei. Später kam aber heraus, Köstners Beweggründe dürften auch darin gelegen haben, dass er über die Verpflichtung eines Neuzugangs nicht informiert worden war. So oder so, Köstner fand zurück in die Spur und machte sich auf weiteren Stationen einen Namen im Profigeschäft. Über die Jahre hinweg bekleidete er bei unzähligen Vereinen den Trainerposten, darunter Hessen Kassel, Stuttgarter Kickers, Köln und Karlsruhe. Am nachhaltigsten wirkte er bei der SpVgg. Unterhaching, die er 1999 in die Bundesliga geführt und dort noch zwei Jahre betreut hatte. Zuletzt machte Köstner durch die Interims-Nachfolge von Felix Magath beim VfL Wolfsburg von sich reden.

Uwe Ehrets zweites Engagement dauerte freilich auch nicht viel länger. Nach nicht einmal drei Monaten musste er seinen Stuhl mangels Trainerlizenz für Bernd Hoss räumen, welcher seinerseits nur bis zum Saisonende durchhielt. Das Breisgauer Trainerkarussell war damit um einige weitere Possen reicher. Ehret unterdessen feierte später große Erfolge im Amateurbereich, unter anderem mit dem Freiburger FC und dem FC Teningen. Viele aktuell tätige Trainer in Südbaden gelten als Ziehsöhne des emotionalen und mitunter streitbaren Fachmannes. Der bekannteste ist übrigens Christian Streich, der unter Ehret beim FFC spielte.

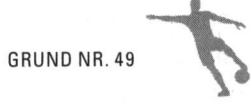

GRUND NR. 49

Weil Eckhard Krautzun mit seinen Launen für Stimmung sorgte

Eckhard Krautzun war der letzte Trainer vor Volker Finke. In der Sommerpause hatte er die Mannschaft optimal vorbereitet, die Belohnung waren fünf Siege aus den ersten fünf Spielen. Auch am elften Spieltag stand der SC wieder auf Platz eins der Tabelle. Wenngleich es danach nur mittelmäßig weiterging, setzte die Mannschaft unter Krautzun noch manches Ausrufezeichen, darunter das glatte 3:0 gegen den späteren Meister Schalke. Krautzun galt als ausgewiesener Fußball-Experte, Altmeister Charly Schulz bezeichnet ihn gar als seinen »besten Trainer in Sachen Theorie«[16]. Systematisch unterwies er seine Mannen an der Taktiktafel zu Raumorientierung und Forechecking. Defizite hingegen wurden bei der praktischen Umsetzung offenbar, und auch der Umgang mit den Spielern trieb mitunter ausgesprochen kuriose Blüten.

Beim Einüben des Pressings zum Beispiel verteilte Krautzun Trillerpfeifen an einzelne Spieler, mit welchen sie das Signal zur Attacke geben sollten. Davon ließ er sich auch nicht mehr abbringen, obwohl seine Akteure monierten, im Spiel habe man ja auch keine Pfeife zur Verfügung. Krautzun betonte die Wichtigkeit des peripheren Sehens im modernen Fußball – und setzte kurz darauf seinen Wagen beim Rückwärtsfahren an einen Begrenzungspfeiler. Zu Spielersitzungen und zum Training erschien er traditionell mit Verspätung, und einmal hing ihm zur Belustigung seines Teams ein Schweif Toilettenpapier aus der Trainingshose. Es war auch schon vorgekommen, dass er einzelne Spieler zu einem Sondertraining mit taktischen Schwerpunkten eingeladen hatte. Diese hatten dafür zum Teil eigens bei der Arbeitsstelle Urlaub genommen und erfuhren zu ihrer Ernüchterung erst auf dem Sportgelände von Krautzuns Plänen, die Stammspieler sollten im FT-Schwimmbecken ihre Bahnen ziehen, während die Ersatzspieler unter Co-Trainer Hangartner zum Rundenlauf auf der Tartanbahn verdonnert wurden.

Überhaupt war das Schicksal der Ergänzungsspieler unter Krautzun kein gutes. Er schikanierte diese mit nächtlichen Anrufen, um sie etwa über ihre Ernährungsgepflogenheiten auszufragen oder wollte sich beim besten Willen nicht an alle Namen seiner Spieler erinnern. Den vom FC Emmendingen gekommenen *Michael*

Renner, der sich durch seine Treffsicherheit und Schnelligkeit in der Region längst einen Namen gemacht hatte, sprach Krautzun immer noch mit »*Dieter*, du Amateur« an. Krautzuns Hang zu ausladenden Telefongesprächen führte auch zu einer Auseinandersetzung mit Präsident Stocker. Während Letzterer um zu hohe Kosten bangte, ließ Krautzun durchblicken, er müsse sich umfassend über alle Gegner informieren. Hierzu telefonierte er dann in der halben Welt herum, übertrieb es dabei aber gelegentlich sehr. Gelangweilt musste sich seine Mannschaft in Spielersitzungen vollkommen unwichtige Details über den kommenden Gegner anhören, die nicht selten auch Familienstand und beruflichen Werdegang gegnerischer Akteure zum Inhalt hatten. Das Wesentliche verlor der Übungsleiter, der zudem wiederkehrend in einem Freiburger Hotel gehaust hatte, dabei aber manchmal aus den Augen. Kurz vor Abfahrt zu einem Auswärtsspiel stellte man fest, dass für die nominierten Spieler ein Platz zu wenig im Mannschaftsbus vorhanden war. So tigerte Krautzun – mancher Akteur hatte sich schon ganz tief in den Sitz sinken lassen – mit finsterem Blick durch den Bus, um die demütigende Auswahl vorzunehmen, und zeigte schließlich mit dem Finger auf Francesco Mammana. Geknickt musste der Offensivmann aus Donaueschingen aussteigen und wurde mit gepackter Kicktasche auf dem Parkplatz zurückgelassen.

Derlei menschliche Defizite ließen sich nicht einmal mehr durch eine am Ende ordentliche sportliche Platzierung (Platz neun) aufwiegen. Achim Stocker wird es deshalb nicht unrecht gewesen sein, als der knorrige Kauz aus Essen seinen Vertrag nicht mehr verlängern wollte. Stocker verpflichtete einen neuen, bis dahin weitgehend unbekannten Trainer, mit welchem er, wie wir inzwischen wissen, sehr vieles richtig gemacht hat.

Weil Volker Finke Freiburg die Bundesliga schenkte

Bis heute steht der Name Volker Finke als Synonym für den einzigartigen Aufstieg des Sportclub Freiburg. Und das mit voller Berechtigung. Nahezu alle gegenwärtigen professionellen Strukturen, auf die der Rest der Fußballrepublik anerkennend blickt, hat Finke auf den Weg gebracht, begleitet oder vollendet. Nachhaltigkeit, Kontinuität und vor allem ein Konzept waren die Markenzeichen des Norddeutschen. Immer wieder gelang ihm dabei eine Neuerfindung der Freiburger Mannschaft, die vor allem deswegen möglich war, weil Achim Stocker ihm bedingungslos den Rücken stärkte. Gegen Ende seiner Amtszeit litt diese Handschlag-Liaison merklich, das Denkmal Finke war schließlich fast zerbröckelt.

Finkes Karriere erregte bis 1990 höchstens regionale Aufmerksamkeit. Zwar schaffte er mit dem TSV Stelingen innerhalb von zehn Jahren fünf Aufstiege, doch da diese Reise in der niedrigsten Klasse begonnen hatte, konnte sich Finke auch 1984 erst Trainer eines Landesligisten nennen. Seine nächste Station begann er beim TSV Havelse, wo er schon als Spieler aktiv gewesen war: Auch hier zeigte die Formkurve steil nach oben. Von der Oberliga führte er ein bis dahin kaum bekanntes Team bis in die 2. Bundesliga. Dann trat er nach Unstimmigkeiten mit der Vorstandschaft im Oktober 1990 von seinen Ämtern zurück und coachte für ein Dreivierteljahr den SC Norderstedt.

Schließlich war Achim Stocker auf ihn aufmerksam geworden, und so verließ Finke den heimischen Grund und Boden in Richtung Freiburg. Es sollten die 16 erfolgreichsten Jahre werden – für Finke wie für den SCF gleichermaßen. Finkes Amtszeit war die bis heute längste eines Trainers bei einem Profiverein. Er kam, sah und siegte. Er gestaltete die Mannschaft um und führte ein neues taktisches System ein. Er führte den Sportclub gleich in seiner ersten Saison zur Herbstmeisterschaft und schaffte im Jahr darauf den sensationellen Aufstieg in die Bundesliga. Ebenso unvermutet gelang der Klassenerhalt im ersten Bundesligajahr, doch auch im nächsten Jahr konnte das durch eine UEFA-Cup-Teilnahme und Platz drei noch einmal gesteigert werden. Die Saison 1994/95 ist die erfolgreichste der gesamten Freiburger Vereinsgeschichte.

Der taktische Vorsprung, den Finkes System meist mit sich brachte, reichte aber nicht immer aus: 1997, 2002 und 2005 musste der SC absteigen. Jeden Abstieg nutzte Finke zu einer personellen Runderneuerung, und immer wieder bewies er dabei einen treffsicheren Instinkt für Akteure aus bis dahin unbekannten Fußballregionen. Eine georgische Filiale prägte das Gesicht der Mannschaft ebenso wie Fußballer aus Tunesien, Mali oder anderen afrikanischen Ländern. Der direkte Wiederaufstieg gelang zwei Mal sofort, zum dritten und letzten Mal kam es nicht mehr. Mitte der Nullerjahre schien das System Finke überlebt, große Teile der Öffentlichkeit und Vereinsmitglieder sehnten sich nach Normalität in einem Verein, der erst durch das Unnormale groß geworden war. Der Vorstand entschied demgemäß, und am Ende hatten sich beide Seiten nicht mehr viel zu sagen.

GRUND NR. 51

Weil sich Volker Finke nur selbst entlassen konnte

Dabei war Finke längst eine Institution geworden. Befanden sich Freiburger Trainer noch in den 80er-Jahren auf einem Schleudersitz, so avancierte Volker Finkes Arbeitsplatz über einen Nordsee-Strandkorb alsbald zum Pattexstuhl, zum sichersten Job der Liga. Volker Finke war ein Unikat. Er qualmte den Presseraum voll, hatte einen Brilli im Ohr stecken und mitunter ließ er seine Zuhörer an philosophischen Betrachtungen teilhaben. Zugegeben, ein bisschen fremdelte er hier schon, nämlich immer dann, wenn er von »Freiburch« sprach, wenn er Pressevertreter anraunzte, weil sie mal wieder unliebsame Fragen stellten, oder wenn er selbst haarsträubendsten Auftritten noch etwas Gutes abgewinnen wollte. Kein Wunder, dass sein Tun von Anfang an auch von einigen Kritikern begleitet wurde.

Seinen Status der Unkündbarkeit hatte er sich hingegen über die Jahre vollauf verdient. Nicht nur aufgrund seiner sportlichen Erfolge, die bis heute über allem stehen. Sondern besonders aufgrund der Fähigkeit, über den jeweiligen Spieltag und die Mannschaftskabine hinauszublicken. Volker Finke hatte Visionen, entwickelte Strukturen und hatte großen, um nicht zu sagen maximalen Erfolg. Mit diesem musste es freilich irgendwann zu Ende sein. Dann aber kam das eigentlich Überraschende. Zu keinem Zeitpunkt stand Volker Finke ernsthaft zur Diskussion. Nicht von großen Teilen der Anhängerschaft, die ihm gegenüber große Dankbarkeit verspürten. Auch nicht von der Freiburger Medienlandschaft, die traditionell ein bisschen weniger auf die Buschtrommel haut als andernorts. Schließlich auch nicht – und das war das einzig Entscheidende – vom Vorstand des Sportclubs, in persona Achim Stocker. Schon als es im ersten Bundesligajahr lange kritisch aussah, betonte der Präsident, notfalls werde man mit Finke ab- und wieder aufsteigen: »Wenn es Finke nicht packt, dann keiner.«[17]

Dass es Stocker mit Finke absolut ernst meinte, wurde spätestens im Winter 1996 klar, als er inmitten einer neuerlichen sportlichen Krise den Vertrag mit seinem Trainer demonstrativ verlängerte – und das obwohl aus dem Umfeld kritischere Stimmen unüberhörbar geworden waren. Das Tolle daran: Es blieben nicht nur Lippenbekenntnisse, wie wir sie von anderen Vereinen zur Genüge kennen, etwa dem FC Bayern der Saison 1995/96. Franz Beckenbauer hatte Neu-Trainer Rehhagel noch lachend mit einer »Otto, find ich gut«-Mütze an der Säbener Straße begrüßt und ihm das volle Vertrauen ausgesprochen, ein knappes Jahr später überschlug sich der

FC Hollywood in Kapriolen ungekannten Ausmaßes, und Rehhagel wurde noch vor dem UEFA-Cup-Finale entlassen. Nun ist München nicht Freiburg. Gleichwohl reichte hier ein zur Winterpause geschlossener Handschlag zur Fortsetzung der Zusammenarbeit. Die Ernsthaftigkeit dieser Kooperation kulminierte in der für viele bis heute sinnfälligen Aussage Achim Stockers, welcher (übrigens nach dem Abstieg 1997) betonte, dass »Finke sich allenfalls selbst entlassen kann«.[18] Wie wir wissen, blieb das auch trotz zweier weiterer Abstiege das Credo für noch ein gesamtes Jahrzehnt, wenn es am Ende dann doch etwas anders kam.

GRUND NR. 52

Weil die Finke-Frage unsere Stadt entzweit hat

Am 17. Oktober 2006 erschien beim Online-Magazin fudder.de ein kritischer Artikel, der nicht nur schonungslose Bestandsaufnahme eines zu diesem Zeitpunkt desolaten Sportclubs war, sondern auch die Schwächen eines Vereins offenlegte, der in seinen Organisationsstrukturen festgefahren und praktisch handlungsunfähig schien. Die »14 Thesen zum Niedergang des SC Freiburg« verursachten im Forum der Website eine erbittert und launig geführte Diskussion zwischen den Anhängern des alten Systems Finke und den Kritikern, die der Meinung waren, dass es nach 15 Jahren genug sei mit ineffektivem Dreisam-Tiki-Taka. Die Thesen zeigten auch, wie stark die Finke-Frage die Stadt polarisierte. Jeder nur halbwegs Fußballinteressierte hatte eine Meinung zu diesem Trainer. Natürlich auch der Verfasser der Thesen: Rudi Raschke, damals noch Redakteur beim *Playboy*, fußballszenenkundig von Kindesbeinen an und später, 2008 Pressesprecher des Sportclubs. Von München aus beobachtete er den Niedergang des Sportclubs, damals Vorletzter der 2. Liga, und sprach zahlreichen Anhängern aus dem Herzen:

»Beim SC Freiburg glaubt man immer noch, attraktiven Fußball auf dem neusten Stand zu bieten, man rechnet mit virtuellen Tabellen (sechs Punkte mehr wegen Schiedsrichterfehlern) und sieht offenbar auch auf Platz 17 und ohne Sieg keinen Handlungsbedarf.«[19]

Tatsächlich reichte es vielen nicht, sich damit zu trösten, das vermeintlich bessere Team gewesen zu sein oder den ansehnlicheren Fußball gezeigt zu haben. Zunehmend entfernten sich Finkes Stellungnahmen von der allgemeinen Wahrnehmung. Die Spielweise der Mannschaft verkam zum Selbstzweck. Minutenlange Ballstafetten in den Randzonen des Spielfelds, aber immer weniger Torerfolge. »Mit einem übellaunigen Trainer an der Spitze, der realitätsfern Spiele schönredet, lässt sich auf Dauer der Ruf als Sympathie-Truppe nicht halten«, schrieb Raschke. Aus heutiger Sicht geradezu grotesk, aber damals leider aktuell klang sein Vorwurf, der SC böte jungen Spielern keine Perspektive mehr: »Ein Club wie der SC muss eine erstklassige Adresse sein für junge, hungrige Spieler, die danach weitere Stufen auf der Karriere-Leiter nehmen. Tatsächlich hat mit Ausnahme von Zlatan Bajramovic kein Spieler der vergangenen Jahre mehr einen Aufstieg erlebt.«

Der Höhepunkt der Anti-Finke-Stimmung, deren Vorbote die 14 Thesen waren, war knapp zwei Monate später erreicht. Am 11. Dezember 2006 verlor der SC daheim im Lokalderby gegen den Karlsruher SC mit 0:4. Nach Spielende riefen die Fans auf Nord: »Volker Finke, es wird jetzt Zeit zu gehn!«, »Wir wolln den Trainer sehn!«, »Wir ham die Schnauze voll!« und »Finke raus!« Freilich gab es auch nicht wenige, die zum Sport-Studienrat aus Nienburg an der Weser hielten. Es waren die Intellektuellen und Folkliebhaber aus dem Swamp-Umfeld, die ehemaligen Geschichtsstudenten und Redakteure des satirischen Fanzines *Fanman*. Sie wollten nicht wahrhaben, dass sich der ergebnisorientierte Pöbel von ein paar Niederlagen blenden ließ. Sie sahen die Ultras als Hetzer gegen ihre Galionsfigur, sie fürchteten, dass der Strandkorb mit der Kraft des Megafons gekippt werden könnte.

Was in den Folgemonaten geschah, gehört zu den spannendsten Kapiteln in der rot-weißen Vereinsgeschichte. Beide Lager, die »Finke raus«-Rufer und die Sympathisanten, bekamen einiges geboten. Am 14. Dezember 2006, drei Tage nach dem Debakel gegen den KSC, gab Präsident Achim Stocker bekannt, dass man sich von Finke trennen werde, allerdings dürfe er die Mannschaft noch bis zum Ende der Saison weitertrainieren. Was jener dazu nutzte, seine Spieler zu einer völlig ungeahnten Siegesserie zu führen. Als bestes Rückrundenteam kletterten Pitroipa, Aogo, Matmour und Co auf den vierten Tabellenplatz und spielten sogar um den Aufstieg mit. Es war dies auch die Zeit der »Wir sind Finke«-Bürgerinitiative. Diese gründete sich über die Winterpause und trat erstmals am 14. April 2007 für die Öffentlichkeit in Erscheinung. In einer ganzseitigen Anzeige in der *Badischen Zeitung* sprachen sich weit über tausend namentlich abgedruckte Unterstützer für den Norddeutschen aus. Einige Gegner lancierten das Gerücht, Finke selbst habe die Anzeige finanziell unterstützt, was allerdings nicht richtig ist. Bald jedenfalls hingen auch in der ganzen Stadt Plakate mit dem Kopf des geschassten Fußball-Lehrers, sein Bild zierte zahllose Flyer, die nicht nur im Jos-Fritz-Café auslagen, sondern auch in den Gästeblöcken der gesamten Republik. Die Bewegung versuchte, eine außerordentliche Mitgliederversammlung zu erzwingen. Die Finkeaner wollten den Vorstand zur Vernunft bringen, auf dass ihr Fußball-Lehrer doch im Amt bleibe. Das Anliegen scheiterte, allerdings wäre der Druck auf Stocker im Falle eines Aufstiegs vermutlich größer geworden. Finke und seine Anhänger beendeten die 16-jährige Ära des Tabak-Trainertums nicht nur als moralische Sieger, sondern auch mit einem 2:0 Erfolg gegen die TuS Koblenz im Dreisamstadion am 20. Mai 2007. Doch aufgrund des besseren Torverhältnisses stieg Duisburg auf. »Wir hatten unterschiedliche Vorstellungen zur Weichenstellung in diesem Verein«[20], sprach Finke mit trockener Melancholie ins Mikrofon, nachdem ihm Stocker zum öffentlichen Abschied nach Abpfiff einen Blumenstrauß überreicht hatte. Die Weichen stellte von da an ein anderer: Robin Dutt. Und Finke ging nach Japan. »Wer bei diesem Abschied nicht schwermütig wird, dem ist auch nicht mehr zu helfen.«[21]

GRUND NR. 53

Weil Robin Dutt unser Trainer war

Der im Sommer 2007 von den Stuttgarter Kickers gekommene Robin Dutt positionierte sich in der aufgeladenen Stimmung geschickt zwischen die Pro- und Contra-Finke-Fraktionen. Stets würdigte er die Verdienste seines Amtsvorgängers, seine Maßnahmen machten aber von Anfang an deutlich, dass er einen neuen Weg einschlagen wollte. Dies wurde schon an der für Freiburger Verhältnisse nicht gerade alltäglichen Strategie sichtbar, Spieler zu verpflichten, die schon eine gewisse (Bundesliga-)Erfahrung mit sich brachten: Ivica Banović, Mohamadou Idrissou, Heiko Butscher und später Tommy Bechmann, Felix Bastians, Cédric Makiadi und vor allem der Torgarant Papiss Demba Cissé wurden zu wichtigen Stützen einer neu formierten Mannschaft.

Das Freiburger Spiel verlor unter Dutt zweifellos an Attraktivität, gewann aber an Geradlinigkeit und Entschlossenheit. Dutts Credo war der reine Ergebnisfußball, dem spielerische Glanzlichter bei entsprechendem Selbstbewusstsein folgen sollten. Das Risiko sollte möglichst vermieden werden. Gerade zu Beginn seiner Amtszeit sah man es kaum einmal, dass sich die Freiburger aus einer schwierigen Situation herauskombinierten. Auch Einwürfe in der eigenen Hälfte wurden grundsätzlich so ausgeführt, dass der abnehmende Spieler direkt aus der Luft einen langen Ball in die gegnerische Spielhälfte schlug. Insgesamt sechs Heimspiele, darunter gleich das erste, gewann man mit dem minimalsten aller Siege. Unter Volker Finke hatten nur ein Heim- und zwei Auswärtsspiele 1:0 geendet.

Trotzdem verlief Dutts erste schlechter als Finkes letzte Saison. Fünf Punkte weniger (55) standen am Ende zu Buche, auch hatte man fünf Treffer mehr hinnehmen müssen. Dass man – wie im Jahr zuvor – gleichwohl noch am letzten Spieltag eine theoretische Aufstiegschance besaß, war da nur ein schwacher Trost. Vereinzelt wurden kritische Stimmen laut, die auch darauf abzielten, Dutt habe als Spieler nie höher als in der Verbandsliga gespielt und sei deswegen für höhere Weihen wenig geeignet.

Wie Volker Finke gelang dann aber auch Robin Dutt der Aufstieg in seinem zweiten Freiburger Jahr. Und wieder schloss die Mannschaft mit durchschnittlich exakt zwei Punkten pro Spiel als Tabellenerster ab. Endlich – nach der längsten Zweitligadurststrecke seit mehr als anderthalb Jahrzehnten – war Freiburg wieder erstklassig. Dieser vollkommen verdiente und souverän erspielte Erfolg verteilte sich auch unter Robin Dutt auf mehrere Spieler, Mohamadou Idrissous 13 Treffer waren bereits der vereinsinterne Höchstwert.

Dies sollte auch in Liga 1 so bleiben, in welcher der Klassenerhalt bereits am vorletzten Spieltag gesichert wurde, wenn auch nach einer sehr wechselhaften Spielzeit. Der Sportclub war ganz passabel aus den Startlöchern gekommen und trotz einiger Heimdebakel (0:5 gegen Leverkusen, 0:6 gegen Bremen) rangierte man ab dem sechsten Spieltag und bis zur Winterpause immer zwischen Rang 10 und 13. Eine ganz ansehnliche Zwischenbilanz also, der allerdings eine unglaublich miserable Serie folgen sollte: Vom 16. bis zum 26. Spieltag, will heißen in dem Saisondrittel von Mitte Dezember bis Mitte März, brachte es die Elf von Robin Dutt nämlich auf gerade mal drei Pünktchen, die in drei Remis erzittert wurden. Geschossene Tore während dieser Phase: fünf. Komplette Harmlosigkeit in der Offensive gepaart mit Aussetzern in der Defensive. Komischerweise konnte man sich trotz dieser Bilanz am Tabellenbild die längste Zeit noch halbwegs erfreuen, denn bis zum Schluss der Saison agierte die Konkurrenz meist ebenso haarsträubend. Die

Wende zum Besseren gelang dann ausgerechnet beim Rekordmeister, als man lange mit 1:0 führte, kurz vor Schluss aber noch zwei unglückliche Gegentore bekam. Mit diesem beherzten Auftritt im Rücken wollte in der entscheidenden Saisonphase mit einem Mal wieder alles gelingen. Der mit einem Heimfluch belastete Sportclub gewann nun plötzlich vier von fünf Partien im eigenen Stadion und erkämpfte aus den letzten acht Partien 15 Zähler. Beachtenswert war die Moral der Breisgau-Truppe und die Tatsache, dass diese in der Bundesliga kaum erfahrene Mannschaft es geschafft hat, in der entscheidenden Phase der Runde hellwach zu sein und dem Druck standzuhalten. Dennoch sorgten auch etliche äußere Faktoren für den Klassenverbleib, deren wichtigster die Schwäche der Konkurrenten war, die dem Sportclub – böse formuliert – so lange Steilvorlagen gaben, bis dieser irgendwann nicht mehr anders konnte, als diese auch anzunehmen. Das Bild, das die Teams aus dem unteren Tabellendrittel während der Runde 2009/10 abgaben, mutet dann doch außergewöhnlich schlecht an.

Es war ein weiteres Verdienst von Robin Dutt, dass es ihm in der kommenden Runde 2010/11 gelang, die Schwächen der Vorsaison weitgehend abzustellen. Der Sportclub stand kompakter, sicherer und entwickelte sich zu einem unangenehmen Gegner, der für die eine oder andere Überraschung sorgte. Der Lohn: Noch am 16. Spieltag stand man mit 27 Punkten einen Platz besser da als der FC Bayern. Die Mannschaft spielte sich in einen Lauf. Über die gesamte Saison hatte der SCF nichts mit dem Abstiegskampf zu tun und beendete die Runde als Neunter. Wie nahe aber auch in dieser Runde Sorge und Freude beieinander liegen, mag der Umstand verdeutlichen, dass der Sportclub elf seiner 13 Siege mit genau einem Tor Unterschied einfuhr. Gleichwohl und zu Recht wurde Robin Dutt von allen Seiten mit Lob überschüttet. Es war ihm gelungen, aus einer Mannschaft mit überschaubaren Fähigkeiten das absolute Maximum herauszuholen. Die knappen Erfolge waren möglich, weil sich das Team als verschworene Einheit präsentierte, die zudem aus dem Herzschlag-Klassenerhalt der Vorsaison viel Selbstvertrauen getankt hatte. Dutt hatte mit hohem Einsatz und Ehrgeiz das Risiko im Freiburger Spiel minimiert und die Fähigkeit entwickeln lassen, einen Vorsprung mit allen Mitteln zu verteidigen. Leidenschaftliches Stürmen und gepflegtes Kombinationsspiel hingegen suchte man unter seiner Ägide weitgehend vergeblich.

Den Beweis, ein sogenannter Konzepttrainer zu sein, der etwa mit Jürgen Klopp, Mirko Slomka oder Thomas Tuchel in einem Atemzug genannt werden kann, blieb Dutt allerdings ein Stück weit schuldig. Wohl auch deswegen, weil er sich mit der Wahl seines Arbeitgebers zu viel zugemutet hatte. Angeblich hatte er Anfragen aus der halben Bundesliga – in Leverkusen aber wartete eine Ansammlung von Stars auf ihn, die sich ihm nicht alle bereitwillig unterzuordnen gedachten. Der zweite Platz der Vorsaison war zudem kein kleiner Fußstapfen. So musste Robin Dutt schon vor Ende der Saison wieder seinen Hut nehmen, nachdem er ausgerechnet gegen den SC Freiburg ein Heimspiel verloren hatte. Um große Teams ganz groß zu machen, bedarf es einfach anderer Mittel als diejenigen, die man braucht, um kleine Teams größer zu machen.

Robin Dutt hat in Freiburg keine Ära geprägt, aber er hat in vier Spielzeiten jeweils das Ergebnis der Vorsaison gesteigert, einer Mannschaft Stück für Stück seine Handschrift verpasst und mit klaren Vorgaben und einer Ergebnisorientierung beachtliche Erfolge herbeigeführt.

GRUND NR. 54

Weil Christian Streich unser Trainer ist

Ja, Christian Streich hat auch mal selbst Fußball gespielt: Er brachte es sogar auf insgesamt 74 Zweitligaspiele, darunter für die Stuttgarter Kickers und den FC Homburg, mit dem er aufstieg und noch zehn Mal in der Bundesliga auflief. Zwischen den beiden Stationen spielte Streich schon einmal für den Sportclub, wenngleich nur in der Saison 1987/88, in welcher er den ersten Saisontreffer für sein Team gegen Bayreuth erzielte. Begonnen und beendet hatte der Mittelfeldmann seine Karriere auch in Freiburg. Beim Lokalrivalen FFC kickte Streich von 1983 bis 85 und von 1991 bis 94 jeweils in der Oberliga. Auch wenn er dort noch solche Highlights wie das DFB-Pokalspiel gegen den VfB Stuttgart erleben durfte, endete sein Dasein als Profifußballer nach fünf Jahren – die ganz große Karriere war Christian Streich auf diesem Feld nicht beschieden. Sein jugoslawischer Trainer Slobodan Čendić hatte es offenbar schon früh geahnt. Er hat einst zu ihm gesagt: »Bist a langsame Schnecke und hast dünne Beine. Geh nach Hause und mach anständigen Beruf!«[22]

Nun besteht kein Zweifel mehr, dass Christian Streich diesen gefunden hat. Die große Karriere sollte der gelernte Industriekaufmann nämlich als Trainer nachholen – er steuert auf sein erstes Jahrzehnt im Profi-Bereich zu. Diese Aussage bestätigt sich nicht nur vor dem Hintergrund seiner Bilanz Freiburger Bundesligaauftritte bis 2015, in welcher sich Sieg, Unentschieden und Niederlage in etwa die Waage halten. Sie wird noch deutlicher, wenn man die einzelnen Saisons unter seiner Ägide Revue passieren lässt.

Streich rettete 2012 ein fast hoffnungslos abgeschlagenes Team, das in der Winterpause zudem sechs Abgänge inklusive dem Toptorjäger Cissé zu verkraften hatte, vor dem Abstieg. Schon in dieser Spielzeit erreichte er bei der Wahl zum Trainer des Jahres Platz drei. Im Jahr darauf führte der Coach seine nur punktuell verstärkte Mannschaft auf Rang fünf der Liga und ins Pokalhalbfinale. Noch am letzten Spieltag kämpften die Mannen aus dem Breisgau in einer anderen Galaxie, namentlich um nichts weniger als den Einzug in die Champions League. Wieder räumte Christian Streich zahlreiche Ehrungen ab: Er erhielt vom DFB den Trainerpreis des deutschen Fußballs und wurde gar zum Trainer des Jahres 2013 gewählt. Bei der Kicker-Umfrage unter 228 Bundesligaspielern kam

Streich, »der den Sportclub mit seinem Mini-Etat sensationell auf den fünften Platz und damit in die Europa League führte«[23], auf fast die Hälfte der Stimmen und ließ damit selbst den Triple-Trainer Jupp Heynckes (23,7 %) weit hinter sich.

2013/14 folgte ein schweres Jahr: Der Fehlstart in der Liga machte das Sahnehäubchen, die Teilnahme an der Europa-League, schon früh zum unliebsamen Ballast. Ab der Hälfte der Saison korrigierte sich das miese Tabellenbild nach und nach und wieder wurde Streich zum gefeierten Retter. Leider vorerst zum letzten Mal. Denn ein Jahr später stieg der Sportclub ab. Dies jedoch so bitter und unglücklich, dass keiner, der auch nur einigermaßen Sachverstand mitbringt, hierfür den Trainer verantwortlich machen könnte. Nach der Saison 2015/16 können wir unserem Trainer schon wieder gratulieren. Abermals ist es ihm gelungen, zahlreiche Abgänge vergessen zu machen und eine homogene Truppe mit erkennbarer Spielidee zu formen. Das beste dabei: Punkte holte diese Mannschaft auch noch und stieg obendrein direkt wieder in die Bundesliga auf.

Ohnedies hat Christian Streich für den Sportclub schon Arbeit für die Ewigkeit geleistet. Seit 1995 arbeitet er hier als Jugendtrainer und bildete eine ganze Generation Fußballer aus, angefangen von Dennis Aogo und Jonathan Pitroipa über Daniel Schwaab und Ömer Toprak bis hin zu Oliver Baumann, Christian Günter und Nicolas Höfler. Drei Mal holte er den Junioren-DFB-Pokal an die Dreisam, einmal gelang ihm das Husarenstück der Deutschen A-Jugend-Meisterschaft. Streich kennt die Arbeit im Verein nicht nur von den Graswurzeln an, er ist mit ihr gewachsen und selbst ein Teil davon. Es besteht berechtigte Hoffnung, dass er dies noch viele Jahre bleibt. Denn auch ihm liegt einiges am Sportclub, wie anlässlich seiner Vertragsverlängerung 2014 deutlich wurde: »Es gibt sehr viele Argumente in Freiburg zu arbeiten und wir haben hier viele Menschen um uns herum, denen der Verein am Herzen liegt und Tag und Nacht für diesen Verein arbeiten. Deshalb ist das gesamte Trainerteam sehr glücklich darüber, die Arbeit beim SC Freiburg fortsetzen zu können.«[24]

Weil Christian Streich Kult ist

Um Christian Streich spinnen sich zahllose Anekdoten. Manche mehr, manche weniger gehaltvoll, andere hingegen bloßes Produkt eines medialen Portraitierungsterrors, der seit seiner Amtsübernahme um sich gegriffen hat. Streich wurde gehyped als Keltisch sprechender Seitenlinien-Derwisch oder als erfrischend anderer, zuweilen verschrobener Freak, der in Pressekonferenzen zum Flüchtlingsproblem Stellung nimmt. Höchste Zeit, etwas genauer hinzusehen.

Beginnen wir mit dem inzwischen fast in Vergessenheit geratenen »Streich der Woche«, einem Online-Videoformat, das einst TV Südbaden ins Leben rief und später von der Badischen Zeitung zum Pflichtprogramm eines jeden Freiburg-Fans erklärt wurde. Woche für Woche nahm Christian Streich dort vor einer stetig anwachsenden Schar seiner Jünger Stellung zu allem Erdenklichen. Das Tolle: Manchmal hatte es sogar mit Fußball zu tun. Thematisiert wurden etwa die von Jonathan Schmid beim Spiel gegen Mainz zu verrichtenden Aufgaben (»Seil über die Schulter und den Wagen ziehen, heißt's für den Johnny … Zieh, ziehen!«[25]), Gedanken zum neuen Papst, dann wieder das Daumenlutschen als Signal für den Rückfall in die postnatale Phase. Streich betont sinnstiftend, dass weniger Laufen auch keine Lösung sein könne, oder er beantwortet die Frage, inwieweit der Erfolg ihn verändert habe, mit einem Kameramann-Gleichnis.

Groß war die Unterhaltung, das Vergnügen schien nie mehr zu enden, für immer begraben glaubten wir die tausendfach gehörten fußballerischen Stereotypen vom nächsten Spiel, das immer das wichtigste ist. Nicht selten hatte man den Eindruck, dass der Kult-Trainer auch abseits des Feldes seine Rolle als öffentlicher Mensch gerne gefunden hatte – irgendwo zwischen Mundart-Comedy und nachdenklichem Minimalismus. Mit etwas Abstand konstatieren wir inzwischen einen fließenden Übergang zwischen Kult und Alltag – ohne genau zu wissen, wo wir eigentlich gerade sind.

Das gilt vielleicht auch für weitere Klischees, die man dem Markgräfler Fußballlehrer in seltenem Einmut ans Revers heften wollte. Erstens: Mit dem Fahrrad ins Training fuhr er etwa eine Zeit lang nur deswegen, weil seine frühere Wohnung so nah am Stadion lag. Zweitens: Nicht jede seiner Aussagen ist gleich philosophisch, selbst wenn sie komisch klingt. Drittens: Ja, Christian Streich ist der Sohn eines Metzgers. Dürfen Metzger keine Kinder haben?

Aber – machen wir uns nichts vor! Natürlich ist unser Trainer anders. Eine ganze Region liebt es, wenn ihr Idol so konsequent im lokalen Dialekt parliert, dass ihn nördlich von Offenburg kein Mensch mehr versteht. Wenn er zu den steifärschigen Seitenlinien-Geckos seinen modischen Kontrapunkt setzt: Turnschuhe und verwaschene Jeans, wahlweise mit abgewetzter Regenjacke oder hellblauem Kapuzenpulli. Wenn seine Frisur uns mit den Worten begrüßt: »Ich bin gerade aufgestanden«. Weiters – wo gibt es denn heute noch einen Bundesligatrainer, der erstens so bodenständig ist wie ein Markgräfler Gutedel? Der zweitens eine abgeschlossene Berufsausbildung und drittens drei Fächer studiert hat, obendrein an einer regulären Universität? Der trotz dieses Bildungshintergrundes schon wagemutige Hypothesen zur Benachteiligung Freiburger Mannschaften von Schiedsrichterseite formulierte? Der von Zeit zu Zeit am Spielfeldrand herumtobt wie die Narren während der alemannischen Fasnet? Und dem die Leidenschaft für Fußball offenbar angeboren ist? Dem immer wieder die halbe Mannschaft weggekauft wird und trotzdem ein erfolgreicher Neuaufbau gelingt?

Fürwahr, Christian Streich ist Kult! Und damit steht er nolens, wahrscheinlich aber mehr volens in einer Reihe mit Volker Finke, mit welchem ihn überdies die Leidenschaft für selbstgedrehte Zigaretten eint. Wie jener ist auch Streich anders, unkonventionell, intellektuell, originell und vor allem erfolgreich. VF, der Norddeut-

sche, küsste eine verschlafene Fußballregion wach, Streich, der Süd-
badener, führt das Werk in seinem Sinne fort. Und dieser, ja unser
Lokalheilige verfügt sogar schon über ein Denkmal: Wer sich überzeugen will, soll einfach mal die Graffiti unter den Dreisambrücken
der Innenstadt ins Visier nehmen.

4. KAPITEL

SPIELER

VON ONE-HIT-WUNDERN UND UNSTERBLICHEN HELDEN

Weil Weltmeister Jogi Löw unser Rekordtorjäger ist

Über den Joachim Löw der Gegenwart muss man nicht allzu viele Worte verlieren. Bundes-Jogi hat mittlerweile Kultstatus in der deutschen Fußballwelt. Ausdrucksvolle Analysen, die meist mit »türlich« oder »sammama« beginnen und die Spieler beim Kosenamen nennen, sind inzwischen längst zum Gegenstand diverser Persiflagen geworden, deren wohl geglückteste in einem südwestdeutschen Radiosender zu hören sind. Die, wo gwinne welle, haben unter Löw eine spürbare Entwicklung vollzogen. Der gebürtige Schönauer setzte auf die Jugend, auf neue Gesichter und erlöste die leidgeprüfte Fußballrepublik vom Rumpelfußball der Post-Vogts-Ära.

Auch taktisch hat Löw so gut wie alles auf den Kopf gestellt. Zum guten Glück. Inzwischen macht es wieder richtig Spaß, den Adlertragenden zuzusehen. Bereits 2006 wies Löw im Verbund mit Jürgen Klinsmann dem deutschen Fußball den Weg ins Sommermärchenland. Vier Jahre danach entmachteten Jogis Jungs auch die Großen der Zunft. Bei der WM in Südafrika wurden England und Argentinien 4:1 und 4:0 auseinandergenommen. Stars wurden geboren oder zu noch größeren gemacht: Alle Welt kennt heute Poldi, Miro, Müller, Özil, Reus und Götze. Traumatisch blieben einzig die Auftritte gegen Italien und Spanien. Gegen den damaligen Welt- und Europameister war 2008 und 2010 Endstation, gegen Italien 2006 und 2012.

Der zentrale Vorwurf an die Löw'sche Tätigkeit beim DFB lautete deshalb auch lange Zeit, bislang keinen Titel gewonnen zu haben. Besonders die Abwehrarbeit geriet in manchen Spielen zum Auftritt irgendwo zwischen Slapstick und Bunte Liga – stellvertretend das 4:4 gegen Schweden nach 4:0-Führung. Die Einzelbefunde liefen irgendwann zu der Gefühlslage zusammen, die Löw-Elf habe außer vielleicht gegen die Färöer-Inseln und Amerikanisch-Samoa noch nie ein Spiel ohne Gegentreffer beendet.

Inzwischen ist alle Kritik Makulatur. Deutschland ist amtierender Weltmeister! Noch immer sind wir berauscht von den brasilianischen Nächten des Sommers 2014. Wir jubelten beim 4:0-Auftakt über Portugal, wackelten gegen Ghana, besiegten die USA. Wir zitterten gegen Algerien, schlugen die Franzosen und schrieben Fußballgeschichte beim phänomenalen 7:1 gegen Brasilien. Mario Götze, nicht zu Unrecht ob seines Phlegmas immer wieder in der Kritik, wurde durch Jogi Löw zum Finalhelden von Rio. Der vierte Stern kam nach Berlin, Miro Kloses Allzeit-WM-Torrekord im Schlepptau, und versetzte dort Millionen und die ganze Nation in einen Rausch. Zum Sinnbild des Titels geriet Schweinsteigers blutiger Cut – der harten Arbeit wohlverdienter Lohn seiner und der Generation Lahm, Podolski und Klose. Und natürlich die Belohnung, vielleicht die Genugtuung für unseren badischen Bundestrainer. Unbeirrt hielt er an dem fest, was er über Jahre aufgebaut hatte. Nicht stur und besserwisserisch – in der Defensive schickte er etwa bald vier Innenverteidiger ins Rennen –, aber beharrlich und mit dem Vertrauen in die Fähigkeiten seiner Spieler. Der Triumph 2014 war unbestritten verdient. Und er war auch der Sieg seiner Spielidee, einer Taktik, die von der Offensive, dem Ballbesitz und dem Kreieren von Torchancen geprägt ist. 17 Tore in sieben WM-Partien, verteilt auf acht Spieler. Jogi Löw brachte Deutschland den Titel, die Fußballwelt schaut wieder auf uns und ihn, Jogi Löw, unseren Ehrenspielführer.

Offensiv war Löws Ausrichtung ja auch schon in seiner Freiburger Zeit. 81 Treffer erzielte er zwischen 1978 und 1989 in 252 Spielen für den SC Freiburg und ist damit bis heute unser Rekordtorschütze. Auf insgesamt drei verschiedene Engagements brachte es Löw in Freiburg, und auch sonst gibt es zahlreiche Verbindungen. Der SC Freiburg war die erste Profistation für den Schwarzwälder und zugleich die letzte deutsche als Spieler. Löw trug sich bei einem jener legendären Stadtderbys SCF gegen FFC in die Tor-schützenliste ein und geriet so zu einem Fixpunkt an der Schnitt-stelle zweier gegenläufiger Vereinstendenzen. 2010 wurde er durch diese Verdienste zum Ehrenspielführer des SC Freiburg. Auch in einem dritten Freiburger Verein hinterließ er seine Spuren. Für die Eintracht Freiburg war er noch zu Jugendzeiten aktiv, seine erste Station außerhalb seiner Heimat Schönau. Die zweite wurde Frei-burg, denn wo Löw auch spielte (Stuttgart, Frankfurt, Karlsruhe), immer wieder zog es ihn hierher zurück. Auch heute trifft man ihn, allzu weit wohnt er ja immer noch nicht weg, hin und wieder auf der Freiburger Haupttribüne.

Löws Vereins-Trainerkarriere ist nüchtern betrachtet keine be-sondere. Bei zahllosen Klubs hatte er Engagements, als bestes kann dabei gleich sein erstes großes gesehen werden. Mit dem »magi-schen Dreieck« holte er für den VfB Stuttgart 1997 den DFB-Pokal, wurde geschoren und schloss die Liga als Vierter ab. Es folgten kür-zere Stationen in der Türkei oder Deutschland, bevor Löw 2002 mit dem FC Tirol noch einmal den österreichischen Meistertitel holte. Der Vorhang zur großen Bühne öffnete sich für Jogi Löw aber erst durch den Posten des Nationaltrainers. Irgendwann jedoch wird auch diese Zeit ablaufen, und vielleicht reizt Löw die Aussicht, seine Fähigkeiten auch einmal wieder im Ligabetrieb unter Beweis zu stellen. Bei aller Auswahl, es gibt nur einen Verein, der dafür wirk-lich infrage kommt.

GRUND NR. 57

Weil Charly Schulz bei uns zum Volkshelden wurde

Über Charly (mit bürgerlichem Namen Karl-Heinz) Schulz ließe sich leicht ein ganzes Buch schreiben. Fast anderthalb Jahrzehnte prägte er den Freiburger Fußball, spielte in zahlreichen Freiburger

Derbys und liegt auch bei landesweiten Vergleichen ganz weit vorn. Nur die beiden altgedienten Aachener Willi Landgraf und Joaquín Montanés kamen auf mehr Zweitligaeinsätze als der Mann mit dem Schnauzbart, der für den FFC und den Sportclub insgesamt 463 Mal das Trikot überstreifte. Zu einem solchen Fabelwert wäre es beinahe nicht gekommen. Schulz wollte die Kickschuhe schon Mitte der 80er-Jahre an den Nagel hängen, ließ sich aber unter Jörg Berger zum Weitermachen überreden und spielte beim Sportclub noch bis 1991.

Das erste Ausrufezeichen in dieser langen Laufbahn war die Saison 1976/77, als Schulz mit dem FFC in die 2. Bundesliga aufstieg. Anfangs spielte er hier, wie auch schon in seiner Jugend, noch Stürmer, weil er jedoch »zu viel auf die Socken bekam«[26], wurde er bald zum omnipräsenten Mittelfeldmann umfunktioniert und brillierte ebendort mit Legenden wie Hans »Buffy« Ettmayer und Karl-Heinz Bente. Allein für den Freiburger FC bestritt Schulz zwischen 1977 und 1982 176 Zweitligaspiele, in denen er 27 Mal traf. Nach dem Abstieg des Freiburger Traditionsvereins hatte Schulz ein vielversprechendes Angebot von Bayer Uerdingen, unterschrieb jedoch nach längeren Verhandlungen den ersten von insgesamt drei Dreijahresverträgen beim Sportclub und das trotz eines für heutige Verhältnisse nicht gerade fürstlichen Salärs. 300 DM ließ der Verein für ein Unentschieden springen, bei einem Sieg das Doppelte, dazu noch ein monatliches Grundgehalt. Später hatte sich der findige Schulz noch eine Beteiligung an den Zuschauerzahlen ausgehandelt.

Beim Sportclub machte sich Schulz vor allem als Abwehrchef einen Namen. Nach dem Weggang von Karl-Heinz Wöhrlin war die Libero-Position nämlich vakant und an Schulz herangetragen geworden, welcher diese nach kleineren Anfangsschwierigkeiten über die Jahre hinweg bravourös meisterte. Schon damals agierte er, vor allem in Heimspielen, wenn es galt, früh Druck auf den Gegner auszuüben, als vorgezogener freier Mann, um im Mittelfeld Überzahl zu schaffen. Diesen Part übte er auch bei jenem legendären Match aus, das der Altmeister bis heute tief im Gedächtnis hat. Vor 14.000 Zuschauern schlug der Sportclub im Oktober 1990 Schalke mit 3:0. »Es gab einen Freistoß von halb links, circa 20 bis 22 Meter. Als Holger Janz schießen wollte, sagte ich zu ihm: ›Du schaffst es ja nicht mal bis zum Tor.‹ Holger hat sich trotzdem den Ball geschnappt und das 1:0 gemacht.«[27] Schon Jahre zuvor hatte Schulz der Schalker Torwart-Legende Norbert Nigbur Auge in Auge gegenübergestanden, und am 6. Mai 1989 erzielte er den einzigen Treffer beim Sieg gegen den späteren Aufsteiger FC Homburg. Zu diesem Zeitpunkt befand sich Charly Schulz bereits im Spätsommer seiner Karriere. Beruflich bedingt konnte er nur noch einmal wöchentlich mit den Profis trainieren, dienstags beziehungsweise donnerstags stand er mit den Amateuren auf dem Platz. Trotzdem war er für den Sportclub über all die Jahre unverzichtbar, jedenfalls so lange, bis Volker Finke kam. Dieser sortierte die Freiburger Legende aus, vielleicht auch, weil er eine Auseinandersetzung mit der starken Persönlichkeit Schulz scheute. Das letzte Spiel für den Sportclub machte Schulz, der in dieser Saison noch mit den Zeyer-Brüdern, Uwe Spies und Martin Braun zusammenspielte, am 16. Juni 1991 in Oldenburg. Hernach wechselte er zurück zum FFC, mit welchem er noch in derselben Saison beim DFB-Pokalspiel gegen den VfB Stuttgart ein weiteres Highlight erlebte.

Trotz seiner immensen Erfolge hat Charly Schulz nie die Bodenhaftung verloren. Mit 35 setzte er sich noch genauso unermüdlich für die Mannschaft ein wie in seinen ersten Jahren. Unbequem konnte er höchstens dadurch werden, dass er mit seiner Meinung selten hinter dem Berg hielt, was auch mancher seiner zahlreichen Trainer zu spüren bekommen haben dürfte. Auch wenn er sich durch seine Leistungen einen gewissen Sonderstatus erarbeitet hatte, blieb Schulz stets ein volksnaher Profi mit regionaler Verwurzelung, der Star zum Anfassen in der Freiburger Fußballhistorie. Auch nach seiner Spielerkarriere übernahm er für seine Vereine Verantwortung.

2009 ließ er sich zusammen mit Reinhard Binder Vorstandsaufgaben beim FFC übertragen. Vom Sommer 2013 bis 2015 trainierte Charly Schulz die Alten Herren des SV Solvay Freiburg, wo er noch heute – weit jenseits der 60 Lenze – mit erstaunlicher Dynamik vorneweg marschiert.

GRUND NR. 58

Weil Sammy Sané zum ersten afrikanischen Torschützenkönig in Liga 2 wurde

»Als Sammy zu uns kam, konnte er eigentlich nur schnell rennen«[28], urteilt Charly Schulz in der Rückschau. Drei Jahre später war Sané, von den meisten Einheimischen einfach wie ein Milchprodukt ausgesprochen, zum Liebling der Massen avanciert. Zusammen mit Jogi Löw stellte er einen Traumsturm, dessen Tore für den Verein lebenswichtig waren. Die Quote des Senegalesen ist dabei noch besser als die unseres derzeitigen Bundestrainers: 56 Tore in 107 Spielen für den SC.

Sané, mit bürgerlichem Vornamen Souleyman, kam überhaupt nur nach Deutschland, weil er beim französischen Militär in Donaueschingen dienen musste. Dort fror er im Winter wie ein Schneider, aß zum ersten Mal in seinem Leben Spätzle und kickte nebenbei für den lokalen Landesligisten. So wurde Achim Stocker auf ihn aufmerksam und sicherte sich die Dienste des Stürmers, der in seinen besten Zeiten die 100 Meter unter elf Sekunden lief. Selbst für den absoluten Sportlaien war offensichtlich, dass Sané, durch seine Hautfarbe ohnehin sofort zu erkennen, schneller war als alle anderen, die auf dem Platz standen. Wenn ein Ball halbwegs gescheit in den freien Raum gespielt wurde, wurde es für den Gegner jedes Mal brandgefährlich. In jedem seiner Freiburger Jahre schoss Sammy mindestens 17 Tore. 1988 gelang ihm etwas Einzigartiges: Er erzielte 21 Treffer und wurde damit nicht nur zum ersten afrikanischen Torschützenkönig der 2. Liga, sondern zum ersten ausländischen überhaupt. Sané reihte sich ein in die Völlers und Burgsmüllers, die Frank Mills und die Siggi Reichs – und musste direkt danach nach Nürnberg ziehen gelassen werden, von wo aus er eine riesige Entwicklung hinlegte. Bevor er 1999 in Österreich seine Karriere ausklingen ließ, hatte Sané für drei Vereine (dazu noch Wattenscheid) insgesamt 326 Erst- und Zweitligaspiele absolviert und es dabei auf stolze 116 Treffer gebracht.

Sané nippte nach Spielen gern mal an einem Gläschen Sekt oder machte einen auf Savoir-vivre. Der gelernte Konditor war im Team sehr beliebt, weil er ein lustiger Typ und immer zu Späßen aufgelegt war. Doch der Senegalese musste auch erleben, was es bedeutet, als farbiger Spieler in deutschen Stadien der 80er-Jahre aufzulaufen. Affenlaute und »Neger in den Busch«-Parolen waren seinerzeit an der Tagesordnung und gingen nicht spurlos am sympathischen Stürmer vorüber. Wo er oder andere Afrikaner auch hinkamen, überall standen schon ein paar Schreihälse in der Kurve und legten los. Zusammen mit Tony Yeboah und Tony Baffoe startete er 1990 über ein Boulevardmagazin einen Hilferuf, der schließlich über die DFB-Aktion »Mein Freund ist Ausländer« ins allgemeine Bewusstsein vordrang. Bis dahin musste sich Sané noch mit smarten Lösungen helfen: »Einmal, als ich beim HSV ein Tor gemacht hatte, bin ich zur Eckfahne gelaufen und habe getanzt. Dann hagelten die Bananen und Orangen auf mich nieder. Ich hob eine Banane auf, schälte sie und aß sie.«[29]

Sané hat seinen Torjägerinstinkt weitervererbt. Sein Sohn Leroy brachte es zum Nationalspieler und sorgt aktuell auf der Insel für mächtig Furore.

● Weil Andi Zeyer unser Rekordspieler ist

Es ist nicht übertrieben zu behaupten, dass der Name Zeyer eine Epoche im Freiburger Fußball prägte. Und das, obwohl der gebürtige Neresheimer, der bereits 1989 in den Breisgau kam, ein eher stiller Vertreter seiner Zunft war. Zwischendurch spielte er noch für drei andere Vereine (HSV, KSC und Bochum), bis er schließlich sogar bis zum Jahr 2004 beim Sportclub blieb.

Andi Zeyer rangiert mit 43 Treffern auf Rang sechs der vereinsinternen Schützenliste, und dennoch war er weder der geborene Torjäger noch der kompromisslose Abräumer. Der lauffreudige Mittelfeldmann bestach vielmehr durch ausgeprägtes taktisches Verständnis, Passsicherheit und intuitive Interpretation der ihm von Volker Finke zugewiesenen und über die Jahre immer wieder gewandelten Aufgaben im Breisgauer Spielzentrum. Zeyer war das große Zahnrad im Uhrwerk des Freiburger Präzisionsfußballs – ob zentral, zentral defensiv oder als vorgezogener Abwehrspieler. Bis heute steht sein Rekord von 236 Erstligaeinsätzen unangefochten über allem. Wie auch seine Gesamtbilanz von 402 Spielen für Freiburg! Zum Vergleich: Selbst Urgestein Charly Schulz fehlen bekanntlich über 100 Partien zu diesem Wert, und die Bilanz des ersten noch aktiven SC-Akteurs Julian Schuster liegt bei etwas mehr als der Hälfte.

Ja, Andreas Zeyer hat in Freiburg so gut wie alles erlebt: 2. Liga, 1. Liga, Aufstieg, Klassenerhalt, UEFA-Cup-Teilnahme und Abstieg. Zeyer trug das SC-Trikot bei den beiden höchsten Bundesligaheimsiegen (5:0 gegen Rostock und Bochum) ebenso wie beim höchsten Auswärtssieg (4:0 in Stuttgart). Er schoss den Sportclub mit seinem 2:0 in Duisburg 1994 zum Klassenerhalt und war Bestandteil der legendären Elf, die Bayern München mit 5:1 besiegte und Feyenoord Rotterdam an den Rand einer Niederlage brachte. Umgekehrt erlebte er auch die höchste Heimniederlage aller Zeiten (0:6 gegen Bayern München) und konnte anno 1997 nicht verhindern, dass sich die Finke-Elf acht Niederlagen in Folge abholte.

Was zunächst wenig auffiel: Wie sein Zwillingsbruder Michael, der mit ihm zusammen aus Ulm gekommen war und drei Freiburger Jahre erlebte, ging auch Andreas Zeyer nebenher einem Studium nach. An der Fachhochschule Offenburg büffelte der Schwabe an Vormittagen in Sachen Maschinenbau, wofür er eigens vom Trainingsbetrieb freigestellt wurde. Auch an Abenden oder trainingsfreien Tagen wurden gelegentlich die Bücher ausgepackt, besonders wenn gerade wieder Prüfungen anstanden. Alltäglich ist dieses Doppelleben natürlich nicht – der mediale Hype darum begann hingegen erst mit steigendem Erfolg der Mannschaft. Zwei freigestellte Gymnasiallehrer, die einen Haufen Studenten in einer Öko-Stadt trainieren – dieses romantische Bild wich dann doch so sehr von der Norm ab, dass die Medien um dessen Vermarktung einen regelrechten Wettlauf veranstalteten und dabei gelegentlich auch jegliche Differenzierung über Bord warfen. Dennoch müssen wir festhalten: Manches lief in Freiburg wirklich anders als bei der Konkurrenz. Und das meiste davon – Stadion, Trainingsmöglichkeiten, Geschäftsstelle, Vertragsgepflogenheiten – würde man heute wohl irgendwo zwischen Notlösung und unprofessionell einordnen. Das war es aber nicht immer. Vielmehr wurde ein kleiner Verein, dessen Entwicklung sich stets in kaum merklichen Schritten vollzogen hatte, spätestens Mitte der 90er-Jahre von seinen eigenen Erfolgen mit höchstem Tempo überholt. Eine Asymmetrie zwischen Struktur und Gegenwart. Damals wie heute gilt aber: Freiburg war immer der etwas andere Klub im Profigeschäft. Spieler wie Andreas Zeyer haben diesem Klub ein Gesicht verliehen, mit Bodenständigkeit, fußballerischem Können, einem etwas anderen Profidasein – und nicht zuletzt mit 402 Spielen für den Sportclub.

Weil Uwe Spies für uns den Ball abschirmte

Uwe Spies ist ein weiterer besonderer Charakter des Sportclubs. Wie Zeyer, aber ein Jahr später, war Spies vom SSV Ulm an die Dreisam gekommen und war jahrelang der verlängerte Arm von Trainer Finke. Als Kapitän führte Spies die Mannschaft zum Aufstieg 1993 und machte auch noch darüber hinaus von sich reden. In sieben Jahren Freiburg erzielte er in insgesamt 187 Partien 52 Tore für den SC. In der Saison 1994/95 bestritt er alle Spiele und hatte mit 13 Treffern großen Anteil am erfolgreichsten Freiburger Jahr aller Zeiten. Nach dem Abstieg 1997 wechselte er zum MSV Duisburg, mit dem er ein Jahr später das DFB-Pokalfinale erreichte. Auch an der Wedau traf der gebürtige Riedlinger in vier Spielzeiten noch 14 Mal.

Das mit dem Toreschießen war allerdings so eine Sache bei dem dunkelblonden Stürmer. Spies stand in dem Ruf, erst einmal alle möglichen anderen Optionen auf Herz und Nieren zu prüfen, bevor er sich zum Torabschluss entschied. Zum Leidwesen vieler Fans, die immer wieder ihren Unmut kundtaten, wenn Spies in aussichtsreicher Position doch noch einen Haken schlug, sich wieder vom Tor wegdrehte oder wartete, bis ein Mitspieler auf die Höhe gelaufen war.

Freilich sahen das längst nicht alle Zuschauer so. Lang gezogene »Uwe, Uwe«-Sprechchöre erfüllten das Dreisamstadion, sobald der Kapitän in der Nähe des Balles war. Keiner verstand es wie er, in Bedrängnis den Ball vor den gegnerischen Abwehrreihen abzuschirmen. Als ballsichere Anspielstation war Uwe Spies unverzichtbar für das flexible System von Volker Finke, bei welchem bekanntlich nicht nur die Stürmer Tore zu schießen brauchten. Im Übrigen leistete er auch wichtige Dienste bei der Vorbereitung von Toren. Allein 15 Vorlagen steuerte er in der Aufstiegssaison 1992/93 bei, der zweitbeste Wert nach dem damaligen Spielgestalter Heidenreich. Dennoch blieb das Urteil über den Schwaben zwiespältig. Besonders, wenn es schlecht lief, wurde Spies als Inbegriff einer zwar ansehnlichen, aber unproduktiven Spielweise gebrandmarkt. Nebenbei gesagt ein Urteil, das Finkes Spielsystem über die Jahre immer wieder und nicht immer völlig zu Unrecht traf.

Wie die Zeyer-Brüder war auch Uwe Spies für die Boulevardpresse geradezu ein gefundenes Fressen. Nicht, weil er abseits oder auf dem Spielfeld besondere Eskapaden ausgelebt hätte. Und auch nicht, weil er Liebling der Massen oder Teenie-Schwarm gewesen wäre. Nein, vielmehr verkörperte auch Uwe Spies eins zu eins das Bild des Studentenkickers, der die Strecke vom Vorlesungssaal zum Trainingsplatz mit einem klapprigen Fahrrad zurücklegte. Nun muss man sagen, auch bei Uwe Spies traf dieses gelegentlich überstrapazierte Klischee in großen Teilen zu – und das nicht nur, weil er zum Ehrenspielführer der Bunten Liga gewählt wurde. Bereits in Ulm hatte er sich mittels seines Zweitliga-Engagements sein Studium der Wirtschaftsmathematik finanziert. Und dort blieb er auch während seiner Freiburger Zeit eingeschrieben. Zur bloßen Schablone wollte Spies aber trotzdem nicht verkommen. Einem damals führenden Fußball-Privatsender verweigerte er seine Teilnahme an einem Dreh in der Freiburger Uni, weil er eben nicht dort, sondern in Ulm studierte, was Proteste des Senders nach sich zog.

Spies wird sich darüber nicht allzu sehr aufgeregt haben, galt er doch ohnehin als einer, der Rummel und Öffentlichkeit lieber aus dem Weg ging. Auch als Spielführer interpretierte er da seine Rolle nicht weitläufiger als die der anderen Kollegen: »Was tue ich schon als Mannschaftskapitän: ich verliere die Platzwahl und organisiere die Weihnachtsfeier.«[30] Bei aller Bescheidenheit, die den langjährigen Kapitän stets auszeichnete, ein bisschen mehr hat Uwe Spies für den Sportclub schon geleistet.

Weil der Kanzler unsere rechte Seite beackerte

»Es geht für unser Land jetzt darum, ob wir weiter im Europa-cup spielen oder in die Landesliga absteigen.«[31] Ein typisches Kohl-Zitat, wohlgemerkt von Helmut Kohl, dem CDU-Politiker und Kanzler, der die Republik von 1982 bis 1998 regierte. In diese Zeit fiel allerdings auch das Schaffen des Freiburger Kanzlers: Ralf Kohl. Den Spitznamen gab ihm sein Teamkollege Martin Braun. Von 1991 bis 2001 spielte der Weinheimer im defensiven Mittelfeld, oft auch als rechter Verteidiger, bei gegnerischem Ballbesitz in einer Art Fünferkette. Er hatte aber auch jede Menge Freiheit nach vorn und war so einer der Garanten dafür, dass der Sportclub 1993 den Aufstieg schaffte. Mit hohem Laufpensum beackerte Kohl die rechte Seite, immer bemüht, Überzahlsituationen zu schaffen – das damals neue Finke-System eben.

Der denkwürdigste Augenblick in seiner SC-Karriere war jedoch der 7. Mai 1994. Damals gewannen Kohl und Co mit 2:0 in Duisburg und verhinderten in buchstäblich letzter Minute den Abstieg. »Das war der Wahnsinn«, erinnert sich Kohl. »15.000 mit-gereiste Anhänger, die nach Abpfiff den Platz gestürmt haben. So was vergisst man nicht. Wir Spieler mussten gegen Ende flüchten, da wir Angst hatten, erdrückt zu werden. Und was danach in Frei-burg los war, unvorstellbar. Die Stadt stand Kopf. Überall feiernde Menschen. Es hatte keiner mehr damit gerechnet, dass wir drin-bleiben.«[32]

Ralf Kohl ist ein durch und durch bodenständiger Typ, der in Karlsruhe mit Robin Dutt den Trainerschein machte und nach seiner Zeit beim Sportclub als Jugendtrainer beim SV Opfingen aktiv war.

Kohls Sportfachgeschäft in St. Georgen ist weithin bekannt, der entsprechende Schriftzug auf den Trainingsanzügen der regionalen

Amateurkicker ein vertrauter Anblick, wenn auch bei manchem Verein schon ein »h« in der Beflockung gefehlt haben soll. Natürlich verkauft Kohl auch die aktuellen SC-Trikots. Am schönsten findet er natürlich das Adidas-Trikot aus der Saison 1998/99 (Sponsor BfG Bank): »Das habe ich auch über der Kasse aufgehängt.«[33] Insider wissen: Rückennummer 12.

GRUND NR. 62

Weil der erste Albaner in der Bundesliga-Geschichte für uns spielte

Altin Rraklli war in Freiburg jahrelang der Publikumsliebling. Das allgemeine Augenmerk war – abgesehen von den merkwürdigen Konsonantendopplungen in seinem Nachnamen – schon deshalb sofort auf den zweifachen albanischen Torschützenkönig gerichtet, weil ein Teil der Transfersumme aus einem Kleinbus mit Sportzubehör bestand, den man aus Südbaden nach Tirana geschickt hatte. Auch sonst folgte der Deal nicht den branchenüblichen Gepflogenheiten: Ein Student und eine Stadträtin hatten den Kontakt hergestellt.

Jedenfalls kam Rraklli, stürmte und traf. Er glänzte aber nicht, weil er kein überragender Individualist war. Und Rraklli war auch kein vielseitiger Fußballer. Stattdessen bestach er durch hohen Einsatz, Cleverness und einen ausgewiesenen Torriecher. Das wendige Schlitzohr tauchte manchmal aus heiterem Himmel vor dem Tor auf und meistens ließ er sich dann auch nicht zwei Mal bitten. Rraklli war erfolgreichster Freiburger Stürmer in der Aufstiegssaison, sorgte mit zwei Treffern für die gelungene Bundesliga-Heimpremiere gegen Wattenscheid 09 und schoss in 85 Spielen 22 Tore für den SC.

Viele Tore zu schießen ist eine Voraussetzung, um die Herzen der Fans zu erobern. Bei Altin Rraklli kam dazu, dass er kämpfte bis zum Umfallen und keinen Ball verloren gab. Wann immer der schnelle Albaner mit dem ihm eigenen Laufstil und flatterndem Vokuhila Fahrt aufnahm, sah man, dass sich hier wirklich einer anstrengte. Trotz oder wahrscheinlich eher wegen seiner eher kleinen Statur wurstelte er sich in Zweikämpfe, setzte nach und bekam immer noch irgendwie einen Fuß in die Aktion. Auch emotional war er stets voll bei der Sache, schoss dabei nur manchmal auch über das Ziel hinaus. Einst erwies er gegen Köln seiner Mannschaft dadurch einen Bärendienst, dass er den Linienrichter als Darmausgang bezeichnete und dadurch ebenso vom Platz flog wie einige Wochen später in Bremen, als er sich ähnlich lautstark in Szene setzte.

Freiburg war Rraklis erfolgreichste Station. Hier wurde er 1992 zum Sportler des Jahres, hier gelangen ihm Aufstieg, Klassenerhalt und UEFA-Cup-Teilnahme. Rraklli fühlte sich wie in einem Traum. In seiner Heimat hatte er für ein paar Hundert Mark monatlich gekickt, und ein Jahr nach seiner Verpflichtung durfte er schon gegen sein großes Idol Lothar Matthäus in der Bundesliga spielen. In der höchsten deutschen Spielklasse war Rraklli letztlich dennoch nicht optimal aufgehoben. In Freiburg und auch Unterhaching hatte er seine beste Zeit in der 2. Bundesliga, in welcher er auch für Hertha noch zwei Saisons bestritt. Setzt man aber die Startbedingungen des Stürmers ins Verhältnis, ist seine Bilanz mehr als atemberaubend. Zwölf Jahre verbrachte er im deutschen Profifußball und schoss in 282 Partien 58 Tore. Kein Wunder, dass in seiner Heimat jeder Zweite mit Altin Rraklli verwandt sein will.

GRUND NR. 63

Weil Uwe Wassmer ein Hattrick
gegen Bayern München gelang

Der 27. November 1993 ist in mehrfacher Hinsicht ein historisches Datum in der Chronik des SC Freiburg. Die erste Bundesligasaison für den Verein. Das erste Heimspiel gegen Bayern München. Ein völlig überraschender 3:1-Sieg. Und ein gelernter Maschinenschlosser, der sich an diesem Tag für alle Ewigkeit eine Krone aufsetzte.

Uwe Wassmer schoss an diesem Tag alle drei Tore für den Sportclub und bewegt sich damit je nach Definition irgendwo zwischen »lupenrein« und »Hattrick«. Unvergessen, wie er Torhüter Raimund Aumann beim 2:0 überlupfte. Zum 3:0 gab es noch einen Beinschuss als Zugabe. An jenem klirrend kalten Novembernachmittag waren die trotz gelbgrüner Trikots wenig brasilianisch agierenden Bayern nicht nur auf dem gefrorenen Boden ausgerutscht. Das Stadion stand kopf. Trotz dieser Witterung warteten nach dem Spiel zahlreiche einheimische Fans so lange, bis sie dem davonfahrenden Bayern-Bus noch ein »Ihr wart nur ein Punktelieferant« hinterhersingen konnten. Die Glanzstunde in Uwe Wassmers Karriere beglückte nachhaltig eine ganze Region.

Und irgendwie ist auch seine Verpflichtung eine typische Freiburger Geschichte: Wassmer, der aus Wehr stammt und für den dortigen FC die Kickschuhe schnürte, unterschrieb am 13. September 1993 beim Sportclub, der für ihn eine Summe zwischen 200.000 DM und 250.000 DM an den FC Aarau überwies. Dort hatte Wassmer unter Ottmar Hitzfeld gespielt, der als Wassmers Entdecker gilt. Volker Finke wiederum, damals SC-Trainer und auf der Suche nach einem Ersatz für den verletzten Uwe Spies, wurde auf den torgefährlichen Schnauzbartträger von einem Scout aufmerksam gemacht: »Den Wassmer kannst du blind nehmen.«[34] Achim Stocker verpflichtete ihn per Handschlag.

So provinziell das Ganze bis hierhin anmutet, Wassmer kam nicht ohne Profierfahrung nach Südbaden. Bereits 1988/89 hatte er in 35 Pflichtspielen für Schalke zehn Tore erzielt. Dass aber in dieser Zeit Vorstände und Trainer in etwa so häufig gewechselt wurden wie die königsblauen Ractiv-Leibchen, schien dem Südschwarzwälder nicht zu gefallen. Er ging bereits nach einem Jahr zurück in die Schweiz.

In seiner ersten Freiburger Saison, 1993/94, spielte Wassmer 15 Partien und schoss sieben Tore. 1995 erreichte er mit dem SC unerwartet den dritten Platz und damit die Qualifikation für den UEFA-Pokal 1995/96. Doch Wassmers Zeit an der Schwarzwaldstraße war nicht immer golden. Dies lag nicht nur am Verletzungspech, sondern auch an seinem ambivalenten Verhältnis zu Volker Finke. »Er ließ mich nie so richtig zum Zug kommen, obwohl ich ja die Tore gemacht habe«, sagte Wassmer später in einem Interview. »Das gipfelte in Finkes Aussage: ›Tore sind nicht wichtig.‹ Als ich das in der Zeitung las, dachte ich: Eigentlich musst du deinen Vertrag beim Sportclub sofort beenden.«

Dies geschah schließlich auch. Uwe Wassmer verließ den Sportclub 1999 und ließ seine Karriere bei Waldhof Mannheim ausklingen. Einige Jahre später tauchte er plötzlich als Amateurtrainer in Südbaden wieder auf und dort eher bei den kleineren Adressen. Unter anderem coachte er den FC Schallstadt-Wolfenweiler, wo inzwischen sein Sohn aktiv ist, und den Riegeler SC, zwischendurch gelang ihm mit dem SV Ballrechten-Dottingen der Aufstieg in die Landesliga. Nach 2009 betreute er noch einmal die Jugend des FC Aarau.

An Uwe Wassmer scheiden sich die Geister. Kritiker schmälern zwar seine Gesamtleistung und sehen ihn mitunter als Fremdkörper im technisch gepflegten Sportclub-Spiel. Sicherlich war nicht jede seiner Bewegungen von äußerster Eleganz. Doch war er auch zweifellos jener Vollstrecker, der oft traumhaft von Rodolfo Cardoso bedient wurde. Wassmer konnte besonders in seiner ersten Freiburger Saison eine beachtliche Effizienz für sich reklamieren – und sollte für den SC letztlich insgesamt 31 Treffer erzielen. Eine Qualität also, die ihn von manchen späteren Freiburger Stürmern unterscheiden sollte.

Weil Rodolfo Cardoso für uns zauberte

Im Grunde hatte Freiburg nie einen Star. Aber Rodolfo Esteban Cardoso war ein solcher. Er war Herz und Seele des Freiburger Spiels, ein Virtuose und Ballkünstler, der aufgrund seiner individuellen Fähigkeiten selbst aus der erfolgreichsten Freiburger Mannschaft aller Zeiten noch weit herausragte. Der Argentinier machte alles. Er führte Regie, bestimmte das Tempo, setzte seine Mitspieler sagenhaft in Szene, versenkte Freistöße, verwandelte Elfmeter, traf aus dem Spiel heraus, und wenn es sein musste, machte er sogar mal ein Kopfballtor, wie beim 5:1 gegen Bayern München.

Dass Cardoso ein guter Fußballer war, stellte er schon beim FC Homburg unter Beweis, wo er von 1989 bis 1993 unter Vertrag stand. Im Sommer dieses Jahres wechselte er an die Dreisam. Auf Anhieb wurde er dort nicht nur zum Stammspieler, sondern gleich zum besten Torschützen. Mit seinen zwölf Treffern hatte er entscheidenden Anteil am Klassenerhalt des SCF im ersten Bundesligajahr. Endgültig in die Herzen der Fans zauberte sich Cardoso in einem der emotionalsten Spiele der Vereinsgeschichte. Zwei Treffer erzielte er beim von Sternregen begleiteten 4:1 über Borussia Dortmund am letzten Spieltag vor der Winterpause. Gerade in den entscheidenden Momenten war der Spielmacher zur Stelle. Gewinnen war Pflicht, als der Sportclub am 32. Spieltag in Stuttgart antrat – Cardoso traf zwei Mal. Eine Woche später schoss er kurz vor Schluss das entscheidende Tor gegen den VfB Leipzig und hielt seine Mannschaft im Rennen um den Klassenerhalt, welcher bekanntlich am letzten Spieltag in Duisburg unter Dach und Fach gebracht wurde.

Nur noch eine weitere Saison spielte der Argentinier im Dress der Freiburger, und obwohl er die meiste Zeit der Rückrunde verletzungsbedingt ausfiel, machte er sich dabei bis heute unsterblich. 15 Tore schoss er allein bis zum 20. Spieltag und wurde zum Star und Taktgeber einer brillant und phasenweise wie entfesselt aufspielenden Mannschaft. Cardoso traf beim 5:1 gegen Bayern zwei Mal, in weiteren acht Partien schoss er das so wichtige erste Tor der Finke-Truppe. Tabellendritter war diese nach zwei Dritteln der Saison, und zum allgemeinen und mitunter wohl auch eigenen Erstaunen wurde diese unglaubliche Platzierung bis zum Schluss verteidigt. Ein leichter Trendabfall in der Punktausbeute war durch den Wegfall des Spielgestalters dennoch zu verzeichnen. Richtig schwer tat sich die Mannschaft dann aber in der nächsten Spielzeit: Nach 13 Spieltagen stand erst ein Sieg zu Buche, und auf mehr als sieben geschossene Tore hatte man es auch nicht gebracht. Der argentinische Spielgestalter fehlte an allen Ecken und Enden, erst mit einem beachtlichen Kraftakt und personellen Verstärkungen in Gestalt von Harry Decheiver, Alain Sutter und Nikola Jurčević ließ der SC die Abstiegsränge schließlich hinter sich und blieb für ein weiteres Jahr in der Liga.

Cardosos Weggang durfte an sich nicht überraschen. Die Art und Weise, um nicht zu sagen, besonders das Ziel seines Wechsels unterdessen schon. Lange hatte Cardosos Berater versichert, wenn überhaupt wolle sein Schützling außerhalb der Bundesliga die Kickstiefel von Neuem schnüren. Zwischenzeitlich war gar schon kolportiert worden, man habe sich auf ein weiteres Jahr Freiburg geeinigt. Dass es dann ausgerechnet Werder Bremen wurde, nahmen die Fans, von denen sich die meisten ohnehin schon mit den Tatsachen abgefunden hatten, mit einer ordentlichen Portion Humor. Der dem Linksfuß gewidmete Kultgesang »Die Sonne scheint bei Tag und Nacht, Rodolfo Cardoso« wurde kurzerhand erweitert um ein »In Bremen schifft's bei Tag und Nacht ...«. Sechs Millionen Mark ließen sich die Norddeutschen die Dienste des Ausnahmekönners kosten.

Gute Wünsche von Tausenden Freiburgern, die sich inzwischen standesgemäß rund um die Uhr in seinem Trikot zeigten oder sämtliche Haustiere nach ihm benannt hatten, sowie Arme voll Rosen begleiteten Cardoso an die Weser. Dort freilich leuchtete sein Stern kaum mehr auf. Nach zwei Jahren versuchte er sein Glück beim HSV, für welchen er später auch noch einige Jahre als Amateur und Trainer tätig war. Auch aufgrund hartnäckiger Verletzungen gelangen Cardoso in acht Jahren im Norden gleichwohl nur 19 Treffer und damit neun weniger als in den zwei Freiburger Spielzeiten. Nur bei uns war Cardoso ein richtiger Star.

GRUND NR. 65

Weil Ali Güneş bei uns zum Fußballgott wurde

Der erst 21-jährige türkische Jugendnationalspieler Ali Güneş galt als Entdeckung der Saison 1998/99. Einer der ersten, die sein Talent, aber auch seinen Stolz erkannten, war der damalige Jugendtrainer Christian Streich. Aus sicherer Quelle ist überliefert, wie Streich in der Mannschaftskabine einmal eine leere Trinkflasche nach Güneş warf, weil der Heißsporn wieder einmal die taktischen Vorgaben des Trainers missachtet hatte. Später, als er unter Finke bei den Profis kickte, konnte das Mittelfeld-Käpsele aus Donaueschingen seine Genialität besser zur Entfaltung bringen. Zwischen 1997 und 2000 schoss er in 59 Spielen acht Tore und bildete mit Zoubaier Baya zeitweise ein traumhaftes Duo, das die Kurzpasskultur der Cardoso-Ära zu einer erneuten Blüte trieb. Im Jahr 2000 verließ Güneş den Sportclub und wechselte zu Fenerbahçe Istanbul. Mit Fener gewann er sowohl 2001 als auch 2004 die türkische Meisterschaft, nach einer weiteren Station kehrte er 2007 zum Sportclub zurück, das Comeback wurde von einigen Fans als Auferstehung des Fußballgotts gefeiert. Doch stattdessen ging es von da an sportlich eher gen Golgotha.

Die Talsohle war dann am 4. November 2012 erreicht. Güneş, 34, wirkte inzwischen als Spielertrainer in der Bezirksliga Schwarz-

wald bei SV Türkgücü Bräunlingen. Im Spiel gegen den VfL Ried-
böhringen wird er vom Platz gestellt, das Sportgericht sperrt ihn
außerdem ein Jahr lang. »Günes hat den Schiedsrichter so fest am
Arm gehalten und gezerrt, dass dabei das Trikot des Schiedsrichters
zerriss«[35], so Klaus Schmidt, Vorsitzender des Bezirkssportgerichts.
»Desweiteren beleidigte Günes den Schiedsrichter aufs Übelste.
Beleidigungen, die nie und nimmer etwas auf dem Sportplatz zu
suchen haben. ›Blöder Hund‹ und ›Arschloch‹ sind harmlos dagegen. Außerdem hat Günes den Schiedsrichter ebenso heftig be-
droht und konnte nur durch einen Zeugen zurückgehalten werden.
Das Eintreffen der Polizei verhinderte Schlimmeres.«

Die Geschichte von Ali Güneş ist traurig, weil sie von einem
gefallenen Fußballstar erzählt. Ein Mittelfeldregisseur, der sich
ungerecht behandelt fühlt und behauptet, viele deutsche Spieler
hätten ein Problem mit Moslems. An Offensivgeist fehlt es dem
Schwarzwälder jedenfalls weiter nicht. Nach seiner Sperre kündigte
er an, jedes Spiel der Rückrunde aufzeichnen zu wollen, als Beweis-
mittel gegen mögliche Verleumder und Fehldeuter. Trotz alledem,
Ali Güneş wird dem SC-Fan stets als eleganter Leistungsträger und
Mädchenschwarm in Erinnerung bleiben. Vor allem aber als der
Prototyp für das vielstimmig nachskandierte »Fuß-ball-gott« beim
Verlesen der Mannschaftsaufstellung.

GRUND NR. 66

Weil Alexander Iashvili für uns Haken schlug

Preisfrage: Wer kennt alle sieben Georgier, die jemals für den Sportclub aufliefen? Die Auflösung erfolgt am Ende des Kapitels! Zum
Trost: Auch der allwissende Autor kam aus dem Stegreif nur auf
fünf. Wenig Mühe hatte er jedoch, sich an die beiden bekanntesten
zu erinnern. Beide Linksfuß, beide technisch stark, der eine, eher

der Typ Regisseur, erlöste den Sportclub nach langer Leidenszeit von seinem Elfmetertrauma, wechselte nach Schalke und spielt seit einigen Jahren für Hertha. Inzwischen ist er zu dem ausländischen Spieler mit den meisten Bundesligaeinsätzen avanciert, wenn er auch wegen einer Attacke auf einen Schiedsrichter einmal ziemlich lange aussetzen musste.

Der andere war Alexander Iashvili, welcher sich durch seine spektakulären Dribblings vom ersten Ballkontakt weg in die Herzen der Fans wirbelte. Die typische »Iashi«-Szene spielte sich wie folgt ab: Er wird im Halbraum angespielt und dringt mit kleiner Übersetzung seitlich bis diagonal in den Strafraum ein. Dort schlägt er irgendwann einen Haken. Dann, wenn der Gegenspieler wieder halbwegs auf Ballhöhe ist, folgt der nächste in die andere Richtung. Dieser Ablauf wird nach Belieben wiederholt, am besten so oft, bis der Abwehrspieler a) einen Knoten auf den Füßen hat, b) auf dem Hosenboden liegt, c) desorientiert durch den Strafraum taumelt, d) resigniert oder e) völlig genervt ein Foul begeht. So und nicht anders ging das zehn Jahre lang, so und nicht anders bereitete Alexander Iashvili das 1:0 gegen Feyenoord Rotterdam vor, so und nicht anders sorgte er immer wieder für Szenenapplaus, Verzückung und Zungenschnalzen. Einen Bewegungsablauf wie diesen kann man nicht trainieren. Sicher – die körperlichen Voraussetzungen müssen stimmen, aber der weitaus größte Teil sind große Technik und enge Ballführung gepaart mit fußballerischer Intuition.

Iashvili war ein Instinktfußballer, dem an guten Tagen gegen die besten Mannschaften alles gelang. Hätte er freilich immer einen guten Tag gehabt, so hätte er spätestens nach einem Jahr nicht mehr in Freiburg gespielt. Wir erinnern uns aber auch an den Alexander Iashvili, der manchmal recht unausgeschlafen dreinblickte, der gelegentlich zu viel und mit dem Kopf durch die Wand wollte, der während seiner Freiburger Zeit den für einen Stürmer zweifelhaften Ruf erwarb, die klaren Gelegenheiten auszulassen, die unmöglichen jedoch zu verwerten. Zu allem Übel musste sich Iashvili am Ende seiner Freiburger Zeit – zusammen mit ein paar anderen Spielgefährten – den Vorwurf anhören, nicht mehr volle Leistung für den Verein zu erbringen, weil er aufgrund seiner langjährigen Verdienste bei Volker Finke ohnehin als Stammspieler gesetzt sei.

Diesen Status hatte sich der flinke Georgier allerdings auch redlich verdient. 255 Mal spielte er insgesamt für den Sportclub und belegt damit Rang vier auf dem vereinsinternen Tableau. Rechnerisch traf Iashvili dabei über zehn Jahre hinweg in jedem fünften Spiel. Nur Papiss Demba Cissé und Nils Petersen haben mehr Bundesligatore für Freiburg erzielt als der Dribbelkönig vom Schwarzen Meer. Gleichwohl ist nicht von der Hand zu weisen, dass Iashvilis Schicksal eng mit dem seines Trainers und Förderers Volker Finke verknüpft war. Als dieser zum Sommer 2007 entlassen wurde, verließ auch jener den Sportclub in Richtung Karlsruhe.

Von dem Alexander Iashvili außerhalb des Platzes wissen wir nicht allzu viel. Gelegentlich wurde er in der Freiburger Innenstadt gesichtet – angeblich samt einer Entourage, die nicht unbedingt den Eindruck erweckte, jede Dissonanz ausschließlich nach sorgfältiger Prüfung aller Argumente und Fakten handhaben zu wollen. Doch dieser Eindruck aus der Ferne mag täuschen. Mannschaftsintern war Iashvili stets angesehen und übte während seiner beiden letzten Freiburger Jahre das Amt des Kapitäns beziehungsweise Vizekapitäns aus. Er hatte maßgeblichen Anteil an zwei Aufstiegen, wiewohl auch er ebenso viele Abstiege nicht verhindern konnte. Unbestritten ist, dass sein Spiel eine technische Bereicherung für den SC Freiburg darstellte, was angesichts des in gutem Rufe stehenden fußballerischen Potenzials an der Dreisam kein leicht zu erwerbendes Kompliment ist. Durch seine erfolgreichen Auftritte im Dress des SC entstand über die Jahre eine Achse von Georgien nach Freiburg, die dem Sportclub manchen talentierten Spieler einbrachte.

Und hier sind also jene glorreichen Sieben, die natürlich rein aus Platzgründen zum Teil unter ihrem Spitznamen aufgeführt werden: »Iashi«, »Kobi«, »Tskiti«, Otar Khizaneishvili, Zaza Zamtaradse, David Targamadze und Georgi Kiknadse. Einen achten »Georgier« gibt es übrigens auch noch, aber der kommt aus dem Schneckental.

GRUND NR. 67

Weil der härteste Schuss der Bundesliga für uns hämmerte

Was haben Roberto Carlos, Tanne Tarnat und der altehrwürdige Martin Kree gemeinsam? Richtig, sie alle haben einen der gewaltigsten Schüsse der Fußballgeschichte! Ob dies damit zusammenhängt, dass alle den linken Fuß als den stärkeren haben, wäre eine interessante Hypothese, zumal sie für zwei weitere Vertreter ihres Faches gilt. Den Brasilianer Ronny, der angeblich den härtesten jemals gemessenen Schuss der Welt auf das gegnerische Gehäuse abgelassen hat, sowie den 21-fachen Nationalspieler Malis, Soumaila Coulibaly.

Letzterer, ab 2000 im Trikot der Freiburger, hatte jedenfalls die typische Statur eines Rekord-Kanoniers. Untersetzt, kräftig, gedrungen, mit Oberschenkeln in den Ausmaßen eines Elefantenfußes. Wenn dieser Rammbock zum Freistoß antrat, mag manch einer in der Mauer sein letztes Stündchen kommen gesehen haben. Sobald der Mann aus Mali den linken Hammer hervorholte, half nur Wegducken oder Stoßgebet. Unvergessen, wie Coulibaly mehr oder weniger aus dem Stand einen 40-Meter-Kracher gegen Mönchengladbach abließ oder gegen Frankfurt einen Schrägschuss fast vom Strafraumeck in den Torgiebel zimmerte. Der Malier war jahrelang der Einzige auf dem Spielfeld, von dem sich das Publikum einen Abschluss erhoffen konnte, stand dieser doch nicht gerade an oberster Stelle des Repertoires von Finkes Mannschaften, welche sich lieber bis in den gegnerischen Fünfmeterraum voranzukombinieren pflegten.

Dabei war dies durchaus ein probates Mittel, denn längst nicht jeder Schussversuch des afrikanischen Kraftpakets landete, wo er sollte. Mancher Fangzaun, gar manches Tribünendach war zu niedrig, etliche Gegenspieler wurden von seinen Granaten niedergestreckt und auch der Spitzname Somalia Kullerbally war nicht allein seinem exotischen Nachnamen geschuldet. Wobei es verfehlt wäre, Coulibalys Fähigkeiten einzig auf seinen Schuss zu reduzieren. Er war nämlich durchaus ein begabter Techniker, der beim Sportclub viele Jahre die Nummer 10 trug und vor seinem Weggang nach Mönchengladbach sogar Mannschaftskapitän war. Ein dynamischer Mittelfeldmann, der bedingungslosen Einsatz mit Spielübersicht paarte und seine Mitspieler immer wieder in aussichtsreiche Torgelegenheiten schickte. Coulibaly machte für den SC Freiburg 207 Zweit- und Erstligaspiele und erzielte dabei 37 Treffer. Nicht alle davon waren so bedeutungslos wie seine drei gegen den HSV 2002 (4:3), als der Sportclub bereits abgestiegen war. Wie viele andere, gerade Spieler afrikanischer Herkunft, galt er als Entdeckung und langjähriger Weggefährte Volker Finkes. Mit diesem ging er durch dick und dünn, stieg zwei Mal aus der Bundesliga ab und einmal wieder auf. Zwischendurch steckte auch Coulibaly in einem Formtief, doch wie an vielen anderen »seiner« Spieler hielt der Freiburger Rekordtrainer auch an ihm fest. So war es nur konsequent, dass Coulibaly den SC verließ, als Volker Finke entlassen wurde. Über Mönchengladbach und den FSV Frankfurt, wo er jeweils nach kürzerer Zeit scheiterte, führte sein Weg nach China. In Freiburg wird Soumaila Coulibaly – allen »offiziellen« Messungen zum Trotz – immer der Mann mit dem unglaublichen linken Hammer bleiben, der härteste Schuss der Bundesliga.

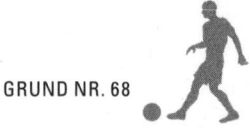

Weil ein Champions-League-Finalist für uns spielte

Sebastian Kehl war einer von wenigen Defensivakteuren, die in Freiburg eine außergewöhnliche Karriere hinlegten. Der von Hannover 96 verpflichtete Kehl reifte unter Volker Finke zum Nationalspieler, verließ den Sportclub aber bereits zur Winterpause 2002, um sich Borussia Dortmund anzuschließen. Dort feierte er zahllose Erfolge, kämpfte sich nach einer kaum zu überbietenden Verletzungsmisere ins Team von Jürgen Klopp zurück und stand – allerdings ohne zu spielen – 2013 sogar im deutsch-deutschen Finale von Wembley.

Dass der gebürtige Fuldaer nicht wirklich zum Liebling der Fans wurde, erklärt sich wohl auch durch seine Spielweise beziehungsweise Position als Sechser. Selten agierte Kehl spektakulär, technische Kabinettstückchen suchte man bei seinen Auftritten vergeblich. Kehl tat, was er tun musste, und wurde dadurch zu einer tragenden Säule im Spiel des SC. Er war verlässlich, rief konstante Leistungen ab, gewann die Zweikämpfe vor der Abwehr, rannte, grätschte, kämpfte. Kehl hielt seinen Vorderleuten Baya, Coulibaly oder Iashvili den Rücken frei, und wenn es sein musste, trat er auch selbst als Torschütze in Erscheinung.

In der Saison 2000/01 war Kehl neben einem wiedererstarkten Andreas Zeyer so etwas wie das Missing Link eines Freiburger Spiels, das längst für seine Offensive gefürchtet war, dessen Defensivverhalten aber viel zu wünschen übrig ließ. Bezeichnenderweise holte die Mannschaft mit Kehl 14 Saisonsiege, während es in neun Spielen ohne ihn nur ein einziges Mal mit einem Dreier klappte. Durch ein 4:1 gegen den VfL Wolfsburg gelang zum zweiten Mal in der Vereinsgeschichte der Einzug in den UEFA Cup. 37 Gegentreffer bedeuteten dabei die zweitbeste Defensivleistung der Liga, hinter dem Meister der Herzen und gleichauf mit dem echten Meister. Letzterer interessierte sich deswegen nicht nur für den Linksfuß, sondern zahlte ihm auch ein Handgeld, um ihn für die Saison 2002/03 zu verpflichten. Kehl jedoch überlegte es sich anders, zahlte das Salär an die Bayern zurück und verließ den Sportclub bereits nach anderthalb Jahren in Richtung Westfalen. So ist Kehl letztlich eines von vielen Beispielen: Wann immer Freiburg eine erfolgreiche Runde gespielt hatte, wurden die Späher anderer Vereine aufmerksam und lockten die besten Spieler weg.

Zuvor leistete Kehl aber noch seinen Beitrag für das erfolgreiche Freiburger Abschneiden im UEFA Cup. In St. Gallen traf er zum 4:1 und beim Aufeinandertreffen gegen den späteren Sieger Feyenoord Rotterdam nährte sein Führungstreffer die Hoffnung auf eine Sensation. Während der Sportclub noch in derselben Saison absteigen musste, wurde Kehl mit dem BVB Deutscher Meister und brachte es bald auf 31 Einsätze im DFB-Trikot. Beeindruckend an seiner Entwicklung ist nicht nur das Comeback nach jahrelangen Verletzungen, sondern vor allem, dass er sich scheinbar ohne Schwierigkeiten einem immer schneller und taktisch anspruchsvolleren Spiel angepasst hat. Wenn, was wir jetzt einfach mal unterstellen, diese taktische Flexibilität ein Verdienst Volker Finkes war, stand irgendwie auch ein Stückchen Freiburg Pate bei dieser beachtlichen Karriere. Eine Karriere, die nach der Saison 2014/15 zusammen mit Jürgen Klopp von der Dortmunder Südtribüne frenetisch gefeiert wurde.

GRUND NR. 69

Weil Julian Schuster unser Kapitän war

Wenn es jemanden gibt, der das System Streich auf dem Platz verkörpert, dann Julian Schuster. Als die Vereinsführung den erfolglosen Trainer Marcus Sorg in der Winterpause 2011/2012 entließ und den damaligen Kapitän Heiko Butscher wegen diverser Differenzen vom Training freistellte, kam Streich – zeitgleich wurde Schuster zum neuen Spielführer und Leitwolf bestimmt. Daran hat sich bis 2018 nichts geändert. Ein Schwabe als Kapitän von Badens Stolz, sogar das wird in Freiburg toleriert. Immerhin, die Apachenfrise mit Netzerscheitel aus VfB-Zeiten trägt er nicht mehr. Mit kurzen Haaren und konstant guten Laufwerten wurde er schnell zu einer Integrationsfigur.

Schuster sorgte für den Team-Spirit im kulturell durchmischten SC-Kader, er erklärte den Neuen die Automatismen und war Ansprechpartner für die Jüngeren in der Mannschaft. Wegen seiner gefährlichen Freistöße wurde er von Journalisten anfangs als »Breisgau-Beckham« tituliert. Dieser Vergleich passt aber eigentlich so gar nicht zum bodenständigen Familienvater, der früher als Bankkaufmann am Schalter der Landesbank in Bietigheim-Bissingen stand und dort auch als Vermögensberater fungierte. »Ich habe da eine vorsichtige Einstellung und bevorzuge konservative Anlagen«[36], sagte er einmal in einem Interview. Auch sonst fällt die eher distanziert-analytische Herangehensweise Schusters auf. Als er am Ende der bärenstarken Saison 2012/2013 nach den entscheidenden Eckpunkten jener Spielzeit gefragt wurde, meinte er: »Wichtig waren die Niederlagen. Gegen Dortmund zum Beispiel, oder gegen Wolfsburg oder in Hoffenheim. Da wurde offensichtlich, was wir falsch gemacht haben, wo wir ansetzen müssen.«[37]

Nicht nur dieser Bescheidenheit wegen ist Schuster bei Fans und Verantwortlichen im Breisgau hoch geachtet. Sein Spiel war gekennzeichnet von höchster Disziplin und immenser Laufbereitschaft. Zum Spielaufbau ließ er sich zwischen die beiden Innenverteidiger zurückfallen, war aber trotzdem plötzlich 30 Meter weiter vorn zur Stelle, wenn es galt, den zweiten Ball zu erobern. Für das Passspiel der Streich-Elf waren seine Qualitäten ebenso unerlässlich wie für das intensiv praktizierte Überzahlpressing. An ganz guten Tagen gelang ihm auch schon mal ein Geniestreich. Seine direkt verwandelte Ecke gegen Hoffenheim am 9. April 2011 wurde zum

Tor des Monats gewählt. Kein Wunder, dass Julian Schuster schon von etlichen Vereinen umworben wurde.

Ehrensache: Schuster begleitete den Sportclub 2015 in die Zweite Liga. Hier fungierte er offiziell weiter als Kapitän und Integrationsfigur. Seinen Stammplatz hatte er in den letzten Jahren beim Sportclub zwar verloren, kam jedoch immer wieder in die Startelf und spielte routiniert und solide seine Aufgabe herunter. Nach dem Klassenerhalt wurde Julian Schuster im Sommer 2018 als Spieler verabschiedet, doch alte Liebe rostet nicht: Er wird unserem Sportclub erhalten bleiben.

GRUND NR. 70

Weil ein besserer Afrikaner
als Anthony Yeboah für uns spielte

Papiss Demba Cissé hat in Freiburg Geschichte geschrieben. Und das, obwohl er nur ganze zwei Jahre für den SCF spielte, nie ein Interview auf Deutsch gab, als schwieriger Charakter galt und seine Anfänge an der Dreisam wenig verheißungsvoll waren. Binnen kürzester Zeit mauserte sich der Senegalese zum Torschützen vom Dienst und verließ den Verein für den damaligen Rekordwert von zwölf Millionen Euro in Richtung Newcastle. Seine Bilanz ist atemberaubend und stellte zeitweilig sogar die von Anthony Yeboah in den Schatten.

Für 1,6 Millionen Euro wurde Cissé im Januar 2010 verpflichtet. Selten hat Freiburg mehr für einen Spieler gezahlt als für den Angreifer des französischen Zweitligisten FC Metz, den bis dahin wohl nur Insider kannten. Wer weiß, ob dieser Transfer überhaupt zustande gekommen wäre, wenn Mohamadou Idrissou seinen Vertrag in Freiburg verlängert hätte? Da dieser aber von der Königsklasse fabulierend den Verein verließ und sich mit Gladbach im Abstiegskampf wiederfinden sollte, stand Cissé bald auf dem Freiburger Rasen.

In seiner ersten Halbserie gelangen dem Stürmer sechs Treffer in 16 Spielen und somit ein ordentlicher Einstand. Dennoch, seine Tore waren zu Anfang – wenn es so etwas überhaupt gibt – ziemlich überflüssig, will sagen, sie bedeuteten selten einen Punktgewinn. Und als er im Abstiegs-Schlüsselspiel schlechthin gegen Hannover 96 auch noch ein unglückliches Eigentor fabrizierte, schien er endgültig zum Seuchenvogel geworden zu sein, dem man das schwere Erbe Idrissous nicht zutrauen konnte.

Es kam ganz anders. Robin Dutt schickte Cissé in der Spielzeit 2010/11 als einzige Spitze ins Rennen, und schon vom ersten Spieltag weg gelang ihm alles. Mit traumwandlerischer Sicherheit hielt er im Sturmzentrum die Bälle, entzog sich kraft seiner Wendigkeit seiner Bewacher, baute das Angriffsspiel mit auf und stand trotzdem vor dem Tor. Und dort machte er, was ein Stürmer eben machen soll: treffen, treffen, treffen. Mit dem Kopf, mit rechts, mit links, per Elfmeter, im Strafraum oder außerhalb, volley oder per Abstauber. In Nürnberg und Hoffenheim, gegen Köln, Mainz, Wolfsburg oder Gladbach schoss er das oder gleich die entscheidenden Tore und noch etliche mehr. Wie wichtig er war, zeigen die beiden Aufeinandertreffen gegen den HSV. In beiden Spielen kämpften zwei Mannschaften auf Augenhöhe um die sechs Punkte, die am Ende Freiburg gehörten, weil Cissé im Hinspiel (1:0) nach drei Minuten reaktionsschnell verarbeitete und im Rückspiel (2:0) selbst das Hamburger Publikum mit einem 20-Meter-Kracher in den Winkel und einem Kopfball verzückte. Immer wieder machte Cissé den Unterschied.

Es gab bestimmt viele Freiburger Mannschaften, die spektakuläreren Fußball gezeigt haben. So einfach wie der Dutt-Elf in dieser Saison war es aber keiner gelungen zu punkten. Hinten sicher stehen und vorn hilft Cissé – mit diesem Motto erwirtschaftete man sich schließlich mit 44 Punkten Rang neun, ohne jemals auch nur in der Nähe der Abstiegsplätze gestanden zu haben. Und wie Cissé half! 22 Tore in 32 Spielen bedeuteten Platz zwei unter den Bundesliga-Torschützen. Bayerns Gomez traf zwar sechs Mal mehr, hatte dafür aber wahrscheinlich auch 60 Chancen mehr zur Verfügung. Gerüchte, Bayern hätte Interesse am torfreudigen Senegalesen, wurden seinerzeit von anderen Gerüchten widerlegt, Jupp Heynckes wolle lieber mit deutschsprachigen Spielern arbeiten.

So richtig integriert wirkte der Freiburger Torgarant tatsächlich nie. Für alle sichtbar stritt er um die Ausführung von Elfmetern, beklagte sich über mangelndes Vertrauen seiner Mitspieler und wirkte ein wenig wie der unverstandene Star, den man zur Zwangsehe mit weniger begabten Kameraden verdonnert hat. In Rumänien gab es das auch mal, einen Kommunismus mit König. Und auch in Freiburg konnte das nicht lange gut gehen – so sehr Cissé auch vom Kollektiv und dasselbe von ihm profitierte. Cissé schoss noch neun Tore in der nächsten Vorrunde und blieb der einzige Lichtblick einer inzwischen von Marcus Sorg trainierten und auf dem letzten Platz rangierenden Freiburger Mannschaft. Als Newcastle schließlich den Geldbeutel aufmachte, ließ man den Senegalesen (mitsamt sechs anderen Akteuren) ziehen, tauschte Torgarantie und One-Man-Show gegen Ruhe und installierte mit Christian Streich einen Mann auf dem Trainerposten, mit dem man auch den Neuanfang in Liga 2 gemacht hätte.

Papiss Cissé traf in 65 Bundesligaspielen 37 Mal für den SC Freiburg. Dies ist bis zum Sommer 2018 ebenso Freiburger Bestwert wie seine 22 Tore in der Saison 2010/11, wenngleich Nils Petersen sich anschickt, diese Marke bald zu knacken. Zugleich war es auch der höchste Wert, der je einem Afrikaner in der Bundesliga gelungen war (zuvor: Anthony Yeboah, 20 Tore für Frankfurt). Mit dem Eintracht-Altstar gemein hat Cissé auch den Wechsel nach England. Während jener in Leeds schnell zum Spieler des Jahres avancierte, traf der Senegalese in den ersten 14 Spielen für Newcastle 13 Mal – und erzielte dabei ein fantastisches Tor des Jahres gegen den

FC Chelsea. Für Freiburg war Cissé vieles: Lebensversicherung, der erste echte Torjäger seit Harry Decheiver und vor allem Publikumsliebling. Jeder, der dabei war, musste ihm einfach zujubeln, mit dem lang gezogenen »Papiss Demba Cissé«.

5. KAPITEL

PARADIESVÖGEL

VON EXOTEN UND ANDEREN ANDERSARTIGEN

Weil Andree Fincke für uns wirbelte

Mit Beginn der Amtszeit von Volker Finke änderte sich nicht nur die Spielweise an der Dreisam. Von heute auf morgen wurde auch ein neues Image geboren, das sich irgendwo innerhalb der Fixpunkte kleiner Verein, radelnde Fans, unkonventioneller Trainer und alternative Studententruppe bewegte. Wenngleich der SC im Laufe der Zeit einige dieser Stereotypen hinter sich ließ, war die allgemeine Wahrnehmung anfänglich doch sehr zutreffend. Verantwortlich dafür waren auch immer wieder Spieler, die völlig anders daherkamen als der Nullachtfünfzehn-Profifußballer. Ein solcher ist Andree Fincke, der in Freiburg bezeichnenderweise schnell zu einem Publikumsliebling avancierte.

Finckes äußere Erscheinung war eine Mischung aus U-Asta-Sprecher und bleichgesichtigem Rastafari. Der Ehrenvorsitz der Kommune Eins hätte ihm ebenso zu Gesicht gestanden wie ein Dasein als ausgestiegener Vollblutveganer, der mit allem Pathos für den Rückzugsraum des Juchtenkäfers zu Felde zieht. Nichts davon ist wahr: Andree Fincke war ein Stürmer, der für den Sportclub 48 Spiele machte und dabei 15 Tore schoss.

Besonders in seiner ersten Saison 1991/92 machte der Norddeutsche auf sich aufmerksam, als er in der Hinrunde durchschnittlich in jedem zweiten Spiel traf. Sein hervorstechendes Merkmal blieben während seiner gesamten Freiburger Zeit die wehenden Dreadlocks, die umso ausladender wehten, je schneller Fincke rannte. Dieser kuriose Anblick erzeugte beim Publikum zunächst noch Erheiterung, bald jedoch Sympathie und Begeisterung über alle Maßen. Gleich zwei Fin(c)kes machten dieser Tage in Freiburg von sich reden, und so kam die noch unorganisierte Fanszene hin und wieder akustisch wie verbal durcheinander, wenn es galt, den »besten Mann« lautstark zu würdigen.

Finckes Engagament war eine typische Freiburger Geschichte. Für 40.000 DM lotste sein Entdecker Volker Finke ihn von den Amateuren des HSV in den Süden. Ein No-Name-Kicker, der wie so viele andere seine beste Zeit in Freiburg hatte und hernach fast vollständig aus dem Licht der Öffentlichkeit verschwand. Finckes Abstieg begann mit der Verpflichtung von Altin Rraklli, der mit dem etablierten Uwe Spies bald den etatmäßigen Sturm bildete. Mit der Ersatzbank wollte Fincke nicht vorliebnehmen und schloss sich nach anderthalb Jahren Freiburg dem VfL Wolfsburg an. Doch auch dort reichte es nur noch für eine Rückrunde, Fincke ging zurück ins Amateurlager und spielte zuletzt sechs Jahre in der Hamburgliga für den SV Lurup. Immerhin die Profession hat er von seinem Entdecker konserviert: Fincke ist nun als Sport- und Gemeinschaftskundelehrer an einer Hamburger Gesamtschule tätig.

GRUND NR. 72

Weil Austin Berry für uns eine starke Minute hatte

Von seinem Urlaub hatte Trainer Volker Finke in jenem Winter 1992 »etwas« ganz Besonderes mitgebracht: den linken Mittelfeldspieler Austin Berry aus Costa Rica. Berry war ein grundsympathischer Bursche, der seinen Fans auch schon mal Autogramme mit »de su amigo Austin Berry« unterschrieb, trotz seines zeitweiligen Commandante-Oberlippenbarts stets nett dreinblickte und von jedem auf Anhieb ins Herz geschlossen wurde. In fußballerischer Hinsicht könnte man über ihn sagen, dass er zwar eher schwach begonnen, dann aber stark nachgelassen hatte. Wenn da nicht eine ominöse Minute gewesen wäre.

Am 10. März 1993 nämlich, im Auswärtsspiel bei Carl Zeiss Jena, gab Berry sein Debüt für den SC Freiburg – und schaffte dort gleich einen Traumeinstand: Nach noch nicht einmal einer Minute schoss er das Führungstor. Dieses Tor schürte große Erwartungen. Doch um es gleich vorwegzunehmen, es blieb die einzig nennenswerte Leistung des Mittelamerikaners. Zwar kam er noch zu weiteren zehn Spielen in der Saison und stieg mit der Mannschaft in die Bundesliga auf. Dort aber reichte es nur noch für einen Teileinsatz gegen Dortmund. Berry verließ Freiburg bald wieder in Richtung Heimat und beendete dort seine Karriere im Jahre 2006.

Die Voraussetzungen für mehr waren dabei eigentlich gar nicht so schlecht. Die linke Seite war ein Freiburger Sorgenkind, Berry war mehrfacher Nationalspieler seiner Heimat, durch seine defensiven Stärken hätte er ein gutes Pendant bilden können zum Sturmlauf der Aufstiegssaison. Leider blieb Berry im Spiel nach vorn aber stets ein Fremdkörper. Es fehlte ihm an Technik und Beweglichkeit, auch im physischen Bereich musste er zahlreiche Sonderschichten absolvieren. In der Summe war es dann doch mindestens eine Klasse Unterschied vom LD Alajeulense zum SC Freiburg, den der Mann aus San José trotz professioneller Einstellung und großem Willen nicht überbrücken konnte. So ist der Name Austin Berry bei vielen längst vergessen oder rangiert nurmehr in der Rubrik »Stimmt, den gab es ja auch mal«. Immerhin aber kann der Mann aus Costa Rica für sich reklamieren, einen der größeren deutschen Kicker als Gegenspieler gehabt zu haben. Am 24. April 1993 kämpfte Berry gegen Mario Basler um das runde Leder und machte dabei übrigens optisch eine weitaus ansprechendere Figur. Der damals für Hertha kickende Altmeister kreuzte nämlich seinerzeit mit D'Artagnan-Flaum, Goldkettchen und schütterer Föhnfrisur auf – und zog mit 2:4 den Kürzeren.

Weil Harry Decheiver für uns knipste

Die Verpflichtung des Niederländers Harry Decheiver hatte nur einen Zweck – der mitunter katastrophalen Freiburger Abschlussschwäche ein Ende zu setzen. Mit großem Erfolg: Der Stürmer war gleich in seinem ersten Spiel an einem Tor beteiligt und traf noch viele weitere Male. Der Klassenerhalt der Saison 1995/96 war im Wesentlichen dem Mann zu verdanken, der durch 28 Treffer beim weitgehend unbekannten Ehrendivisionär Go Ahead Eagles Deventer die SC-Späher auf sich aufmerksam gemacht hatte. Decheiver war das fehlende Puzzleteil im Freiburger Spiel, einer, der den Abschluss suchte und fand, ein Knipser, der nur wenige Chancen brauchte und die Fans mit elf Toren in den ersten 22 Spielen verzückte. Trotzdem wurde sein Auftreten mannschaftsintern bald kritisch gesehen, Decheiver verließ den Sportclub nicht gerade schiedlich-friedlich.

Nach nur einem Sieg aus den ersten 13 Spielen griffen die SC-Verantwortlichen im Herbst 1995 zum ersten Mal in der Vereinsgeschichte richtig tief in die Tasche. Gleich drei Spieler wurden für insgesamt fünfeinhalb Millionen Mark verpflichtet: der blonde Wirbelwind Alain Sutter, der in Dribblings und dem letzten Pass bestach, Nikola Jurčević, ein beweglicher Stürmer, und ebenjener Harry Decheiver. Letzterer hatte aufgrund einer schweren Verletzung einmal bereits zwei Jahre pausieren müssen und galt deshalb trotz seiner 80 Treffer aus 210 Spielen als die Wundertüte unter den drei Neuverpflichtungen. Wunderbar ging es dann aber für ihn los. Gegen Rostock traf er zum ersten Mal für seinen neuen Klub, eine schon verkorkste Hinrunde konsolidierte sich allmählich. Die Rückrunde lief für den Sportclub noch besser. Sie begann mit zwei Remis, zwei Siegen und einem Decheiver-Tor gegen Stuttgart. Wieder einmal war es dann ausgerechnet der deutsche

Rekordmeister, der beim Spiel in Freiburg das Nachsehen hatte. Trotz Klinsmanns Führungstreffer gewann der Underdog am Ende mit 3:1, auch weil der Niederländer zwei Tore beisteuerte – übrigens nach zwei Sutter-Vorlagen. Auch beim 2:0 in Bremen schoss Decheiver beide Tore. Das 1:0 gegen Köln (Endstand 2:0) markierte er ebenfalls. Aus heiterem Himmel war der Sportclub nun Siebter. Auch wenn der Mannschaft bis zum Saisonende nur noch zwei Siege gelingen sollten, glückte der Klassenerhalt mit 42 Punkten souverän. Dass der Verein seiner Philosophie untreu geworden war, indem er sich die Dienste »fertiger« Spieler für vergleichsweise hohe Summen gesichert hatte, wurde mit sportlichen Argumenten kompensiert.

Im zweiten Jahr des knipsenden Harry wurden dann aber schnell dieselben Probleme virulent, die sich schon früh gezeigt hatten: Nicht selten ließ der Niederländer den Frust über eigene Unzulänglichkeiten an seinen Mitspielern aus oder beschimpfte die Schiedsrichter. Da ihm aber selbst – auch bedingt durch eine längere Verletzung – die physischen Grundlagen für das laufintensive Freiburger Spiel fehlten, konnte er an gewohnte Erfolge nicht mehr anknüpfen und traf kaum noch. Zwischenzeitlich verkam der Mann mit den breiten Wangenknochen zur gereizten Diva, die sich im Licht vergangener Erfolge sonnte, derweil die Mannschaft mit gelegentlich blamablen Auftritten immer mehr gen Süden der Tabelle trudelte. Das bislang intakte Mannschaftsgefüge zerbröselte unter sportlichen Misserfolgen und Egoismus vor allem der Stars Decheiver und Sutter zu mehreren Kleingruppen. Da Decheivers sportlicher Nachweis in dieser Phase über einige kläglich versiebte Elfmeter kaum mehr hinausging, zog der Verein die Reißleine und schickte den Holländer – offiziell zur Behandlung einer Verletzung – in die Heimat. Zwar kehrte dieser noch einmal kurz in den Trainingsbetrieb zurück, doch inzwischen waren die Gräben zu tief geworden. Es erfolgte die Trennung. Decheivers Einschätzung zu seinem Freiburg-Engagement (»Ich habe eingeschlagen wie eine

Bombe und bin abgegangen wie eine Rakete.«[38]) gewinnt angesichts dieser Umstände eine ganz neue Sinnrichtung.

Jedenfalls war das Kind bereits in den Brunnen gefallen. Zum ersten Mal in der Vereinsgeschichte und deutlicherweise bereits am 29. Spieltag musste der SC Freiburg aus der Bundesliga absteigen. Auf den Leumund des treffsicheren Holländers wirkte sich das aber kaum aus. Noch Jahre später wurde, immer wenn in Freiburg der Torerfolg ausblieb, konkret bei jeder verstolperten Großchance die nostalgische Gewissheit geäußert, Decheiver hätte diesen Ball natürlich verwertet. Damit nicht genug. Den langmähnigen Stürmer als Knipser zu bezeichnen, würde die Tatsachen gar noch untertreiben – vielmehr wurde dieser Begriff erst für Decheiver geschaffen. Nach seiner Freiburger Zeit blieb er freilich den Nachweis jenes Prädikats überwiegend schuldig. Für den BVB reichte es nur noch zu drei Toren, ein Jahr später beendete er seine Karriere mit 28 Jahren. Inzwischen erscheint uns der Knipser in fahlerem Glanze: Mit gutbürgerlichem Haarschnitt arbeitet er im Personal-Management, nachdem er fast zehn Jahre eine Videothek in seiner Heimatstadt Deventer betrieben hatte.

GRUND NR. 74

Weil Jörg Schmadtke an der Mittellinie herumdribbelte

Jörg Schmadtke ist vielen Fans noch immer als Kultfigur im Gedächtnis. Der Blondschopf bewegte sich in seinen vier Freiburger Jahren fast durchweg zwischen Genie und Wahnsinn. Wenn er einmal nicht sportlich von sich reden machte, sorgte er durch Outfits in den schrillsten Tönen für Aufmerksamkeit. Außerdem nahm er selten ein Blatt vor den Mund.

Schon vor seinem Freiburger Engagement nahm Schmadtkes Karriere nicht eben einen herkömmlichen Verlauf. Zu Düsseldorfer

Zeiten soll er maßgeblich an einer Spielerrevolte beteiligt gewesen sein. Zudem wirbelte der Torhüter gelegentlich im Sturmzentrum, wenn es galt, dem Spiel in den letzten Minuten noch eine Wendung zu geben. Seine Dribbling-Qualitäten stellte er im Breisgau freilich häufiger unter Beweis, als manchem Zuschauer lieb sein konnte. Aus Langeweile oder Gründen, die nur er kannte, jonglierte er ohne Not mit dem Ball an der Mittellinie herum, ging Eins gegen Eins ins Dribbling oder spielte riskante Pässe. Auch wenn diese Einlagen meistens gut gingen, ließ sich der Handschuh-Roncalli doch dann und wann als letzter Mann den Ball abjagen. Etliche brenzlige Situationen, erhöhter Pulsschlag auf den Tribünen und manches überflüssige Gegentor gingen auf die Kappe des blonden Paradiesvogels – was seine Spielweise allerdings nicht unbedingt ändern sollte.

Am Ende seiner Freiburger Zeit standen dann aber doch 131 Einsätze zu Buche, in welchen er sich für viele Anhänger unvergessen gemacht hatte. Am vorletzten Spieltag der Saison 1993/94 rettete er sein Team durch eine Parade gegen den Leipziger Steffen Heidrich vor dem Abstieg. Er absolvierte das Maximum von 34 Spielen in der erfolgreichsten Saison aller Zeiten, als der Sportclub hinter Dortmund und Bremen auf Rang drei einlief. Immer wieder zeigte er in Freiburg sehenswerte Flugeinlagen und kratzte unmögliche Bälle von der Linie. Dennoch konnte man in keiner Minute sicher sein, was er als Nächstes machen würde. Fragwürdige Ehre wurde ihm jedenfalls schon allein dadurch zuteil, dass ein Schaf im Freiburger Tiergehege nach ihm benannt wurde. Die Assoziation zur Haarpracht des Schlussmannes erschließt sich fast zwangsläufig, aber womöglich enthielt der Vorgang noch einen zusätzlichen verkappten Hinweis, denn ebenso unvergessen wie Schmadtkes sportliche Auftritte sind seine verbalen. Zwar blökte er nicht mit ausdrucksloser Mimik in die Mikrofone, aber vielfach gelangen ihm mit wenigen, gelegentlich etwas missmutig vorgetragenen Worten glasklare Statements. Mal stand er nach einem Sieg mit todernster

Miene da, dann wieder begegnete er den Journalisten mit Gelassenheit und demonstrativem Minimalismus.

Schmadtkes Karriere als Fußballer endete, als sein Vertrag in Freiburg nach dem Abstieg 1997 nicht mehr verlängert wurde. Dass dieser Vorgang von freiburgunüblichen Fanprotesten und gar Sitzblockaden begleitet wurde, zeigt seinen Stellenwert bei Teilen der Anhängerschaft. Inzwischen hat Schmadtke sich als Sportdirektor einen Namen gemacht. Nach sechs Jahren bei Alemannia Aachen fungierte er bis April 2013 bei Hannover 96, wo Dirk Dufner – bis dato Sportdirektor beim SCF – seine Nachfolge antrat. Beide Male und auch bei seiner nächsten Station in Köln gelangen unter seiner Regie nennenswerte Erfolge bis hin zum internationalen Wettbewerb. Eine Rückkehr an die Dreisam blieb ihm zuletzt versagt. Im April 2013 reiste er nicht mit in den Breisgau, weil er stattdessen an einer Geburtstagsfeier teilnahm. Schmadtke war seit Sommer 2013 als Sportdirektor beim 1. FC Köln tätig. Ab Sommer 2018 will er den VfL Wolfsburg nach dessen Relegations-Double besseren Zeiten entgegenführen.

GRUND NR. 75

Weil Boško Boškovič für uns sechs Mal das Tor hütete

Boško Boškovič wurde zum direkten Nachfolger Schmadtkes. Der damals 28-Jährige kam als slowenischer Nationaltorwart an die Dreisam und erkämpfte sich den Stammplatz während der Vorbereitung zur Saison 1997/98. Nach dem 1:4 beim ersten Auswärtsspiel in Nürnberg war er diesen freilich bereits wieder los und kam so auf gerade einmal sechs Einsätze im Trikot des SCF.

Der Grund für dieses vergleichsweise kurze Intermezzo ist tragisch, wenn er auch einer gewissen Komik nicht entbehrt. Boškovič litt unter einem Sehfehler, der erst während seines Engagements in Freiburg entdeckt wurde. Gerade bei einem Torhüter ist es fast überflüssig zu erwähnen, dass er nach dieser Diagnose nicht nur den Schaden hatte, sondern auch für den Spott nicht mehr zu sorgen brauchte. Noch Jahre später wurde bei jedem neu verpflichteten Schlussmann von Fanseite die Hoffnung kundgetan, er möge doch wenigstens gut sehen. Was sich dann auch meistens bewahrheitete.

Boškovičs Bilanz liest sich im Übrigen nicht einmal so schlecht: drei Siege, ein Remis, zwei Niederlagen. Zwei Mal spielte er dabei zu null. Richtig danebengegriffen hatte er nur bei ebenjenem Spiel in Nürnberg. Trotz allem verlor der Slowene seinen Stammplatz. Meistens stand im zweiten Aufstiegsjahr Timo Reus, sechs Mal auch Dietmar Hummel im Kasten. Erst durch die Verpflichtung von Richard Golz im Jahr darauf kehrte in Freiburg wieder Kontinuität auf der Torwartposition ein. Boškovič unterdessen verließ den Sportclub wieder in Richtung seiner Heimat, nachdem er im nächsten Jahr nicht mehr berücksichtigt wurde.

GRUND NR. 76

Weil unsere Spieler Marihuana rauchten

»Beim Mittagsmahle erörtere ich mit Schillern die wunderliche Sitte, welche so unter seinen Studiosi Einzug erhalten, nämlich mittels einer Pfeife ein süssliches orientalisches Harz abzubrennen, über dessen erheiternde Kraft viel Lob zu hören sei. Nach einem angeregten Gespräch (…) schlug ich gerne in Schillers Vorschlag ein, sich morgigen Tages an eine Oertlichkeit zu begeben, um in Geselligkeit jenes vielgerühmte Kraut zu rauchen, da hier, wie oftmals, nur naturhafte Anschauung hilft.«[39] Diese, Goethes erste Erfahrung mit dem Rauschmittel endet weniger verheißungsvoll, als die einleitenden Worte vermuten lassen. Am Ende ist es der andere der beiden größten deutschen Dichter, der mit dem Kopf auf einem leeren Wurstteller einschläft. Hanfprodukte stehen also nicht unbedingt in dem Ruf, besonders agil zu machen. Gleichwohl sind auch Leistungssportler immer wieder damit in Kontakt gekommen. Knüpfen wir an die beiden vorherigen Kapitel an und beginnen mit einem Torhüter! Alexander Walke stand für den Sportclub von 2005 bis 2008 zwischen den Pfosten und absolvierte währenddessen 74 Partien. Geholt hatte ihn Volker Finke, der offenbar kein Problem darin sah, dass Walke bei Werder Bremen wegen Kiffens aufgefallen war. Bei einer Dopingkontrolle nämlich wurde Walke Cannabiskonsum nachgewiesen. Der Mann aus Oranienburg musste 10.000 Schweizer Franken Strafe berappen. Dabei war ihm nicht ganz klar, warum sein Joint als Doping eingestuft wurde. In einem Interview sagte er: »Klar ist Cannabis nicht leistungsfördernd, im Gegenteil. Ich konnte ja danach nicht weiter schießen oder höher springen. Natürlich gibt es da Relationen im Vergleich zu anderen Dopingmitteln. Aber es ist nunmal eine Droge und insofern war die Strafe für mich auch angemessen.«[40]

Einen besonders schläfrigen Eindruck hinterließ Walke an der Dreisam jedenfalls nicht. Mit seinen spektakulären Paraden, aber auch gelegentlichen Aussetzern erinnerte er ein wenig an Jörg Schmadtke. Ein Torwart mit guten und schlechten Tagen, vom Typ her gänzlich anders als etwa der grundsolide Richard Golz. Walkes Dienste waren danach immer noch gefragt. Später stand er in Salzburg im Tor, bei jenem Klub, der den Namen von einem Getränk mit stimulierender Wirkung erhielt. Ein Schelm, wer Böses dabei denkt.

Die Tradition der kiffenden Freiburg-Spieler beginnt allerdings schon ein paar Jahre früher. Bereits 2001 hatte Volker Finke nämlich Ibrahim Tanko nach Freiburg gelotst. Der Ghanaer galt als fußballerisches Juwel aus der Generation Ricken, hatte sich in Dortmund aber zugleich dadurch einen Namen gemacht, dass er auch abseits des Fußballfelds auf Gras steht. Bis er vom BVB deswegen suspendiert und so für Freiburg überhaupt bezahlbar wurde. Den Beweis seiner ganz großen Leistungsfähigkeit blieb der wendige Stürmer hier allerdings schuldig. In 106 Spielen für die Breisgauer schoss er gerade einmal fünf Tore. Aufgrund seiner technischen Qualitäten und seines Wertes als Anspielstation kam er unter Volker Finke zu regelmäßigen Einsätzen. Nach einiger Zeit zog diese Maßnahme breiten Unmut im Freiburger Publikum nach sich, stand doch Tanko im Ruf des uneffektiven Schönspielers. Dass der Sportclub zu Tankos Zeiten mit nur 18 Punkten aus der Bundesliga abgestiegen war und auch im nächstfolgenden Zweitligajahr zunächst alles andere als erfolgreich spielte, ist nicht gerade auf der Habenseite des dreimaligen ghanaischen Nationalspielers zu verbuchen. So oder so – alte Liebe rostet nicht: Nach Beendigung seiner Karriere zog Tanko mit Volker Finke zunächst gen Nippon, um ihn später auch noch nach Köln zu begleiten. Auch in einem anderen Punkt war er in Freiburg nicht allein. Sein Kompagnon aus Dortmunder Zeiten, Wladimir But, stand nämlich gleichfalls nicht in dem Ruf, unmittelbar nach dem Sandmännchen ins Bett zu gehen. Aber das ist eine andere Geschichte.

GRUND NR. 77

Weil Rolf-Christel Guié-Mien für uns nur in einem Benefizspiel traf

Dass in Freiburg Stürmer keine Tore schießen, ist nicht nur ein viel bemühter Stammtisch-Vorwurf. Ibrahim Tanko ist nur ein Beispiel von langjährigen Stammspitzen, deren Hauptnachweis vieles, nur nicht zuerst der vollendete Abschluss war. Gelegentlich kulminierte diese Erkenntnis sogar in der halb selbstironischen, halb ernüchterten Behauptung, dass Stürmer, die anderswo erfolgreich waren, in Freiburg gar das Toreschießen verlernt hätten. Ohne dies im Detail zu überprüfen, würde Rolf-Christel Guié-Mien in dieser Rubrik auf alle Fälle seinen Mann stehen. Acht Tore hatte der Kongolese bis zur Winterpause der Saison 2002/03 für Eintracht Frankfurt erzielt und damit die Zweitliga-Torjägerliste angeführt. Ein Techniker vor dem Herrn, ein begnadeter Fußballer, vielseitig und gefährlich im Abschluss. Im Winter verpflichtete ihn deshalb der Sportclub.

Man kann nicht sagen, dass Guié-Mien in Freiburg schlecht gespielt hätte. Er ging gewohnt ansehnlich mit dem Spielgerät um, hatte dynamische Szenen, kurzum, er passte gut ins ballorientierte Spiel der Finke-Elf. Doch während seiner anderthalb Jahre in Freiburg wollte ihm einfach partout nichts Zählbares gelingen. Seine Horrorbilanz wies am Ende null Tore und null Vorlagen aus 25 Einsätzen aus. Es war einfach wie verhext.

Seinen größten persönlichen Auftritt – es ist kein Scherz – hatte Guié-Mien dann in einem Benefizspiel zur Darmkrebsvorsorge. Drei Minuten vor dem Ende traf er aus fünf Metern zum vorentscheidenden 3:1 in einem sportlich bedeutungslosen Kick. Bitterer könnte es nicht sein, doch wir müssen zum Leidwesen des Stürmers noch einen draufsetzen. Denn dass die Felix-Burda-Stiftung an diesem 29. März 2004 unter der Überschrift »SC Freiburg gegen Bundesliga All Stars« ins Dreisamstadion geladen hatte, verschweigt höflich, dass eine der beiden Mannschaften mehr oder weniger aus Frührentnern bestand. Jürgen Kohler und der ewige »Charly« Körbel bildeten eine Defensive mit eher überschaubarem Laufpensum. Zumal vor ihnen mit Holger Fach, Michael Preetz, Olaf Thon und Friedhelm Funkel auch eher die Fraktion Fleischmütze ihr Stelldichein gab. Überhaupt gingen die »All Stars« schon seit der Anfangsphase den meisten Zweikämpfen ganz gentlemanlike aus dem Weg. So hart es auch ist, selbst dieses eine Tor ist irgendwie kein Ganzes.

Der bewegliche Kongolese mit dem merkwürdigen deutschen Vornamen hat sich von seiner Freiburger Zeit wohl auch nicht mehr so ganz erholt. In den folgenden sechs Profijahren bei Köln und Paderborn wollten Guié-Mien gerade noch drei Tore gelingen. Einzig bei einem zwischenzeitlichen Gastspiel in der Regionalliga Nord mit Rot-Weiss Essen traf er neun Mal.

Weil Yacine Abdessadki für uns Shampoo klaute

Es gab einige bemerkenswerte SC-Spieler mit Maghreb-Wurzeln, und der kurioseste von ihnen ist mit Sicherheit Yacine Abdessadki, der zwischen 2008 und 2011 für den Sportclub in 87 Spielen fünf Tore erzielte. Abdessadki, der auch im Dress der marokkanischen Nationalelf auflief, war ein offensiver Mittelfeldspieler mit Halbmarathonqualitäten. Allemal ein guter Fußballer, vor allem aber einer, dem auf dem Platz öfter mal der Gaul durchging. Unvergessen die Szene vom April 2009, als Abdessadki im Spiel gegen den FC St. Pauli seinem Gegenspieler Thomas Meggle im Stile von Mike Tyson nach der Nase schnappte. Darauf angesprochen, sagte Abdessadki später in einem Interview: »Ich bin eben ein temperamentvoller Typ. Ein Antreiber. Ich hasse es, zu verlieren. Und ich komme aus Nizza. Bei uns am Mittelmeer gibt es den Begriff ›la grinta‹. Ich würde das mal frei übersetzen mit ›Das Feuer, unbedingt gewinnen zu wollen‹.«[41]

So weit, so gut. Der Heißsporn erwies sich im Weiteren allerdings nicht nur als feurig, sondern auch als einer, der mit Auto-Schiebereien und Shampoo-Diebstahl in Verbindung gebracht wurde. Im Januar 2011 hatte er sich vor dem Freiburger Amtsgericht wegen versuchten Versicherungsbetrugs zu verantworten, da er seinen BMW X6 wider besseres Wissen als gestohlen gemeldet hatte. In Wahrheit wurde der Geländewagen entdeckt, als er gerade nach Mauretanien verschifft werden sollte. Unweigerlich erinnern wir uns in diesem Zusammenhang an den Kult-Choral der Frankfurt-Fans vor starken zwei Jahrzehnten: »Schiri, wir wissen, wo dein Auto steht. Gaudino hat's, Gaudino hat's.« Den Strafprozess jedenfalls überstand Abdessadki mit einem blauen Auge. Er musste aber eine Geldauflage von 25.000 Euro zahlen, weil er bei Polizei und Versicherung vorsätzlich falsche Angaben gemacht hatte. Die krude Hotel-Shampoo-Affäre vor der 0:4-Niederlage des SC am 10. Dezember im Bundesligaspiel beim 1. FC Köln kostete Abdessadki dann aber doch den Job, wenngleich die Führung des Sportclubs im Nachhinein wegen des miesen Konfliktmanagements als der eigentliche Dubel dastand. Der Verein hatte dem Marokkaner nämlich fristlos gekündigt, als das Kölner Hotel eine Rechnung für eine oder mehrere verschwundene Shampooflaschen geschickt hatte. An der Schwarzwaldstraße ging man davon aus, Abdessadki habe die Pflegeprodukte geklaut, was sich vor dem Freiburger Arbeitsgericht aber nicht beweisen ließ. Vielmehr räumte Abdessadkis Stubenkamerad Garra Dembélé ein, er hätte die Flaschen an der Rezeption bestellt und eine davon an Abdessadki weitergegeben. Seltsamerweise erhielt der wohlgeschäumte Dembélé keine Kündigung, was den Verdacht nach sich zog, der SC wollte Abdessadki irgendwie loswerden. Das ist letztlich auch gelungen, freilich auf die teure Tour, denn Abdessadki, der im Übrigen bis auf Weiteres vereinslos war, erhielt eine dicke Abfindung.

Es bleiben zwei Fragen aus dieser Geschichte zurück. Erstens, warum um alles in der Welt lassen gut verdienende Bundesligaprofis Shampoo in einem Hotel mitgehen? Und zweitens, mit was für einem Humbug müssen sich eigentlich deutsche Arbeitsgerichte befassen?

GRUND NR. 79

Weil »Mo« Idrissou für uns traf

Mohammadou Idrissou wird man in Freiburg und anderswo so schnell nicht vergessen. Nur, in den ersten Spielen schien das Ganze noch nichts historisch Bedeutsames werden zu können. Idrissou – völlig außer Form von Duisburg an die Dreisam gewechselt – agierte anfangs irgendwo zwischen Abrissbirne und Stolpergustl. Pässe schlug er, als hätte der Zeugwart seine Kickstiefel durch Bügeleisen ersetzt. Zudem ignorierte er fast ein halbes Jahr lang konsequent

175

die Existenz der Abseitsregel. Trainer Robin Dutt hielt trotzdem an ihm fest, und nach und nach entwickelte sich der Kameruner zu einem Leistungsträger. Mit Idrissou stieg der Sportclub nach längster Abstinenz vom Oberhaus wieder auf. Er war kämpferisches Vorbild, Torgarant, Integrationsfigur für junge Spieler und Anführer der frankofonen Garde um Pouplin, Abdessadki und Jäger. Außerdem intonierte er das legendäre »Oh – hejo« von »SC Freiburg vor …« geradezu meisterlich.

Das Freiburger Spiel verlor in dieser Phase zwar optisch an Qualität, gewann aber an Durchschlagskraft – für viele Fans der längst überfällige Strategiewechsel nach der L'art-pour-l'art–Spielweise, für die Volker Finke in seiner Endphase viel Kritik einstecken musste. Statt 2:4 hieß es nun öfter mal 1:0. Im Gegenzug musste man sich von den Rängen aus statt gepflegtem Kurzpass etwa 40 Mal pro Halbzeit folgenden »Spielzug« ansehen: Heiko Butscher hinten links, hoher Ball in die Spitze aufs Haupt des langen Idrissou, der verlängert, und alles Weitere folgte oft dem Prinzip Hoffnung.

Aber auch dank Idrissous neun Toren gelang dem Sportclub in einer lange sehr schwachen Saison (unter anderem elf Spiele in Serie ohne Sieg) letztlich der Klassenerhalt durch ein 2:2 in Köln. Irgendwie schien ihm das wohl etwas zu viel Selbstvertrauen zu geben. Er lehnte sich bei den Vertragsverhandlungen so weit aus dem Fenster, dass der Verein nicht mehr mitgehen wollte oder konnte. Unterdessen informierte er seine Mitspieler, er habe ohnehin keine Lust mehr, mit ihnen auf dem Platz zu stehen, da er in der nächsten Saison lieber Champions League spielen wolle. Sein daraufhin erfolgter Wechsel zu Borussia Mönchengladbach indes verfrachtete ihn in weniger blühende Landschaften der Tabelle. Als er mit seinem neuen Arbeitgeber als Tabellenletzter mit 0:3 in Freiburg unterging, richteten die Freiburg-Fans ihm von der Tribüne einen musikalischen Gruß aus, der einer der Youtube-Renner der nächsten Tage war:

Idrissou spielt Champions League, auf PS 3,
die ganze Nacht, von zwölf bis acht!

Der Freiburger Anhang hatte auch allen Grund zur Freude. Denn wider Erwarten verlief nicht nur die gesamte Saison sehr erfolgreich, sondern man hatte auch den Weggang Idrissous durch die Verpflichtung von Papiss Demba Cissé mehr als kompensiert. Letzterer traf auch gegen Gladbach zwei Mal, während sich Idrissou schon zur Halbzeit den Rücken abseifen konnte.

Später aber zeigte sich der Kameruner von diesem Tiefschlag recht erholt. Dem inoffiziellen »Mr. Aufstieg« gelang das Kunststück nämlich bereits mit drei Vereinen, und jedes Mal hatte er mit seinen Toren entscheidenden Anteil daran. Nur mit Kaiserslautern scheiterte er 2013 an der Relegation. Dafür machte er dort durch andere Eskapaden von sich reden. Nach einer Niederlage in Cottbus im Frühjahr 2013 schlug er vor laufender Kamera zunächst verbal auf seine Mitspieler ein (»Wir sind die dümmste Mannschaft der 2. Liga«). Anschließend verkündete er nach einem unübersichtlichen Gedankengang die Erkenntnis, dass er nicht homosexuell sei, sondern über eine wahre Männerkörpersprache verfüge und der Schiedsrichter dieselbe deshalb ungerechtfertigterweise kritisiert habe. Ob man ihm solcher Statements wegen in Kaiserslautern auch irgendwann ein Lied widmen wird?

GRUND NR. 80

Weil unsere Stürmer vom Fahrrad fallen und im Lotto gewinnen

Im Sommer 2013 verpflichtete der Sportclub einen Routinier für den Sturm. Die Rede ist von Mike Hanke, der in zahlreichen Vereinen zuvor seine Treffsicherheit unter Beweis gestellt hatte. Der Start verlief holprig für den Sturmtank: Bereits nach wenigen Minuten musste er bei der Saisoneröffnung gegen Athletic Bilbao mit einer Muskelverletzung vom Platz. Hanke bekam sodann punktuelle Einsätze, vollends eingeschlagen hat er in Freiburg nie. Symptomatisch war vielleicht sein Auftritt beim Euro-League-Auswärts-spiel in Sevilla Anfang Oktober. Als Leader einer besseren A-Jugend aufgeboten, blieb er über 90 Minuten ohne Wirkung, der Sportclub verlor sang- und klanglos mit 0:2 gegen den späteren Wettbewerbs-sieger. Einige Tage darauf besuchte Hanke die Freiburger Lokali-tät »Waldsee«. Diese ist bekannt für ihre »Montage«-Events um den DJ-Guru Rainer Trüby, nach welchen schon mancher frisch gebackene Abiturient im angrenzenden Weiher gelandet sein soll. Ganz so feucht war der Abgang Hankes dann doch nicht, bei seiner Heimfahrt mit dem Rad brach er sich allerdings die Mittelhand. Bald kehrte er aufs Feld zurück, zunächst mit Manschette, aber ohne Fortune. Am Ende seiner einzigen Freiburger Saison standen 22 Einsätze, drei Tore, zwei Vorlagen und der Abgang nach China. Wenngleich Hanke sich schon vor seinem Wechsel in den Breis-gau im rosa Hasenkostüm zum Junggesellenabschied in Bangkok einfand, war er kein Skandal-Profi. Vielleicht am ehesten der Typ Lausbub, dem man dann irgendwie doch verzeiht. Auch Christian Streich betonte stets die professionelle und menschlich einwand-freie Haltung des blonden Stürmers. Gleichwohl war es Hankes letzte Profi-Station in Deutschland. Nach kurzem Intermezzo im Reich der Mitte machte Hanke zunächst eine Pause, in der er auch ein Fußball- bzw. Lifestyle-Portal namens tivela.com ins Leben rief. Zum 1. Januar 2018 schloss sich für den Globetrotter übrigens ein Kreis. Als 34-Jähriger kehrte er zu seinem Jugendverein TuS Wie-scherhöfen in die Landesliga zurück.

Einen blonden Lausbub-Stürmer gab es übrigens auch schon unter Robin Dutt. Der Däne Tommy Bechmann war mit großem Talent gesegnet und für den Sportclub eigentlich nur erschwinglich, weil er immer wieder Verletzungen mit sich herumgeschleppt hatte und entsprechend günstig zu haben war. In Bochum erschien er mit langer blonder Mähne, was ihm unter Peter Neururer den Spitz-namen Kurt (in Anlehnung an sein musikalisches Vorbild Cobain) einbrachte. Nach seiner Knie-OP folgte jedoch kein Nirvana, sondern der Wechsel zum Sportclub und größere physische Stabilität dank eines Wackelbretts. 54 Einsätze stehen für Bechmann an der Dreisam zu Buche, acht Tore und ebensoviele Vorlagen. Der Däne oszillierte dabei immer wieder zwischen Welt- und Kreisklasse. Mal schlich er mit gebückter Haltung haareraufend im Niemandsland herum und produzierte einen Stockfehler nach dem anderen. An guten Tagen wirbelte er die gegnerischen Abwehrreihen durcheinander oder versenkte Fallrückzieher in den Maschen wie gegen den MSV Duisburg. »Tommy, wie hast du des Tor gemacht?«, wollte ein kleiner Fan nach dem Spiel wissen. »Das weiß ich auch nicht so genau.« Der Stürmer blieb stets bodenständig und bescheiden, auch nach dem überraschenden Ereignis, das sich erst nach seiner aktiven Karriere ereignete. Im Oktober 2017 – Bechmann weilte gerade im Spanien-Urlaub – informierte ihn die »Danske Spil« über einen Gewinn von fünf Millionen Kronen in der Lotterie. Bechmann spielt immer mit den gleichen Zahlen, nämlich den Geburtsdaten seiner Kinder. Was er mit den umgerechnet fast 700.000 Euro machen will, wusste der Däne ebenfalls noch nicht genau. »Die Reisen im Winter werden jetzt mit Sicherheit länger werden.«[42]

GRUND NR. 81

Weil Karim Guédé Musik ins Freiburger Spiel bringt

Aufgrund fußballerischer Großtaten wird man Karim Guédé in Freiburg wohl nicht in Erinnerung behalten. Eigentlich im defensiven Mittelfeld beheimatet, stellte ihn Christian Streich meistens im Sturm auf. In dreieinhalb Jahren Freiburg machte der slowakische Nationalspieler 76 Bundesligaspiele und trug sich dabei sechs Mal in die Torschützenliste ein. Selten kam er dabei über den Status des Ergänzungsspielers hinaus. Das Spiel des kantigen Mannes ist geprägt von großem Einsatz und Kampf, die technische Komponente kommt darüber aber meist etwas zu kurz. Aus diesem Grund musste er sich während einiger Heimspiele Pfiffe und Spott einiger sogenannter Fans anhören. Doch davon ließ er sich nicht beirren. In einer unvergesslichen Szene bereitete Guédé im letzten Heimspiel der Saison 2014/15 den 2:1-Siegtreffer gegen Bayern München vor. Ende November 2015 katapultierte er sein Team an die Tabellenspitze, als er in der 89. Minute den Siegtreffer in Heidenheim erzielte.

Guédé ist einer, der die gegnerischen Abwehrreihen mitunter vor Probleme stellt, weil er nicht lange fackelt, sofort draufgeht und sich im Zweikampf besser behauptet als manch beweglicher Offensivwirbler. Immer wieder leistet er wichtige Dienste bei der Balleroberung und kämpft für sein Team bis zum Umfallen. Den Respekt der Fans hat er sich deswegen längst für alle Ewigkeit gesichert.

Auch am 28. April 2012 zeigte Karim Guédé bei der Nichtabstiegs-Feier des SCF im Dreisamstadion ein bislang unbekanntes Talent. Er begeisterte Fans und Mannschaftskollegen mit einer spontanen Beatbox-Einlage. Das heißt, er imitierte Schlagzeug, Stimmen und Plattenspielergeräusche mit Mund, Nase und Rachen. Beatboxing kennt man aus dem Hip-Hop, und tatsächlich wurde Guédé wie kein Zweiter aus dem aktuellen SC-Kader durch Hip-Hop sozialisiert. Allerdings war Guédé, der in Hamburg aufwuchs und Samy Deluxe als sein damaliges Rapper-Idol titulierte, in erster Linie Tänzer. Das Beatboxen übernahm er von zwei Freunden: »Wir sind zu dritt in Clubs aufgetreten und haben an Battles teilgenommen. Die beiden haben gebeatboxt, ich habe dazu getanzt. Wenn du die ganze Zeit mit zwei Typen unterwegs bist, die beatboxen, lernst du's automatisch.«[43] 2004 gewann Guédé bei den Newstyle-Tanzmeisterschaften in Hamburg den zweiten Platz. Als er 2005 beim HSV anfing, hängte er die Tänzerkarriere jedoch an den Nagel. Den SC-Fans bleibt die Hoffnung, dass es bald wieder einen Anlass gibt, bei dem der Mann mit den togolesischen Wurzeln sein Rhythmusgefühl unter Beweis stellen kann.

6. KAPITEL

TYPISCH FREIBURG

VON EIGENHEITEN UND MACHERN
DES ETWAS ANDEREN BUNDESLIGAVEREINS

Weil Achim Stocker der beste Präsident war

Achim Stocker ist das Gesicht des Sportclub Freiburg. Er erlebte mit seinem Verein alles: durchwachsene Auftritte im südbadischen Amateurfußball, solide Zweitligazeiten und glanzvolle Bundesligaspiele. Seine Tugenden prägen den Verein bis heute: Bescheidenheit, Pragmatismus, Sachverstand und Bodenhaftung. Wie eng die Bindung Stockers an den Verein war, zeigt die Tatsache, dass im Volksmund lange vom SC Stocker die Rede war.

Achim Stocker stammt aus Konstanz am Bodensee. Er studierte Jura und schloss sich als junger Mann dem SC Freiburg als Spieler an. Später wechselte er in die Funktionärsebene und bekleidete das Amt des dritten Vorsitzenden. 1972 wurde er, obwohl gar nicht anwesend, zum Präsidenten des Vereins gewählt, was er im Nachhinein annahm. Bis in die 80er-Jahre hinein stand Stocker mit seinem Verein jedoch stets im Schatten des Lokalrivalen Freiburger FC. Obwohl er den SC zuvor bereits in die 2. Liga Süd und 1981 sogar in die eingleisige 2. Liga geführt hatte, wollte sich zu seinem Ärger kein rechtes öffentliches Interesse einstellen. Doch der Regierungsdirektor der Oberfinanzdirektion arbeitete weiter hart für seinen Sportclub, zog durch Südbaden und später halb Baden-Württemberg, um gute und vor allem bezahlbare Spieler an die Dreisam zu locken.

Immer erwies er sich dabei als Sextant des sportlichen Wegs, als Seismograf für das Erforderliche: Als sein größter Coup gilt die Verpflichtung des bis dahin kaum bekannten Volker Finke als Cheftrainer, unter welchem der SC in die Bundesliga aufstieg und sich zwei Mal für den europäischen Wettbewerb qualifizierte. Obwohl beide kaum unterschiedlicher hätten sein können, stand Stocker auch in schwierigsten Zeiten zu seinem Trainer und schuf damit die Grundlage für eine kontinuierliche Entwicklung sowie zahllose strukturelle Weichenstellungen, von welchen der Sportclub noch heute in hohem Maße profitiert.

Apropos Kontinuität, Achim Stocker war der dienstälteste Vereinspräsident im deutschen Profifußball. Er blieb bis zum 1. November 2009 sage und schreibe 37 Jahre durchgängig im Amt. Die Nachricht von seinem Tod versetzte Mannschaft, Verein und eine ganze Region in Schock. Die Worte Heiko Butschers, des damaligen Mannschaftskapitäns, stehen stellvertretend für viele: »Es herrschte unendliche Trauer in der Kabine und es gab einige Tränen. Wir wollen versuchen, uns zu konzentrieren, aber das ist nicht leicht. Das nächste Spiel am Samstag in Bochum wollen wir für unseren Präsidenten gewinnen.«[44]

GRUND NR. 83

Weil Achim Stocker die Plakate zum Spiel selbst klebte

Achim Stocker hatte sein Leben dem Verein vermacht. Und sich damit immense Anstrengungen aufgebürdet. Denn besonders an einer Grundvoraussetzung mangelte es dem Sportclub in geradezu notorischer Weise: Geld! So wurde Stocker, wie er später nicht ohne Bitterkeit feststellte, zum Bettelkönig der Region. Er zog umher und hielt den Hut auf, weil Spieler und Trainer bezahlt, weil alle Rädchen des Vereinsmotors am Laufen gehalten werden mussten. Irgendwie gelang es ihm immer, den Sportclub schuldenfrei zu halten, auch wenn er dabei nicht selten und zu seinem eigenen Leidwesen das personelle Tafelsilber unter die Leute bringen musste. Wie groß der Aderlass auch war – der passionierte Kartenspieler Stocker hatte stets noch ein Ass im Ärmel. Und wenn er dazu – es ist kein Scherz – eine Hypothek auf das eigene Haus aufnehmen musste. Immer wieder lief eine konkurrenzfähige Mannschaft auf, auch in größter wirtschaftlicher Not stimmte am Ende der Saldo.

Achim Stocker ordnete alles im Verein der finanziellen Machbarkeit unter. Drohte sich die Waage ins Ungute zu neigen, legte er selbst Hand an. Wie weit er dabei ging, zeigen Anekdoten noch aus den 80er-Jahren, als der Vereinspräsident mit hochgeklapptem Mantelkragen und Kleistereimer loszog, um die rot-weißen Spielplakate eigenhändig an die Litfaßsäulen zu pinseln. Er schmierte, wie sich etwa Uli Hoeneß erinnerte, selbst »noch hemdsärmelig im VIP-Raum die Brötchen (…), als es dem Klub noch nicht so gut ging«.[45] Auch Briefe an die Vereinsmitglieder warf Stocker schon mal selbst in den Postkasten, um auf diese Weise das Porto zu sparen. Auch dann, als die Geschäftsstelle längst personell aufgerüstet war, rückte der Präses nicht von seinen Prinzipien ab. Dies bekam auch Manager Andreas Rettig zu spüren, welcher einst von Stocker zur Rede gestellt wurde, weil er nach dessen Geschmack zu viel Geld für ein paar Aktenordner ausgegeben hatte. Ähnlicher Kritik sah sich bekanntlich auch der ein oder andere Trainer ausgesetzt, wenn er eine zu ausladende, will sagen, kostenintensive Telefonkultur gepflegt hatte. In jeder seiner Entscheidungen war es spürbar: Stockers Beruf als Finanzdirektor war auch seine Berufung. Er war der ruhende Pol des Vereins in einer sich schnell wandelnden Umgebung – auch wenn oder vielleicht gerade weil er Gewohnheiten etabliert hatte, die aus heutiger Sicht mindestens kurios erscheinen.

GRUND NR. 84

Weil Vertragsverhandlungen im Finanzamt stattgefunden haben

Zu ebendiesen kuriosen Gewohnheiten gehörte auch die gelegentliche, vor allem in den Anfangsjahren betriebene Praxis, Treffen mit Spielern in der Finanzdirektion Freiburg abzuhalten. Der Grund war simpel. Solange sich Achim Stocker bei der Arbeit befand, war die Geschäftsstelle an der Schwarzwaldstraße praktisch nicht besetzt. Und da er lange Zeit der Einzige war, der über Verträge und deren Ausgestaltung verantwortlich zeichnete, und überdies die Räumlichkeiten am Stadion ein eher spartanisches Ambiente boten, liefen immer wieder potenzielle Neuzugänge in den Fluren an der Stefan-Meier-Straße auf. Mitunter warteten sie dort auch, bis Stocker von seinem Friseurtermin in der nahen Kandelstraße zurückgekehrt war. Manchen Stürmer soll der Präsident allerdings auch von der Autobahn weg verpflichtet haben.

Was klingt wie die wichtigtuerischen Possenspiele eines Provinzmagnaten, war in Wirklichkeit nicht nur die Ausnahme, sondern auch alles andere als unseriös. Andreas Zeyer, der 402 Spiele für den Sportclub machte, erinnert sich: »Achim Stocker war bekannt dafür, dass er immer ein gutes Auge für Talente hatte. (…) Er hat auch mich und meinen Bruder Michael (…) damals persönlich angesprochen und kam für die Vertragsverhandlungen zu uns nach Hause in die Nähe von Stuttgart. Wir hatten über all die Jahre immer ein korrektes Verhältnis und nie ein Problem miteinander. Mit ihm einen Vertrag abzuschließen ging immer fünf Minuten, weil man immer davon ausgehen konnte, dass er einem ein faires Angebot macht. Ich hatte da bei ihm immer das Vertrauen, dass ich meinem Stellenwert entsprechend bezahlt werde.«[46]

Stocker betrieb – das ist nun schon mehrmals deutlich geworden – einen immensen Aufwand für den Verein. Dies wird noch klarer, wenn man weiß, dass Stocker alles ehrenamtlich machte. Vielleicht ist das der Grund, warum er die Realitäten, vor allem aber die zwischenmenschliche Ebene, nie aus dem Auge verlor. »Bevor ich im September 1978 zum SC in die zweite Liga kam«, blickt der frühere SC-Torwart Günther Wienhold zurück, »hatte ich mich bei meinem Verein Eintracht Frankfurt schwer verletzt und war ein Jahr lang außer Gefecht gewesen. Eigentlich sollte ich damals nach Amerika verkauft werden. Aber ich brauchte zuvor Spielpraxis, und die sollte ich mir eine Saison lang beim SC holen, der damals

Tabellenletzter mit 0:10 Punkten war. Achim Stocker hat damals zu mir gesagt: ›Wenn Sie zu uns kommen, dann bekommen Sie Spielpraxis, denn Sie werden bei uns in einer Schießbude stehen.‹ Gleich in meinem ersten Spiel hat der SC dann 4:3 gewonnen und am Ende die Klasse gehalten. Ich bin dann beim SC geblieben. Bei den Vertragsverhandlungen galt für Stocker immer das gesprochene Wort, das war ihm wichtiger als schriftliche Abmachungen nach dem Motto ›Papier ist geduldig‹. Diese Zuverlässigkeit, ich fand das einen großen Vertrauensbeweis. Achim Stocker war Tag und Nacht für uns ansprechbar, der SC war sein Ein und Alles.«[47]

GRUND NR. 85

Weil Achim Stocker Heimspiele nie im Stadion anschaute

Wenn der Erste Vorsitzende eines Vereins während eines Spiels im Wald spazieren geht, kann man ihm schon mal Desinteresse an der gemeinschaftlichen Sache vorwerfen. Bei Achim Stocker ist das genaue Gegenteil der Fall. Er hatte Herzprobleme und fühlte sich irgendwann nicht mehr in der Lage, einem Spiel live beizuwohnen, geschweige denn ins Stadion zu gehen. Statt sich der ganzen Aufregung, dem Mitfiebern und den Emotionen auszusetzen, schnappte sich Mister Sportclub also regelmäßig am Samstagmittag Hundeleine und Allwetterklamotten und ging hinaus in den nahen Wald.

An ganz guten Tagen setzte sich Stocker auch gern mal auf das Fußende seines Sofas und schaute in den Videotext. Ansonsten erfuhr er vom Ergebnis aber meist erst nach Spielschluss. Erst dann – gewissermaßen also nach mentaler Vorbereitung – fühlte er sich auch in der Lage, ganz in Farbe anzuschauen, was seine Mannen denn so fabriziert hatten. Es bürgerte sich über die Jahre ein, dass Achim Stocker eine Videoaufzeichnung des Spiels am nächsten Tag anschaute – allerdings nicht allein. In der Regel geschah das vielmehr in trauter Zweisamkeit mit Volker Finke. Die beiden fanden Gefallen daran, stundenlang über Fußball zu fachsimpeln und die Szenen rauf und runter laufen zu lassen. Vermutlich überzeugte sich Stocker während dieser Treffen auch vom großen fußballerischen Sachverstand des Norddeutschen. Denn irgendwann – bislang hatte es Stocker meist anders praktiziert – überließ er jenem den sportlichen Bereich und alle dazu notwendigen Entscheidungen fast völlig. Mit den nachhaltigen Konsequenzen einer Umstrukturierung der gesamten Fußballabteilung. Eines hat sich aber auch in den erfolgreichsten Freiburger Zeiten nicht geändert: Achim Stocker wollte sich kein Spiel im Stadion ansehen.

GRUND NR. 86

Weil Fritz Keller die Unterschrift seines Vaters fälschte, um kicken zu dürfen

Achim Stockers Nachfolger, der Kaiserstühler Winzersohn Fritz Keller, hatte ebenfalls und eigentlich schon von klein auf eine gewisse Distanz zum satten Grün, wenn auch aus anderen Gründen als sein Vorgänger: »Ich durfte nicht kicken, weil ich arbeiten musste. Ich begann erst mit dem Spielen, als ich die Unterschrift meines Vaters nachmachen konnte.«[48] Der kleine Fritz legte also beim TuS Oberrotweil eine getürkte Einverständniserklärung vor. Zu vielen Einsätzen kam er dennoch nicht, denn: »Am Sonntag, an dem ja in unteren Ligen meist die Spiele stattfinden, war bei uns Betrieb. Da musste ich helfen. Buffetdienst, Service.« Keller stuft sein fußballerisches Können als »sehr beschränkt« ein. »Ich war zwar sehr schnell, aber der Ball war nicht mein Freund.« Seltsam, will man ausrufen, wo doch Kellers Patenonkel kein geringerer war als Fritz Walter. Da tröstet es doch ein wenig, dass Kellers drei Söhne allesamt selbst Fußball spielen.

2013 war auch abseits des Kickplatzes ein bewegtes Jahr für den 56-Jährigen. Im Juli eröffnete er in Oberbergen sein neues Weingut samt »Kellerwirtschaft« – neben »Adler« (Michelin-besternt seit 1969) und »Rebstock« die dritte Gastronomie des umtriebigen Sommeliers. Außerdem kündigte Keller im Oktober an, mit Rothaus-Chef und Sponsor-Partner Christian Rasch zu kooperieren. Ein spezieller Rothaus-Whiskey soll nun in Kellers Rotwein-Fässern reifen. Im Übrigen ist auch Fritzens älterer Bruder Franz Keller ein Spitzengastronom. In Hattenheim im Rheingau führt er die renommierte »Adler Wirtschaft«.

Fritz Keller ist ein geschäftstüchtiger Mann, der den Verein im Sinne des Übervaters Achim Stocker hochseriös und mit viel Bedacht führt. Finanzielle Experimente gibt es auch unter ihm nicht, immer noch sind ihm Vereine aus der Region vor Augen, die nach einem kurzfristigen Hype unwiederbringlich herniedergingen. Keller kennt Möglichkeiten, aber auch Grenzen des SCF und hat schon Mittel für den Klub mobilisiert, als auf der Geschäftsstelle nur ein Ehrenamtlicher die Kartenbündel sortiert hat. Auch emotional ist er in hohem Maße bei der Sache. Manch einer aus seinem Umfeld bezeichnet ihn als ziemlich aufbrausenden Charakter. Ein Wutausbruch ereilte ihn zum Beispiel Ende September 2013, als VfB-Trainer Thomas Schneider vor dem (gewonnenen!) Pokalderby verkündete, diese Partie sei etwas Besonderes, und auch verbunden mit ein bisschen Hass. Bei solchen gedankenlosen Äußerungen kennt Keller kein Pardon und mutiert verständlicherweise zum Rumpelstilzchen im Edelsakko.

Gleichwohl beschreiben Weggefährten Kellers eine großherzige, generöse Seite seines Wesens. Keller war ehemaliger Stammgast des Oberrotweiler Punkrockschuppens »Abwärts«, der nach langem Abend die Kaiserstühler Entourage nach Hause einlud, um dort als Dämmerschoppen einen Bordeaux im vierstelligen D-Mark-Bereich auf den Tisch zu stellen, den sich selbst ein Ottmar Hitzfeld höchstens zu Weihnachten leisten würde. Ja, auch das ist Fritz Keller – ein Connaisseur großer Tafelkultur, zu Hause auf dem Parkett der Spitzengastronomie, aber auch ein Rockfan, der schon bei den frühen Auftritten von The Who und Deep Purple im Publikum stand und die Faust gen Himmel reckte.

Fritz Keller hat seine Wurzeln nicht vergessen. Der Sportclub ist sein Leben und hat ihm schon so manche schlaflose Nacht bereitet. Wobei er sowieso nicht viel Zeit zum Schlafen hat. So richtig durchatmen wird der Kaiserstühler Workaholic erst können, wenn sein vielleicht größtes Projekt Gestalt annimmt: ein neues Stadion für den SC Freiburg.

GRUND NR. 87

Weil unsere Spieler dem Präsidenten bei der Weinlese halfen

Am 3. Oktober 2010 feierte jeder aufrechte Deutsche selbstverständlich 20 Jahre Wiedervereinigung. Wer aber als vaterlandsloser Geselle bloß zur Zerstreuung in den Kaiserstühler Weinbergen spazieren ging, staunte nicht schlecht. Bei Achkarren, der westlichen Pforte in den ehemaligen Vulkanberg, standen Julian Schuster, Mensur Mujdža und Kollegen in der Herbstsonne und gingen mit der Rebschere bei der Weinlese zu Werke. Und das, obwohl der 3:2-Heimsieg vom Vortag gegen den 1. FC Köln gehörig Kraft gekostet hatte. Regeneration der ganz eigenen Art also.

Präsident Fritz Keller hatte das Team zur Lese einbestellt. »Es geht darum, dass die Spieler die Menschen der Region und ihre Arbeit kennenlernen«[49], so Keller, der bekanntlich selbst Winzer ist. Sogar der verletzte Kapitän Heiko Butscher kam auf Krücken in den Weinberg gehumpelt. Eine typische Regio-Teamgeist-Aktion à la SCF. Allerdings ließen es sich einige SC-Darsteller nicht nehmen, sogar in den Reben mit modischen Sperenzchen aufzufallen. Ivica Banović arbeitete mit Kängurubeutel von Louis Vuitton am Gürtel, während Dirk Dufner eine John-Lennon-Sonnenbrille trug. Ansonsten präsentierten sich die Mannen von Robin Dutt aber durchaus betriebsam, auch wenn es vermutlich nicht für einen eigenen Jahrgang gereicht haben dürfte. Herbsten im Altweibersommer, welcher Verein trägt seinen Spielern schon solch einen Termin in den Kalender ein?

GRUND NR. 88

● Weil unsere Spieler von hier sind

Der SCF ist seit jeher ein Verein, der seine Spieler aus Südbaden rekrutiert, was natürlich auch mit der viel gelobten Fußballschule zu tun hat. Hier einige Beispiele von Spielern mit regionalen Wurzeln, die es zu den Profis schafften und sich in der ersten Mannschaft etablieren konnten: Tobias Willi wuchs in Pfaffenweiler auf und machte sein Abitur am Faust-Gymnasium in Staufen – wie übrigens auch Andreas Glockner, dessen verheißungsvolle Anfänge inzwischen aber etwas verpufft sind. Willi jedenfalls kickte zwischen 1998 und 2004 beim SCF, schoss in 114 Spielen zwei Tore und stand später noch in Diensten des MSV Duisburg, wo er auch sein einziges Bundesliga-Tor erzielte. Der strohblonde Irrwisch durchlief als zentraler Mittelfeldmann sämtliche Auswahlteams in Südbaden und bildete zusammen mit Sebastian Deisler eine goldene Generation an Spielmachertypen. Während Deisler aber nie für den Sportclub spielte, sondern direkt von Lörrach nach Mönchengladbach zog, ging Willi schon für die SC-Jugend auf Torejagd. Gemeinsam ist beiden, dass sie trotz Regisseurs-Qualitäten meistens über die rechte Seite zum Einsatz kamen.

Ebendort, wenngleich etwas weniger weit vorn, ist auch das Revier von Sascha Riether. Er entstammt dem Lahrer Ortsteil Kuhbach und kam als B-Jugendlicher zum SCF. Zwischen 2002 und 2007 schoss Riether hier in 139 Partien vier Tore. Er ist heute noch aktiv. Nach vier Jahren Wolfsburg zog er weiter zum 1. FC Köln, über den FC Fulham kam er sogar zurück zum Sportclub, verließ diesen aber nach dem Abstieg 2015 gen Gelsenkirchen.

Johannes Flum stammt aus Weilheim im Hotzenwald, einer Gemeinde in der Nähe von Waldshut. Er spielte von 2008 bis 2013 beim Sportclub und erzielte in 123 Einsätzen sieben Tore. Flum war neben Julian Schuster und Cédric Makiadi der Prototyp des laufstarken, verlässlichen und passsicheren Mittelfeldmannes. Über Jahre hinweg stopfte er die Löcher vor der Freiburger Abwehr und baute das Spiel nach vorn auf. Seine große Stunde schlug natürlich in einem Derby. Beim bislang letzten Freiburger Auswärtssieg in Stuttgart schoss er das Tor des Tages, wofür ihn die Fans in Anlehnung an den eigentlichen Torjäger vom Dienst mit einem Lied würdigten: Ein »Papiss Johannes Flum« auf den Lippen feierte der proppenvolle Gästeblock jenen 30. Januar 2011 in der Landeshauptstadt. In Frankfurt wirkt er mehr als Ergänzungsspieler. Von seiner Hardcore-Verletzung (Kniescheibenbruch) im Dezember 2015 hat er sich inzwischen erholt und wirkt als stabilisierender Faktor beim FC St. Pauli.

Auch durch Oliver Baumanns Paraden war mehr als einmal großer Jubel angesagt. In Fürth sorgte er bekanntlich für das Ticket nach Europa, ist aber ein Kind des Breisgaus. Der mittlerweile Wahl-Hoffenheimer (Champions-League-Quali 2018) wurde in Breisach geboren und spielte als Junior beim FC Bad Krozingen. Sein Teamkollege Matthias Ginter kommt aus Hugstetten und wechselte schon als D-Jugendlicher zum SCF. Seit 2012 erzielte er in rund 70 Spielen zwei Tore, das wichtigste gleich im ersten Spiel. Im Abstiegsduell nach der Winterpause 2012 köpfte er kurz vor Schluss das viel umjubelte Siegtor gegen den FC Augsburg und legte damit den Grundstein für einen kaum mehr möglichen Klassenerhalt. Ginter, der am Anfang eher als Stürmer oder Mittelfeldmann eingesetzt wurde, wurde zum rechten Außenverteidiger unter Thomas Tuchel umfunktioniert. In Gladbach verpasste er 2017/18 keine einzige Spielminute.

Die Reihe ließe sich beliebig fortsetzen, von gestandenen Profis wie Ömer Toprak, Dennis Aogo, Daniel Schwaab oder Jürgen Gjasula über regionale Identifikationsfiguren aus früheren Zeiten (Ali Güneş, Christian Simon und Martin Braun, der später noch Pressesprecher war) bis hin zu Abgängen der jüngeren Vergangenheit wie Daniel Caligiuri. Wie ernst es dem Sportclub mit diesem Vor-Ort-Konzept immer noch ist, zeigt die Aufstellung gegen Slovan Liberec. Beim Europa-League-Debüt 2013 standen mit Baumann, Ginter, Günter, Sorg, Kerk und Schmid gleich sechs Akteure auf dem Feld, die die eigene Fußballschule durchlaufen hatten.

Prominentester Vertreter der Heimatgilde ist und bleibt natürlich SCF-Rekordtorschütze und Ehrenspielführer Jogi Löw. Der Bundestrainer, im Übrigen der älteste von vier Söhnen eines Ofensetzers, ist ein Wiesentäler und wuchs in Schönau auf, von wo er via Eintracht Freiburg zum SC gelangte. Heute wohnt er in Wittnau-Biezighofen.

GRUND NR. 89

Weil wir arm sind, aber sexy …

Im ersten Profijahr 1978/79 konnte man in Freiburg nicht übermäßig viele Siege feiern. Gerade einmal so rettete sich der Sportclub am Ende über die Ziellinie. Umso erstaunlicher, dass nach einem deutlichen 3:0-Sieg gegen den MTV Ingolstadt der Vereinspräsident recht verärgert dreinblickte. Doch nicht ob Leistung oder Resultat, sondern vielmehr, weil der Trainer kurz vor Ende der Partie noch eine Einwechslung getätigt hatte. Das Problem? Jeder, der damals auf dem Platz stand, kassierte eine Siegprämie – in jenem Fall dauerten die klammen Kassenwarte an der Dreisam die 250 DM.

Ganz so haarsträubend sieht es in Freiburg inzwischen natürlich nicht mehr aus. Auch die Zeiten, als Präsident Stocker die Plakate zum Spiel noch selbst klebte, sind glücklicherweise passé.

Gleichwohl operiert der Sportclub seit jeher mit dünnem Etat. In welchen Abschnitt der Vereinsgeschichte wir auch schauen, stets scheint die sportliche Entwicklung den finanziellen Möglichkeiten mindestens einen Schritt voraus gewesen zu sein. Der Sportclub war und ist, wie es schon ein anderer so treffend formuliert hat, das »kleine Dorf (…) bei den Ritterspielen der achtzehn großen Burgen des Königreiches«[50]. Wir lesen von Zeiten ganz ohne Fußballplatz, von Auslandsreisen zur Beschaffung dringend benötigter Devisen, von zahllosen Stunden Eigenarbeit der Mitglieder beim Stadionbau und von fehlenden sanitären Anlagen oder Gästekabinen. Jahrzehntelang konnte der Spielbetrieb überhaupt nur dadurch aufrechterhalten werden, dass immer wieder namhafte Spieler verkauft wurden. Oliver Schäfer und Alfons Higl, Andreas Buck und Thomas Stick-roth, Michael Zeyer und Souleyman Sané, welcher allein 600.000 DM einbrachte – sie alle hätte man »auf dem Sportclub« bestens gebrauchen können. Welch enges Korsett aber der schnöde Mammon in Freiburg schnürte, zeigt der erste Wechsel Joachim Löws. Ohne die 550.000 DM, die der VfB Stuttgart anno 1980 nach Freiburg überwiesen hatte, wäre der Verein schlichtweg pleite gewesen.

Dieser Zustand hielt auch beim ersten Aufstieg in die Bundesliga noch vor: »Der Habenichts im Club der Fußballmillionäre« titelte die *Badische Zeitung* und brachte die Bedingungen in Freiburg so trist auf den Punkt, wie sie wirklich waren: »Im Konzert der Großen, in dem der Sportclub vom 7. August an mitspielen wird, ist er finanziell bei weitem der Kleinste, der Verein mit den schlechtesten Rahmenbedingungen: mit dem bescheidensten Etat, mit der bisher geringsten Unterstützung der Stadt, des Landes und der südbadischen Wirtschaft, mit einem auch nach dem Ausbau kaum bundesligatauglichen Dreisamstadion, mit den geringsten Werbeflächen, mit einem Umfeld, das sich erst in den vergangenen Wochen auf die Bundesliga einzustellen versuchte, und mit einer Geschäftsstelle, die mit einem Pensionär und einer Teilzeitkraft besetzt ist«[51]. Mit etwa einem Fünftel des Saisonetats von Borussia Dortmund begann die Finke–Elf das Abenteuer Bundesliga, und auch wenn sich die Strukturen im Breisgau allmählich professionalisierten, war und ist das Plusminus die Richtschnur für die gesamte Bundesligazeit bis heute. Nicht nur, dass der Sportclub um die namhaften Spieler erst gar nicht mitzubieten brauchte, er verlor auch immer wieder die besten eigenen. Rodolfo Cardoso, Jörg Heinrich, Sebastian Kehl oder jüngst Daniel Caligiuri, Max Kruse, Vincenzo Grifo und Maximilian Philipp sind nur die namhaftesten Rosinen, die aus dem mit viel Liebe und Einsatz gebackenen Freiburger Kuchen gepickt wurden.

Gerade diese anfangs ins Groteske reichenden Verhältnisse, die Unangepasstheit nicht zuletzt in Gestalt von Präsident und Trainer, aber auch der Beweis, dass es in der Bundesliga auch anders, respektive mit wenig Geld geht, brachten dem Sportclub jedoch immer Sympathien weit über die Region hinaus ein. Ob Christian Streich das vor Augen hatte, als er auf einer seiner legendären Pressekonferenzen verlauten ließ, ein bisschen sexy sei der Sportclub schon, steht nur zu vermuten. Auch dem Kult-Trainer ist es bewusst: Trotz bescheidener Mittel ist der Sportclub inzwischen zu einem attraktiven Bundesligastandort geworden und sich dabei stets treu geblieben.

 GRUND NR. 90

… und weil wir trotzdem keine Schulden machen

Zu den Prinzipien, denen man immer treu geblieben ist, gehört auch der einfachste aller denkbaren Grundsätze im Umgang mit Geld: Man kann nicht mehr ausgeben als man hat. Vom arithmetischen Anspruch her rangiert diese Weisheit irgendwo im zweiten Jahr Grundschule, gleichwohl will es der Kreislauf der Wirtschaft anders. Und so operieren Privatleute, Firmen und nicht zuletzt (man ist geneigt zu sagen: traditionell) Staaten vollkommen anders. Natürlich machen auch Fußballvereine von dieser Praxis regen Gebrauch. Die Aussicht, mit geliehenem Kapital Erfolg zu kreieren, der mittelfristig mehr erwirtschaftet als der Eingangskredit, ist verlockend. Solch ein Plan ist auch gut, jedenfalls solange er funktioniert.

Ein wenig ins Grübeln gerät man allerdings schon, wenn man sich klarmacht, dass mancher Revierklub bereits die Zuschauereinnahmen der nächsten 30 Jahre versilbert hat, dass Stadien verkauft werden, um sie zurückzuleasen oder – was in Deutschland durch die 50+1-Regel wenigstens bis auf Weiteres nicht möglich ist – ganze Vereine ins Eigentum reicher Privatiers aus Wüstenregionen übergehen. Wir registrieren, dass trotz zum Teil immenser Schulden Ablösesummen in schwindelerregender Höhe gezahlt werden, und wundern uns, wo eigentlich das Geld dafür herkommt, dass Lionel Messi im Jahr 2017 335.657 Euro verdiente – pro Tag!

Bei solchen Zahlen beziehungsweise Geschäftsmodellen hätten sich Achim Stocker die rar vorhandenen Haupthaare gesträubt. Grundsolide führte er den Verein über mehrere Jahrzehnte. Natürlich war er bereit, für den Verein Opfer zu bringen. Und er war sich nicht zu schade, bei allen erdenklichen Leuten in Südbaden um finanzielle Unterstützung zu ersuchen. Indes mit ungewissem Ausgang eine Verschuldung auf sich zu nehmen, war Stockers Sache nicht, und es scheint sie auch heute nicht zu sein. Nie gab es Probleme bei der Lizenzvergabe. Es hat Tradition, dass der SC-Schatzmeister auf den Mitgliederversammlungen Jahr für Jahr einen Überschuss verkünden darf. Die Freiburger Vereinspolitik – manch einer mag das als fantasielos bezeichnen – ist zum Glück immer noch geprägt von einem »Bis hierhin und nicht weiter«.

Mit dieser Maxime steht der Sportclub übrigens recht allein auf weiter Flur, galt er doch jahrelang als einziger Profiverein neben Bayern München ohne Schulden – die Nachprüfbarkeit dieser Aussage sei dahingestellt. Auch wenn sich heute fast alle Vereine längst in ein intransparentes Geflecht aus AGs beziehungsweise GmbHs gewandelt haben, deren Aktiva zu einem nennenswerten Teil aus fiktiven Summen für eigene Spieler bestehen, sind mit Schalke, Hamburg und Hertha die Sorgenkinder der Liga schnell benannt. Weitere Teams wie Stuttgart und Nürnberg bekamen schon früher Schwierigkeiten bei der Lizenzvergabe, wo es jüngst den Traditionsverein MSV Duisburg gleich richtig erwischte, von Aachen ganz zu schweigen. Dabei wird der deutsche Fußball wegen seiner vergleichsweise geringen Schuldenlast noch von den meisten anderen europäischen Ligen beneidet.

Kurz und gut, der SC Freiburg ist eine rühmliche Ausnahme in einem Geschäft, dem nicht nur durch das Financial Fairplay Einschnitte oder gar der Kollaps drohen. Doch auch bei dieser triumphalen Selbsteinschätzung ist noch Vorsicht geboten. Denn erstens kann man das nie so genau wissen.

Und zweitens stehen auch in Freiburg sportliche Notwendigkeiten unmittelbar bevor, die womöglich ohne fremdes Geld nicht realisiert werden können. Ein Stadionneubau wäre allerdings – abgesehen von seiner ungewissen Perspektive – ein nachhaltigeres Unterfangen als etwa die überstürzte Millionenanleihe für den Wunschlinksaußen. Dennoch müssen wir schweren Herzens an dieser Stelle die Kapitelüberschrift leicht korrigieren auf »Weil wir (wahrscheinlich) trotzdem bis jetzt noch keine Schulden gemacht haben und es (hoffentlich) nur für ausgesprochen sinnvolle Projekte tun würden«. Und wenn dann irgendwann gar kein Geld mehr da ist, verkaufen wir halt wieder einen Spieler.

Weil man uns regelmäßig die besten Spieler wegkauft

SC-Fan zu sein bedeutet, sich damit abzufinden, dass die Leistungsträger früher oder später verkauft werden. Der Grund liegt auf der Hand: Der Sportclub hat zwar ein sympathisches Umfeld, familiäre Atmosphäre und einen hohen Freizeitwert in der Region, aber er hat eben auch einen kleinen Geldbeutel, der mit Angeboten der meisten anderen Bundesligisten bei Weitem nicht mithalten kann. Als Christian Streich im Januar 2012 gefragt wurde, wie die Mannschaft den Wechsel von Stürmerstar Papiss Demba Cissé nach Newcastle verkraften würde, sagte er: »Den Weggang von Papiss können wir sportlich nicht kompensieren. Aber es ist ein normaler Prozess für den SC Freiburg, dass ein Spieler mit dieser Qualität wechselt.«[52] Cissé ging nach England, Manager Dirk Dufner strich für ihn die damalige Rekordsumme von zwölf Millionen ein. In jener Saison ging es noch mal gut. Das Team konnte die sportliche Lücke, die der Goalgetter hinterlassen hatte, halbwegs füllen, den drohenden Abstieg abwenden und die Saison auf dem zwölften Tabellenplatz abschließen. Noch heftiger kam es 2015: Mehmedi, Schmid, Riether, Klaus, Sorg, Bürki und Darida. Am Ende der Runde stieg der Sportclub bekanntlich ab, wenngleich sehr unglücklich.

Einen ähnlichen Aderlass gab es 2013. Zur Erinnerung: Max Kruse (Borussia Mönchengladbach), Jan Rosenthal und Johannes Flum (Eintracht Frankfurt), Cédric Makiadi (Werder Bremen) sowie Daniel Caligiuri (VfL Wolfsburg) kickten in der Saison 2012/13 alle noch beim SC. »Ich habe mich zwischendurch schon gefragt: Kommen so viele, wie gegangen sind?«[53], meinte Keeper Oliver Baumann im Sommer 2013 im Trainingslager in Schruns. Nach dem unclever-verkorksten Start in jene Spielzeit kann man nur feststellen, dass Trainer Streich nicht übertrieb, als er diese Europa-League-Saison von Anfang an als Abenteuer titulierte. Ein

Abenteuer, das vor allem dem kompletten Neuaufbau des Teams geschuldet ist.

Mit tabellarischem Erfolg war in der Vereinsgeschichte schon öfter personeller Aderlass verbunden. Nachdem der SC mit dem kongenialen Spielmacher Rodolfo Cardoso in der Saison 1994/1995 Dritter wurde, wechselte dieser für sechs Millionen Mark zu Werder Bremen. Einige Monate später sagte dann auch Jörg Heinrich Adieu und verabschiedete sich zu Borussia Dortmund. Dort spielte er in der Saison 2002/2003 übrigens mit Sebastian Kehl zusammen, der ebenfalls den Sportclub als Sprungbrett zu Höherem genutzt hat. Ähnliches galt für die Eigengewächse Daniel Schwaab und Ömer Toprak (beide zu Leverkusen) sowie Dennis Aogo (zum Hamburger SV). Zlatan Bajramović schloss sich Schalke 04 an, während Jonathan Pitroipa zum Hamburger SV wechselte. Die Tradition ungewollten Abschiednehmens besteht übrigens schon seit der Generation Pöpperl. Auch Goalgetter Sammy Sané folgte seinerzeit dem Ruf nach Nürnberg.

Eine Abwerbung hat indes glücklicherweise nicht geklappt. In der Saison 1999/2000 avancierte der Tunesier Adel Sellimi, genannt »Die Lunge«, zum wichtigsten Offensivspieler der Freiburger. Der Stürmer führte mit neun Toren in der Winterpause die Torjägerliste an. Allerdings lief sein Vertrag aus, was wilde Wechselspekulationen hervorrief. Der Höhepunkt: Gerhard Mayer-Vorfelder verkündete einen Wechsel Sellimis zum VfB Stuttgart, obwohl der Tunesier noch gar keinen Vertrag unterschrieben hatte. Der Nationalspieler blieb trotz eines schlechteren Vertrags beim Sportclub, erzielte in der Rückrunde allerdings nur zwei weitere Treffer.

GRUND NR. 92

Weil an Spieltagen der Verkehr zusammenbricht

Der Freiburger Osten ist nicht geschaffen für große Massen. Ein Nadelöhr zwischen Ottilien- und Sternwald, das dazu noch dicht besiedelt ist. Nur eine größere Verbindung – die Schwarzwald-straße – besteht zwischen Altstadtring und Stadion.

Regelmäßig kommt deswegen der Verkehr an Spieltagen zum Erliegen. Meter um Meter wälzt sich die Blechlawine voran, immer wieder gebremst von Polizei und Ordnungspersonal, die akribisch darauf achten, dass kein SC-Besucher unberechtigterweise in einer der kleinen Nebenstraßen sein Auto abstellt. Mitunter lauern eben-dort auch schon finster dreinblickende Bewohner im Vorgarten, die um ihre Lage besonders an Samstagen nicht gerade zu beneiden sind. Allzu oft fliegen die Pilsbüchsen in hohem Bogen über den Zaun oder die sorgsam geschnittene Hecke wird als Massenurinal zweckentfremdet. Kein Wunder, dass rund um das Stadion immer wieder mal Anwohnerproteste laut wurden.

Des einen Freud, des andern Leid: Die Problematik besteht in dieser Weise erst, seit der Sportclub erstmals in die Bundesliga auf-gestiegen war. Noch in den 80er-Jahren konnte man problemlos mit dem Auto bis vor das Stadion fahren. Ganz zu schweigen von den Jahrzehnten zuvor. Nicht nur, dass der Sportclub kaum Zuschauer hatte, gab es auch schlicht viel weniger Autos als heute. Erst der sportliche Erfolg schuf einen Massenandrang, dem die Stadion-umgebung längst nicht mehr gewachsen ist.

Dabei wird die Verkehrssituation eigentlich durch vor allem eine regionale Besonderheit entlastet. Abertausende von Zu-schauern kommen nämlich traditionell mit dem Fahrrad zum Spiel und sorgen so immer wieder für amüsierte Blicke der Gäs-tefans. Ein anderer Teil gibt sich dem Abenteuer hin, in einer aus allen Nähten platzenden Tram zum Römerhof zu tuckern, was besonders an den heißen südbadischen Sommertagen ein Vergnügen darstellt. An dieser Stelle ein dreifach Hurra dem Erfinder des Deodorants!

Doch selbst die paar Autofahrer, die dann noch übrig bleiben, sorgen für einen Ausnahmezustand, in den manchmal auch Auswärtige unversehens hineingeraten. Inwieweit dieses Dilemma durch die geplante Verlegung des Stadions an das Flugplatzgelände samt Neubau der Straßenbahnlinie behoben werden kann, muss die Zukunft zeigen. Nicht nur, dass sich auch schon dort Widerstand formiert, ist der Flugplatz vernünftigerweise nur aus einer Richtung mit dem Pkw anzufahren. Den aus Schwarzwald oder Stadtzentrum kommenden Fans wird man wohl kaum zumuten können, die schmale 30er-Zone entlang des Friedhofs zu nutzen. Das Hauptproblem besteht darin, dass es keine vergleichbaren Fahrradwege gibt.

Alles in allem gibt es nur wenig Hoffnung auf Besserung. Seit Jahren – und seltsamerweise besonders, seit das Rathaus in grüner Hand ist – wird in Freiburg entgegen jeder Vernunft der Wohnraum nachverdichtet. Obwohl Freiburg aufgrund seiner Kessellage längst an seine Grenzen gestoßen und Verkehr sowie Parkplatzsituation überall in der Stadt ein Problem ist. Die Suche nach dem richtigen Stadionstandort war daher nicht mehr als der Versuch, den Teufel mit dem Beelzebub auszutreiben. Für viele ein Argument, den Stadionneubau komplett sein zu lassen. Statt das Problem zu verlagern und einen bisher gar nicht beeinträchtigten Stadtteil in Mitleidenschaft zu ziehen, könnte man, so wurde argumentiert, etwa auf den Wiesen jenseits der Dreisam zusätzlichen Parkraum schaffen. Entlastung brächte das bestimmt, die Grundschwierigkeit freilich wäre auch damit nicht behoben. Der Zuschauerzuspruch ist zu groß für die Örtlichkeiten – ganz egal, wo das Stadion schließlich steht. Was wir als Fans natürlich vor allem positiv sehen, denn das Zuschauerinteresse ist in erfolgreichen Zeiten bekanntlich besonders hoch.

Weil man via Strandbad umsonst Bundesliga schauen konnte ...

Freiburg in der Bundesliga? Darauf war niemand wirklich vorbereitet und vielleicht zuallerletzt der Verein selbst. »Kommen Sie mir nur nicht auf die Idee, hier aufsteigen zu wollen!«[54], hatte Präsident Stocker seinem Trainer Finke noch – und zwar vermutlich in vollem Ernst – zu seinem Amtsantritt mitgegeben. Eine Aussage, die andernorts mit Kopfschütteln registriert worden wäre, spiegelt bestens die Situation in Freiburg wider.

Wie wenig bundesligatauglich die Strukturen waren, kann man mitunter am Stadion ablesen: ein eher quadratischer Amateurplatz (der später aufgrund von Liga-Richtlinien verlängert werden musste und heute trotzdem eigentlich noch zu kurz ist), Fassungsvermögen 14.000, zwei kleine Tribünen, wacklige Stehplätze ohne Überdachung. Fasste sich ein schussgewaltiger Akteur einmal ein Herz, so konnte es sein, dass das Leder auf direktem Weg in der Dreisam landete und von dort an Spaziergängern vorbei gen Altstadt plätscherte. Oder – auf der anderen Seite des Stadions – ein Autofahrer auf der Schwarzwaldstraße zur Vollbremsung gezwungen wurde.

Ähnlich professionell die Umzäunung: Das Loch im Zaun etwa an der Mittellinie des Trainingsplatzes, durch das sich an den ersten Freiburger Bundesligaspieltagen ganze Jugendmannschaften – oft angetrieben von ihren sittlich verwilderten Vätern – hindurchgezwängt hatten, wurde zwar schnell geflickt. Aber ebenso schnell entwickelte man eine neue Strategie, die erstaunlich lang funktionierte, jedenfalls solange sie kaum jemand kannte. Die Ostseite des Stadions nämlich grenzt noch heute an das Strandbad – damals nur getrennt durch ein paar Meter Gebüsch und ein nicht gerade unbeugsames Exemplar eines Zaunes. So konnte es sein, dass an einem regnerischen Maisamstag ein geheimer Zirkel Ortskundiger – unauffälligerweise ohne Badesachen, dafür aber mit komplettem

SC-Fanoutfit – brav zwei Mark Schwimmbad-Eintritt bezahlte, die Liegewiese überquerte und schnurstracks in Richtung unüberhörbarer Kulisse marschierte. Nötigenfalls wurde die Mission äußerst geschickt getarnt, etwa indem ein Ball über den Zaun geworfen wurde, den es gruppenweise »zurückzuholen« galt. Gemäß der traditionsreichen Panzergrenadier-Parole »Dran, drauf, drüber!« ging es so immer wieder mitten hinein ins Vergnügen!

Es spricht aber für die Euphorie in dieser Anfangszeit, dass viele solcher und ähnlich kreativer Unternehmungen eher belächelt als geahndet wurden. Jeder wusste, längst nicht alle, die eine Karte wollten, bekamen auch eine. Anhänger, die von schwarz gekleideten Security-Mitarbeitern rabiat auf die Geschäftsstelle gezerrt wurden, gab es in dieser Zeit nicht zu beobachten; schon eher den Platzordner, der nur halb drohend den Zeigefinger reckte. Und das, obwohl manche Versuche eher stümperhaft blieben. So erklärten kraftvolle junge Burschen mit sonorem Bariton, dass sie erst elf Jahre alt seien, andere verwiesen auf den Opa, der mit der Karte schon im Stadion sei, wieder andere probierten ihr Glück, wenn das Spiel schon begonnen hatte – irgendwie kam man immer ins Stadion, und wenn man dazu einen Baum erklettern musste.

Hoch im Kurs stand für einige Zeit auch eine Mitgliedschaft beim PTSV Jahn. Dorthin, auf das benachbarte Sportgelände, hatte der Sportclub nämlich anfangs einen Teil seines Trainingsbetriebes ausgelagert, weil der Raum um das Stadion herum als Parkplatz genutzt werden musste. Im Gegenzug durften alle Jugendspieler des Nachbarklubs umsonst zuschauen. Also wurden Jacken, Pullis, T-Shirts und Mützen mit dem PTSV-Logo großflächig und unabhängig von Konfektionsgrößen an alle Bekannten verteilt. Hochwasser oder bauchfrei, abgeschnürte Leberwurst oder Einmannzelt – dem aufmerksamen Beobachter blieb die eine oder andere skurrile Menschenansammlung am Einlass nicht verborgen. Solange der Sportclub erstklassig spielte, war das Outfit aber zweitrangig.

… und weil man trotzdem für Eintrittskarten alles getan hat

In den ersten Jahren Bundesliga also kannte der Zuschauerandrang keine Grenzen. Da außerdem das Stadion ein nur geringes Fassungsvermögen hatte, kam es zu einem krassen Missverhältnis zwischen Interessierten und verfügbaren Karten. Dies brachte zahlreiche Begleiterscheinungen mit sich, von denen die meisten durchaus lustig sind, jedenfalls dann, wenn man am Ende auch eine Karte bekommen hatte.

Die Wege hierzu waren verschnörkelt. Am meisten Charme hatte bestimmt das Schlangestehen im Morgengrauen, weil man hinterher von sich behaupten konnte, großen persönlichen Einsatz gebracht zu haben. Wer es sich nämlich in den Kopf gesetzt hatte, acht Karten gegen Bayern aufzutreiben, musste dafür eben bei Eiseskälte, wenn die ganze Stadt noch schlief, mit dem Rad zur Geschäftsstelle fahren. Meist traf man vor dem Eingang schon circa 50 Weggefährten: harte, ganz harte und total harte Ticketjäger, visuell abgestuft durch Utensilien wie Bierfass, Campingstühle und Schlafsäcke. Letztere, liegend und oft schon seit dem Vorabend hier, kennen alle verkaufsspezifischen Details. Sie informieren einen, dass man soeben acht Plätze in der Schlange eingebüßt habe (Toilettengang) und wahrscheinlich weitere 30 verlöre, falls man sich an der Aral noch einen Snack hole. Die Nachricht freilich, dass nur sechs Karten pro Person erlaubt seien, lässt nun einen Anruf bei einem alten Freund sinnvoll erscheinen. Da man um 5.20 Uhr am Montagmorgen ohnehin nichts Besseres zu tun hat, fragt man nach dem Befinden, plaudert über dies und das, wie es denn der Freundin gehe und ob er vielleicht kurzfristig vorbeikommen und bei der Gelegenheit eine Kleinigkeit vom Bäcker mitbringen wolle. Das Bombardement mit Vorwürfen hörte meistens gegen dreiviertel zehn auf, also dann, wenn jeder der Wartenden einen Strauß

Karten für Nord in der Hand hielt und müde, aber zufrieden die Geschäftsstelle verlassen konnte.

Weitaus weniger kräftezehrende Alternativen bot der damals rund um das Stadion blühende Schwarzmarkt. Auf diesem wurden die begehrten Karten jedoch maßlos überteuert feilgeboten. Der Freiburger Besucher konnte da noch leicht den Vogel zeigen und jedem ominösen Wucherer vorrechnen, wie viele Getränke er für dieses Geld in seiner Stammkneipe bekommen würde. Schwieriger wurde es da schon für den Familienvater, der mit dem quengelnden Nachwuchs im Schlepptau zwei Stunden aus dem Hotzenwald angefahren war. Natürlich – nichts Genaues weiß man nicht. Doch wenn man sich vor Augen hält, dass selbst für abgelaufene Dauerkarten (deren einziger Wert in einer Kaufoption für die Jahrestickets der kommenden Saison bestand) 200 DM bezahlt wurden, kann man sich die Ausmaße in etwa vorstellen. Manchmal, wenn auch höchst selten, hatten sich immerhin auch die Geschäftemacher selbst verkalkuliert und übergaben kurz vor Anpfiff mangels Nachfrage beliebigen Herumstehenden ihre Eintrittskarten als Geschenk.

GRUND NR. 95

Weil unsere Zuschauer Heimspiele von Bäumen aus verfolgten

Die Sicht im Dreisamstadion war besonders auf der Gegengeraden nicht die beste. Da sich zudem jenseits aller – wie auch immer – zahlenden Zuschauer stets noch eine stille Reserve im Inneren befand, die auf schon beschriebenen Wegen dorthin gelangte, waren kreative Lösungen gefragt. Ein nennenswerter Teil der Stadionbesucher geriet so zum Kletterer, Tüftler, Bastler oder Baumeister – die ohnehin schon bunte Freiburger Fanlandschaft wurde um ein paar Einsprengsel reicher.

Bald nämlich wurden die wenigen im Stadion verbliebenen Bäume kurzerhand zu weiteren Sitzplätzen umfunktioniert. Staunend beobachteten zu jener Zeit die Ordnungskräfte, wie sich wuchtige Mannsbilder selbst in dürrste Astgabeln emporschwangen – und ihre Utensilien (z. B. Fernglas, Banane und Stadionmagazin) von einem Komplizen heraufwerfen ließen. Nicht wenige seriöse Mittelständler verfolgten die 90 Minuten in verkrampften Posen auf Zäune gespießt und gerieten beim Torjubel auch schon mal in Seenot. Andere, die so weit dann doch nicht gehen wollten, griffen im wahrsten Sinne des Wortes zu bodenständigeren Lösungen. Hoch im Kurs standen damals selbst gebaute, mitunter windschiefe Konstruktionen, mittels derer man über die Köpfe der letzten Stehreihe hinüberschauen konnte. Mancher Schaulustige etwa betrat das Stadion ganz offiziell mit Styroporblöcken unter dem Arm, andere karrten leere Sprudelkästen auf einem wackeligen Fahrrad gen Littenweiler. Selbst als diesen Zuständen zum Unmut des Freiburger Publikums von offizieller Seite Einhalt geboten wurde, blieben noch weitere Grauzonen. Deren prominenteste bestand darin, jede Menge Hartplastikbecher samt Inhalt zu erstehen und letzteren ruck, zuck hinunterzukippen, um die Becher derart als minimale Steherhöhung zu nutzen. Eine Zeit lang erhielt man von den Getränkeverkäufern ab sechs Bechern auch eine Tragehilfe frei Haus und konnte sich dann eines eigenen Podestes in Speckbrettgröße erfreuen. Ein gewisses Balancegefühl setzten all diese Sehhilfen selbstredend voraus, sodass es nicht unwesentlich war, welche Art von Getränken man zuvor wie ein Wahnsinniger in sich hineingeschüttet hatte.

Weil wir die Studentenmannschaft waren

Nicht nur die Freiburger Fans, der Präsident und der Trainer waren einzigartig in der deutschen Bundesligalandschaft, sondern ganz besonders auch die Mannschaft. Jedem Beobachter fiel sofort ins Auge, dass man den Prototypen des knallharten Vollprofis in Freiburg vergeblich suchte. Ein bunter Haufen Kicker, so schien es, radelte da nach Feierabend aufs Vereinsgelände, um von Studienrat Finke unterwiesen zu werden. Das Bild vom Fußball intellektueller Prägung manifestierte sich auch durch die Tatsache, dass einige Freiburger Spieler einem Studium nachgingen. Bei genauer Betrachtung hätte man bekanntlich vor allem die Zeyer-Brüder und Uwe Spies als ebensolche Hörsaalbesucher ausmachen können, wobei selbst diese ihre Prioritäten beim Fußball gesehen haben dürften. Doch die Story passte einfach zu gut: Ein Trainer, der in fehlerfreien Relativsätzen sprach, die Zigaretten noch selbst drehte und einen kraushaarigen Biolehrer seinen Co nannte, eine Öko-Stadt, in der die Fans mit dem Rostgöppel zum Spiel klapperten und die gegnerischen Fans mit Applaus begrüßten, und ebenjene Fußballer, die den Hörsaal nur für ein bisschen Freizeitkicken verließen. Auf diesen Zug sprangen viele auf, und zugegebenermaßen schmeichelte es auch manchem Freiburger, auf diese Weise den Spiegel vorgehalten zu bekommen und dem Rest der Fußballrepublik zeigen zu können, dass es auch anders geht. Mancher Kicker hingegen war irgendwann nur noch genervt, wenn es darum ging, auf Teufel komm raus ein Image zu reproduzieren, welches es eigentlich nie richtig oder jedenfalls bald schon nicht mehr gab. Uwe Spies verweigerte einen Fototermin an der Freiburger Uni, weil er nicht dort, sondern in Ulm studierte, und Richard Golz wusste sich bald auch nur noch mit Ironie zu helfen. »Vor lauter Philosophieren über Schopenhauer kommen wir schon gar nicht mehr zum Trainieren«, soll er sinngemäß einem verdutzten Journalisten geantwortet haben, als dieser sich erkundigt hatte, was denn beim Studentenklub Freiburg anders sei.

Überhaupt waren dem Sportclub zuvor schon andere Spitznamen ans Revers geheftet worden. Nach einem 5:1-Auswärtssieg in Remscheid prägte ein Reporter in Anlehnung an das amerikanische Gold-Basketballteam den Begriff vom »Dream-Team«. Traumhaft ging es weiter: Der Sportclub stieg in die Bundesliga auf und brillierte mit feinem Fußball. Spätestens, als Bayern – wiederum mit 5:1 – besiegt wurde, sprachen alle nur noch von den Breisgau-Brasilianern. Inzwischen wird die Freiburger Mannschaft wieder bodenständiger eingeordnet. Gelegentlich ist von jungen Wilden die Rede, was angesichts der zahlreichen Kicker, die dem eigenen Jugendbereich entstammen, bestimmt nicht unzutreffend ist. Viel Raum für Wortspiele bietet auch der Nachname des Trainers und Übervaters: Vom Streich-Quartett kündeten die einen, andere wollten sich zahlenmäßig Spielraum offenhalten und berichteten vom Streich-Ensemble. Wann der nächste Streich kommt, wissen wir nicht, stellen aber fest, dass der SC Freiburg auch schon drei Titel »auf einen Streich« holte.

GRUND NR. 97

Weil unsere Jugend die beste ist

»Drei auf einen Streich« – so lautete der Aufdruck eines nur einem illustren Kreis zur Verfügung gestellten T-Shirts, mit welchem ein großer Erfolg gewürdigt wurde. Genau genommen ein mehrfacher, denn in den Jahren 2006, 2009 und 2011 gewannen die A-Junioren des Sportclub Freiburg den DFB-Pokal. Zusätzlich gelang ein weiterer Coup. 2008 gewann der Sportclub mit 2:0 gegen den VfL Wolfsburg und war somit Deutscher A-Jugend-Meister. Noch auf der

Mitgliederversammlung 2009 – seiner letzten – würdigte Achim Stocker diese Erfolge ganz besonders und sprach angesichts dreier Meisterschaften (Herren, Damen, A-Junioren) vom erfolgreichsten Jahr in der gesamten Vereinsgeschichte.

Diese Erfolge sind hauptsächlich mit einem Namen verbunden: Christian Streich, bereits seit 1995 als Jugendtrainer beim Sportclub tätig, langjähriger Trainer der A-Jugend, späterer Co- und jetziger Cheftrainer. Er formte die Aogos, Schwaabs, Topraks, Baumanns und die Ginters, Sorgs und Günters, die nun schon seit Jahren in der Bundesliga ihren Mann stehen. Doch nicht nur Streich selbst weiß, dass auch er nur ein Rädchen im großen Getriebe ist.

Dieses große Getriebe ist die Fußballschule des SC, das Aushängeschild des Vereins und zugleich seine Lebensversicherung. Hier gibt es mehr als Fußball. Unter den Schlagworten »SC macht Schule« oder »Duale Ausbildung« existieren Partnerschaften mit Schulen, Verbänden und Krankenversicherungen. Der Sportclub möchte Fußballer hervorbringen, die mitten im Leben stehen, Menschen mit Bodenhaftung und vor allem Alternativen, sollte es mit der ganz großen Karriere doch nichts werden. Damit es aber wenigstens bei einem kleinen Teil reicht, muss man der Konkurrenz einen Schritt voraus sein. Also ist die im Mösle verrichtete Arbeit immens, bis ins kleinste Detail durchdacht und lässt sich nur ansatzweise nachzeichnen. Bereits am frühen Nachmittag schwärmen die SC-Kleinbusse aus, in ganz Südbaden die Jugendlichen zum Training abzuholen. Zusätzlich existieren Kooperationen mit etlichen Klubs aus der Regio. Die Sportclub-Scouts halten inzwischen in der halben Welt nach jungen Talenten Ausschau, und schon die ganz Jungen üben auf allerhöchstem Niveau. Zwölfjährige wiederholen ein und denselben Spielzug immer wieder: Pass von außen in die Spitze, ins Zentrum prallen lassen, zackiger Flachpass in die Schnittstelle, Torabschluss. Bis jeder Millimeter stimmt.

Früher hat der Jugendtrainer einen mit Wasser vollgesaugten Lederball in die Mitte geworfen, dem dann in der folgenden Stunde die grölende Kindertraube mit Schlachtgeschrei hinterhergerannt ist. Klar hat das einen Riesenspaß gemacht! Aber mit dieser »Pommes frites und Stiefel«-Mentalität ist bei der heutigen Leistungsdichte schlichtweg kein Blumentopf mehr zu gewinnen. Eben weil in der Jugend inzwischen auf viel mehr Details geachtet wird, ist das technische Niveau in der Bundesliga markant gestiegen und das Spiel um Längen ansehnlicher geworden. Längst vorbei sind sie, die Zeiten eines Carsten Ramelow, der im Wesentlichen durch halsbrecherischen Körpereinsatz auffiel. Die Generation der giftigen Wadenbeißer à la Jeremies ist durch, und kein Offensivmann würde heute mehr zu Werke gehen wie einst jener bullige Ulf Kirsten, welcher mit gesenktem Haupt in die gegnerischen Abwehrreihen zu stürmen pflegte. Von klein auf wird ein System gespielt und über die Jahre hinweg immer mehr perfektioniert. In Freiburg scheint dies besonders gut zu gelingen. Regelmäßig führen wir junge Talente an die Bundesliga heran und beeindrucken damit sogar die Konkurrenz. »Was die Freiburger machen, ist richtungsweisend«[55], erkannte der damalige Bayern-Manager Uli Hoeneß schon 2001 anlässlich der Eröffnung der Fußballschule und hat wenigstens in diesem Punkt die Wahrheit gesagt.

GRUND NR. 98

Weil wir der Öko-Club in der Nicht-Mehr-Green-City sind

Freiburg ist Ökohauptstadt und nennt sich selbst Green City – wo immer dabei genau der Unterschied liegt. Zumindest war die Stadt das mal. Eigentlich ist sie es aber irgendwie immer noch. Wir hatten 16 Jahre lang einen grünen Oberbürgermeister, in der gesamten Stadt gibt es Fahrradwege und inzwischen sogar eigene Fahrradstraßen, auf welchen normalerweise kein Auto fahren sollte. Freiburger verbrauchen deutlich weniger Wasser als Bewohner vergleichbarer Städte, und im Stadtteil Vauban, in welchem die Grünen längst eine Volkspartei sind, erhöhen sich die Chancen potenzieller Mieter merklich, wenn diese nachweisen, dass sie über keinen Führerschein verfügen. Zugegeben, nicht immer läuft hier alles aus einem Guss. Staunend registrierten die Freiburger erst jüngst, wie ein Teil des Rotteckrings, einer wichtigen Innenstadttangente, für den Autoverkehr dichtgemacht wurde, nur um das so entstandene verlängerte Stück Fußgängerzone in einen kargen Betonplatz zu verwandeln, der im Sommer ebenso gut als Backofen Verwendung finden könnte. Für die dort entstehende Stadtbahnlinie wurden kurzerhand an die 30 Bäume niedergemäht. Auch andernorts weichen in der ganzen Stadt Grünflächen mitunter prätentiösen Bauprojekten. 500 neue Wohnungen entstehen an den Gutleutmatten, derweil alteingesessene Freiburger, etwa in den Hanglagen Herderns, mehrstöckige Wohnblöcke vor die Panoramafenster gepflanzt bekommen. Im Herbst 2015 machte sich OB Dieter Salomon auch noch die letzten Bürger der Stadt zum Feind, als er verkündete, es dürfe in Sachen Wohnungsbau nun keine Tabus mehr geben. Dem Bauwahn weichen sollen nun weitere Grünflächen und Waldstücke im Freiburger Westen.

Derlei fahrlässigen Umgang mit Ressourcen möchte sich der Sportclub natürlich nicht nachsagen lassen. Bereits 1993 gab Volker Finke den Anstoß zur nachhaltigen Umgestaltung des Dreisamstadions. Zu diesem Zweck wurden Fotovoltaikanlagen auf dem Stadiondach installiert, die mithilfe der in Südbaden bekanntlich reich vorhandenen Sonnenstrahlen Strom für den Stadionbetrieb produzieren. Der SC Freiburg war der erste deutsche Fußballverein, der auf Solarenergie baute, und wurde damit zu einem wichtigen Aushängeschild der Solarregion Freiburg. Dieses Image manifestierte sich zwischenzeitlich auch durch eine Sponsorenpartnerschaft, welche die Spielstätte des Sportclub zum »Mage Solar Stadion« werden ließ. Unglücklicherweise liefen andere Maßnahmen des Vereins diesem alternativen Konzept gelegentlich zuwider. Vor allem am Trikotsponsor »Suzuki« nahmen zahlreiche Fans Anstoß, hatte diese Partnerschaft doch etwas von Wasser predigen und Wein trinken. Erleichtert wird deswegen manch einer registriert haben, dass nun das Konterfei eines regionalen Milchherstellers auf der Brust des SC-Trikots prangt. Ein Bonbon gab es aber im Heimspiel gegen Eintracht Frankfurt am 6. Oktober 2013. Zum 50. Geburtstag der Naturschutzorganisation WWF nämlich lief der Sportclub mit dem Pandabären auf den Trikots auf, welche man im Nachhinein für einen guten Zweck ersteigern konnte. Die Einnahmen gingen an das WWF-Projekt zur Rettung des – natürlich Roten – Pandas im Himalaja.

 GRUND NR. 99

Weil jedes Kind Mitglied im Füchsleclub sein will

Mit Vereinsmaskottchen ist es so eine Sache: Meist tragen sie idiotische Namen, sind fehlerhaft proportioniert, hüpfen beim Torjubel ekstatisch zwischen Offiziellen herum oder grüßen grenzdebil ins Publikum. In Köln zerrt man seit Jahr und Tag einen störrischen Geißbock durch die Manege, andernorts stopft man einen Azubi in ein abgetragenes Tierkostüm, oder eine Plastikbierflasche wird vor Spielbeginn so lange am Mittelkreis der Sommersonne ausgesetzt, bis der darin befindliche Praktikant seine kommerzielle Mission eines Hitzschlages wegen aufgeben muss.

Das Füchsle, offizielles Maskottchen des SC Freiburg, steht bislang hingegen in weniger lasterhaftem Leumund und hat es sogar schon auf ein Transparent der Ultras geschafft. Sicherlich ist auch dieses Symbol ironisch gemeint, denn der Einschüchterungsfaktor des flauschigen Reinekekopfs – im Übrigen entworfen vom Freiburger Comiczeichner Christoph Härringer – wird nur noch von Dortmunds Biene »Emma« unterboten. Wobei er seine Jahre beim

Sportclub immerhin unbeschadet überstanden hat. Ein übleres Los ereilte einst den Glücksbringer von Bayer 05 Uerdingen bei einem Heimspiel gegen Rot-Weiss Essen. Der »Grotifant« wurde von ein paar soliden Gefolgsleuten des Gästeklubs mit dem Rüssel an den Zaun herangezogen und ebendort in entwürdigender Pose tüchtig verprügelt.

Das Füchsle wird nicht nur durch sein Verniedlichungssuffix zum repräsentativen SC-Konterfei, sondern steht auch unmissverständlich für nachhaltige Jugendarbeit, für das Image als Ausbildungsverein, der lokale Talente von klein auf fördert. Bestes Beispiel sind die Füchsletage, bei denen Kinder zwischen zehn und 13 Jahren in der Freiburger Fußballschule mit den Profis trainieren können und Tipps von ganz oben bekommen. Natürlich ist die Motivation der Füchsle groß, beim Kick mit den Idolen zu glänzen. »Beim Trainingsspiel lässt einer der Jungspunde den Verteidiger Fallou Diagne durch einen Übersteiger alt aussehen, während am Tor daneben ein junger Torhüter den Schuss von Oliver Sorg spektakulär pariert«[56], beschreibt ein Reporter der *Badischen Zeitung* Szenen aus dem vergangenen Füchsle-Camp im September 2013.

Die Füchsle, das sind die U13-Vereinsmitglieder des Sportclubs. Denen wird einiges geboten: Stadionführungen, Auswärtsfahrten, pädagogische Projekte wie »Fußball und Lesen«. Die Füchsle-Camps sind darüber hinaus zentraler Bestandteil der SC-Nachwuchsarbeit in der Region. Diese drei- oder viertägigen Fußball-Workshops finden bei Amateurvereinen im Dreiländereck statt, die Organisation übernimmt die Freiburger Fußballschule. Schon bei den Kleinsten soll die Fußballbegeisterung gefördert werden. Christian Streich betont, dass es dabei nicht nur darum geht, eine bessere Ballbehandlung zu erlernen. Die soziale Funktion, das Miteinander stehe im Vordergrund. Der Füchsleclub wird auch Fritz Kellers Forderung gerecht, »unseren Nachwuchs von Fernsehen und Computerspielen fernzuhalten«[57]. Diese gesellschaftliche Komponente ist es auch, die die freiburgtypischen Scoutings der Fußballbambini sympathisch macht. Natürlich werden auch die SC-Verantwortlichen nicht Nein sagen, sollte sich ein besonders talentierter Jungkicker auf diesem Wege ins Rampenlicht spielen. Gerade weil der Sportclub auf den Nachwuchs angewiesen ist, kann man damit gar nicht früh genug beginnen. Gleichwohl gab es hier bislang noch keine Meldung, wie wir sie andernorts schon vernommen haben. Dass zum Beispiel ein Neunjähriger einen Profivertrag erhält.

7. KAPITEL

UND WIR WERDEN IMMER MEHR

VON BESUCHERN, FANS UND SCHLACHTGESÄNGEN

Weil unsere Fans aus ganz Südbaden kommen

Selbst in den erfolgreicheren Zweitligazeiten der 80er-Jahre fanden selten mehr als 3.000 Zuschauer den Weg ins Dreisamstadion. Die meisten davon kamen aus der Stadt, kurz vor Anpfiff und hätten rein äußerlich ebenso gut zum Kegeln gehen können. Inzwischen sind allein unter dem Dach der Freiburger Fangemeinschaft 80 Fanklubs mit rund 3.000 Mitgliedern organisiert. Mit dem sportlichen Erfolg wuchs auch der Radius um das Dreisamstadion. Statt »FR« und vielleicht mal »EM« stehen heute an Spieltagen in Littenweiler Autos mit Kennzeichen aus ganz Südbaden: »OG«, »WT«, »LÖ«, »VS«, »KN« und vielleicht auch mal »BAD«, »KA« oder »BS« und »BL«.

Der erste SC-Fanklub hieß »Adler 86« und vereinte ein paar Getreue, die in den Vereinsfarben auf den wackligen Nord-Steh-rängen jubelten. Zusammen mit dem »Fanclub Ortenau 90«, den »Bleichtalfüchsen« oder den »Dreisambobbele« wurde der erste Schritt zu einer lockeren Zusammenarbeit gegangen, ehe die Freiburger Fangemeinschaft aus der Taufe gehoben wurde. Ob Mark-gräflerland oder Hotzenwald, ob Elztal oder Dreiländereck, ob Baar oder Tuniberg – über ganz Südbaden verteilen sich die rot-weißen Fan-Farbtupfer und jeder hat seinen eigenen Mythos. Ein Spieler, der aus der Heimat kam, ein mitreißendes Match, der Aufstieg in die Bundesliga oder einfach das Bekenntnis zum etwas anderen Fußballklub. Die Sehnsucht nach der Heimat dürfte bei den in Hamburg beheimateten »Alsterfüchsen« ebenso den Ausschlag ge-geben haben wie bei den »Spree Bobbele« aus der Hauptstadt. Beim Fanklub »Nienburg/Weser«, deren Abgesandte man lange bei je-dem SC-Kick nördlich des Mains traf, stand der Bruder von Volker Finke als Gründungsmitglied Pate. Angesichts derart gewachsener Anhängerschaft hat der Verein Mittel in die Hand genommen und

2001 neben dem Eingang zur Nordtribüne ein Fanhaus errichtet. Dieses ist nicht nur Treffpunkt vor und nach dem Spiel, hier gibt es auch Fanartikel, das Vereinsmagazin und eine Info-Theke.

Das Fanleben in und um Freiburg ist vielfältig, es erstreckt sich vom praktisch ausgestorbenen Kuttenträger über organisierte und nicht organisierte Fans bis hin zu den Ultras. So unterschiedlich ihr Auftreten ist, so verschieden die Vorstellungen eines Supports beim Spiel, so gemeinsam ist ihnen, dass sie sich in aller Regel vernünftig verhalten. Gerade das hat das Image des Sportclubs immer wieder geprägt und macht ihn noch heute zu einem besonderen Klub. Doch längst nicht nur das …

GRUND NR. 101

Weil unsere Fans mit dem Rad zum Spiel fahren

In Freiburg gibt es, allein weil Studentenstadt, überproportional viele Fahrräder. Nicht alle davon haben einen, manche dafür gleich mehrere Besitzer. Davon jedenfalls zeugen Heerscharen von zerbeulten Rostlauben, die speziell nach Wochenenden an den absurdesten Orten geparkt werden. An Hauswände gelehnt, in Büsche geschoben oder schlicht auf dem Boden liegend warten sie dort auf die nächste Beförderung. Als originellster Weg des Abstellens gilt bislang die einige Kraft und Geschicklichkeit erfordernde Praxis, ein Fahrrad auf ein Verkehrsschild zu hieven, um es so fallen zu lassen, dass der Rahmen den entsprechenden Pfosten voll umgibt.

Eine Stunde vor Heimspielen bietet sich dagegen ein anderes, weitaus bewegteres Bild, an das Einheimische sich längst gewöhnt haben, das aber bei manchem Auswärtsfan immer noch zu Belustigung führt. Zu Tausenden fahren die SC-Besucher dann nämlich die Dreisam entlang und haben dabei, so scheint's, nur das Ziel, als Erster anzukommen. Die Erscheinung der Radler variiert dabei vom karbonbehelmten High-End-Spezialisten in greller Vollmontur bis hin zum Damenradtrödler mit Doppelachter und schleifendem Schutzblech. Mittvierziger kämpfen mit Satteltasche, neongelber Hosenklammer und Kinderanhänger gegen die Steigung an und klingeln dabei nicht selten dogmatisch die Fußgänger beiseite. Daneben nuckeln zwei freihändig schlingernde Pennäler schon am Nachmittagsschoppen. Gib einem Mann ein Fahrrad, so könnte man in Anlehnung an Konfuzius behaupten, und er vergisst alle guten Manieren. Und trotzdem, selbst die unübersichtlichsten Situationen gehen dann doch noch irgendwie glimpflich aus. Fürwahr, so eine Velotour bietet sportliche Betätigung und Freude gleichermaßen und ist angesichts der Beförderungsalternativen – brechend volle Tram oder Stop-and-go mit dem Auto – die einzig sinnvolle Möglichkeit, zu einem Heimspiel zu gelangen. Eine Frage müssen wir aber noch stellen: Auf welchen Wegen sollen alle diese Radfahrer zum neuen Stadion kommen?

GRUND NR. 102

Weil bei uns Sozialromantiker auf den Rängen stehen

Die längste Zeit stand Freiburg nicht gerade für ein besonders buntscheckiges Fanleben. Wenn sich neben 2.000 mürrischen Senioren auch ein paar Halbstarke ins Dreisamstadion verirrten, war das schon fast revolutionär. Dann kam Volker Finke. Mit ihm sollte sich an der Dreisam eigentlich so gut wie alles ändern. Und plötzlich pilgerten auch bis dato weniger bekannte Genres zum Fußballschauen in den Freiburger Osten. Es entwickelte sich eine intellektuell-alternative Fankultur, die noch heute einzigartig in der deutschen Fußballlandschaft ist. Mit einem Mal klatschte der Erdkundestudent im Norwegerpulli neben der Gestaltungstherapeutin, es glänzten die Augen des Heilerziehungspflegers hinter der Buddy-Holly-Brille und entrückt fiel die Psychologin dem Physik-Doktoranden um den Hals.

Als Paradebeispiel gewandelten Zuschauerinteresses gilt dabei der vor allem im Stehplatzbereich anzutreffende Sozialromantiker. Beruflich von eher indifferenter Kontur (Arbeitsmotto: »Mal dies, mal das, mal mehr, mal weniger«) ist auch er erst Sympathisant des Sportclubs, seit Volker Finke das Ruder übernommen hat. Inzwischen ist er bereits im späteren Sommer des Lebens angelangt, kann aber schon auf einige Jahre leidenschaftlich geführtes Vereinsleben zurückblicken. Dass er ursprünglich gar nicht aus Freiburg stammt, kompensiert er durch profunde Sachkenntnis auch unwichtigster sportlicher Details, wie etwa der Heimbilanz gegen die SpVgg. Unterhaching. Zu Heimspielen fährt er nach melancholisch mitgelebter Hölderlin-Lektüre aus seiner Unterwiehremer WG mit kaum verkehrstüchtigem Fahrrad an. Fangesänge werden nur intoniert, sofern sie niemanden beleidigen könnten. Einzig die »Fußballmafia DFB« bekommt aus ideologischen Gründen regelmäßig ihr Fett weg. Auswärtsfahrten mit der grölenden Fanbusgemeinde indes sind seine Sache nicht. Lieber macht es sich der Sozialromantiker mit einem Vorrat handgestopfter Zigaretten im »Swamp« bequem. Hier finden auch seine gesellschaftsutopischen Betrachtungen regen Widerhall, zu denen er sich angesichts des Kampfes David gegen Goliath immer wieder hinreißen lässt.

Im Freiburger Fußball sieht der Sozialromantiker den fleischgewordenen Gegenentwurf zu allen gesellschaftlichen Fehlentwicklungen seit der Erfindung des Rades. Der »Esszeeh« muss unterstützt werden, weil er klein ist und nicht groß, weil er arm ist und nicht reich, Freiburg grün ist und das Stadion von Solarstrom versorgt wird. Jeder Punkt, den der Sportclub den großen Vereinen abringen kann, wird im Stillen gefeiert wie eine gewonnene Schlacht im ewig währenden Klassenkampf. Träumereien vom europäischen Wettbewerb sind dem Sozialromantiker vor allem deshalb zuwider, weil er nichts mehr fürchtet als den Verkauf der unbescholtenen

Sportclub-Seele an die kommerziellen Mechanismen des Marktes. Statt faustischem Hochverrat findet der Sozialromantiker seine Götzen in der Internationalen. Seine Fahne leuchtet nicht nur wegen Freiburg rot!

Einen moralischen Mitstreiter in Sachen »Aufstehen gegen die Leistungsgesellschaft« findet der Sozialromantiker übrigens im Ästheten. Diese zweite Großgattung des Freiburg-Fans hat zwar wenig Ahnung von fußballtaktischen Details, kann sich aber wie kein anderer an einem schönen Spiel erfreuen. Dabei gilt seine Anerkennung gegnerischen wie einheimischen Akteuren gleichermaßen. Von gelungenen Spielzügen kann der Ästhet noch zwei Tage später schwärmen, auch wenn das Spiel verloren und das Saisonziel um Seemeilen verfehlt wurde. Lieber ein Hackentrick im eigenen Sechzehner als eine Blutgrätsche, lieber ein Seitfallzieher in die Dreisam als ein Kopfball ins Netz. Solange die Mannschaft attraktiven Fußball bietet, wird der Ästhet im Stadion stehen – auch noch in der Verbandsliga. Wo es ja dann auch nicht mehr so viel Eintritt kostet.

GRUND NR. 103

Weil der Freiburger Fußball
intellektuelle Unterstützung erfährt

Der SC hat also viele besondere Fans und eine einzigartige Fankultur. Doch wie sieht es mit dem Sympathisanten des Clubs jenseits der Stadiontore aus? Als wohl berühmtester Freiburg-Anhänger gilt Günter Grass. Der Literatur-Nobelpreisträger sprach sich 2007 zusammen mit 2.600 anderen Fans sogar in einer ganzseitigen Zeitungsanzeige im *Sonntag* für den Verbleib von Volker Finke aus. Zwar blieb dieses Unterfangen bekanntlich erfolglos, doch wenn wir genau hinsehen, gibt es noch mehr freiburg- und fußballaffine Elemente im Schaffen des gebürtigen Danzigers. Beim Anblick des passionierten Pfeifenrauchers mag sich mancher daran erinnert haben, wie Volker Finke bei seiner ersten Pressekonferenz im Breisgau ganz selbstverständlich den Tabakbeutel auspackte, bevor er den Journalisten Rede und Antwort stand. Sodann könnte eine »Blechtrommel« durchaus zur akustischen Untermalung von Fangesängen benutzt werden, jedenfalls dann, wenn man sie nicht in derselben enervierenden Weise bedient wie der kleine Oskar in der gleichnamigen Verfilmung. Und schließlich handelt doch ebendieses Hauptwerk des Literaten von einem Jungen, der sich der oberflächlichen Welt der Erwachsenen verweigern und für immer klein bleiben will. Auch der Sportclub spielt über Jahrzehnte hinweg nicht ganz unfreiwillig die Rolle des kleinen Fisches im Haifischbecken Bundesliga. Und zu den UEFA-Cup-Ausreißern nach oben hätte Grass vermutlich gesagt: »Die Plebejer proben den Aufstand.« Unverhofft kommen wir also an dieser Stelle zu einer tief greifenden Neubewertung des gesamten Opus Grass. Letzterer war nicht nur Rezipient des Freiburger Fußballs, er hat ihn vielmehr in beinahe prophetischer Weise vorgezeichnet und mitbestimmt. Und als er im Jahr 2000 das 1:1 gegen den BVB auf der Tribüne verfolgte, wollte er sich vermutlich nur überzeugen, ob seine Ideen auch adäquat umgesetzt werden.

Nebenbei sei erwähnt, dass sich der intellektuelle Rückhalt für unseren etwas anderen Verein offensichtlich über alle politischen Lager hinweg erstreckt. So galt Rhetorik-Professor Walter Jens ebenso als Sportclub-Anhänger wie der Kabarettist Matthias Deutschmann. Immer wieder präsentiert der Wahl-Freiburger seinem Publikum sogar Anekdoten zu Stocker, Finke oder Streich. Geistige Vor- *und* Nachbereitung des Fußballs – wo gibt es das sonst noch? Neben dem langjährigen SPD-Mitglied Grass bekennt sich übrigens auch Werner D'Inka zum Sportclub. Letzterer, seit 2005 Mitherausgeber der *Frankfurter Allgemeinen*, ist ein waschechtes Bobbele und wuchs im Markgräflerland auf. D'Inka zählt zu den renommiertesten Publizisten der Republik und erklärte in der Festrede zum Ralf-Dahrendorf-Preis im Juni 2013 im Freiburger

Konzerthaus, wie sehr ihm der SC Freiburg am Herzen liege. Beide Denker bekennen übrigens auch symbolisch Farbe: Während Günter Grass einen rot-weißen Schal sein Eigen nennt, ziert der Sportclub-Greif das Auto von Werner D'Inka.

GRUND NR. 104

Weil Kyle Bauman zwei Jahre lang sparte, um ein SC-Spiel zu besuchen

Das nennt man Leidenschaft: Ein SC-Verrückter, der weder Zeitverschiebung, kontinentale Distanz noch Übertragungsprobleme scheut, um sein Team zu supporten. Die Rede ist von Kyle Bauman, dessen Liebe zum SCF im Jahr 2005 aufflammte. Am ehesten ist sie vielleicht noch damit zu erklären, dass Kyles Großeltern vom Oberrhein stammen. Als alles anfing, war Kyle 16 Jahre alt und ging in Kitchener zur Schule, einer Kleinstadt in der kanadischen Provinz Ontario, 6.500 Kilometer Luftlinie entfernt vom Dreisamstadion.

Sonntagmorgen, acht Uhr, Saison 2006/07. Kyle hat die Nacht davor Party gemacht und ist noch ein wenig verkatert. Er setzt sich an seinen Computer, geht ins Internet und klickt auf eine Seite, die das Spiel 1. FC Köln gegen den SC Freiburg live überträgt (14 Uhr MEZ). Der Bildausschnitt ist kleiner als die übliche Videoportal-Größe. Man muss schon ganz genau hinschauen, um einzelne Spieler erkennen zu können. Kyle macht eine Dose Bier auf, zückt den SC-Schal, den er sich von Internetfreunden hat schicken lassen, und singt, sechs Stunden zeitverschoben: »Zweite Liga tut so weh, scheißegal, olé olé.« Zur zweiten Halbzeit kommen noch einige Kumpels vorbei. Gemeinsam nennen sie sich die »Kanadischen Füchse«. Sie haben von einer Fangesangsseite weitere Lieder ausgedruckt: »Steht auf, wenn ihr Badner seid.« Kyle und seine Kumpels stehen. Irgendwie sind sie auch Badner. Auch wenn sie noch nie in Freiburg waren. Auch wenn sie die Nordtribüne nur verpixelt kennen. Auch wenn sie die SC-Fangesänge mit kanadischem Akzent intonieren. »Wir trinken meist Carlsberg. Leider habe ich in ganz Kanada keinen Rothaushändler finden können.«[58]

Im August 2007 erfüllt sich Kyle seinen Traum und reist nach Freiburg. Er hat zwei Jahre lang gearbeitet und Geld gespart für das Flugticket. Er wird von einem Freiburger Online-Kollegen beherbergt. Gemeinsam besucht man das erste SC-Spiel, einen Auswärtskick in Osnabrück. Der Sportclub verliert zwar mit 1:2, doch Butschers Anschlusstreffer, das erste SC-Tor, das Kyle live miterlebt, macht den Tag zum schönsten in seinem bisherigen Leben.

Was Bauman heute macht, ist unbekannt. Fest steht, er ist Ehrenmitglied der Supporters Crew. Kyle wollte nach seinem Highschool-Abschluss studieren und Lehrer werden, Geschichte und Politik unterrichten. Ein Lehrer, der im fernen Kanada im Khizaneishvili-Trikot vor die Klasse tritt. Das Trikot hat er bereits.

GRUND NR. 105

Weil Ronald »Minus« Becker ein SC-Museum in Hamburg aufgebaut hat

Am 25. Oktober 2015 kam es am Hamburger Millerntor zum Aufeinandertreffen zwischen dem FC St. Pauli und dem SC Freiburg. Mindestens einem Zuschauer war der Spielausgang ziemlich egal. Ronald Becker ist nämlich sowohl eingefleischter Pauli- als auch Sportclub-Fan. Bei den Hamburgern kickte er sogar selbst in der sogenannten Fünften, also dem Seniorenteam. Den Zugang zum Sportclub erhielt er indes über einen anderen Norddeutschen – natürlich Volker Finke. »Noch in den 1980er Jahren waren die Zeiten in Deutschland extrem konservativ. Da gab es Trainertypen wie

Udo Lattek und Rolf Schafstall. Finke war das Gegenmodell zum damaligen Profifußball.« Kommunikation statt Kasernenton, Gespräche statt Befehle. »Das hat mich fasziniert und neugierig auf den Klub gemacht. Auch die Philosophie, keine Schulden zu machen und langfristig zu planen, imponierte mir.«[59]

Und dann kam das Schlüsselerlebnis für ihn und viele andere Fans. Im August 1994 fegte der Sportclub die Bayern mit 5:1 vom Platz. Ein Ereignis, das »Minus« (sein alter Spitzname aus Punkertagen) als »unerhört« einstuft. Fortan sammelte er alles, was er kriegen konnte. Sein Heim ist ein einziges Museum, die Wände seiner Wohnung sind bedeckt mit alten Plakaten zu SC-Spielen, am häufigsten natürlich die Paarung St. Pauli gegen Freiburg. Er verfügt über Jubiläumsbände, Spielerausweise aus den 1930er-Jahren, Sammelkarten aus Zigarettenschachteln und die älteste Jogi-Löw-Autogrammkarte aller Zeiten. Im seinem SC-Museum befanden sich Ende 2015 insgesamt 905 Autogramme, 335 Eintrittskarten, 701 Fanzines und Zeitungen und 117 Trikots – alles sorgsam archiviert und geordnet. Nostalgiker können hier im Heft 9 der Mitgliederzeitung *Rundschau Sportclub Freiburg i. B.* von 1926 schmökern, in der Rubrik »SC gegen FFC« jedem Detail der hochbrisanten Lokalderbys nachspüren und schauen, an welche Spieler die jeweiligen Rückennummern der letzten 20 Jahre vergeben wurden. Wer hätte etwa gedacht, dass ein gewisser Hamed Namouchi 2010 dieselbe Rückennummer trug wie einst Altin Rrakli oder Admir Mehmedi?

Natürlich muss der interessierte Anhänger nicht eigens nach Hamburg fahren, um an diese sensationelle Sammlung zu gelangen. Vielmehr sind die Ausstellungsstücke des SC-Freiburg-Museums online einsehbar. Eine Win-win-Situation: Der Verein unterstützt »Minus« beim Sammeln, dafür möchte dieser nach seinem Tod das gesamte Museum dem Sportclub überlassen. Wobei sich der Mittfünfziger bestimmt auch über Besuch freuen würde. Schließlich bimmelte er vor geraumer Zeit selbst an der Türe Achim Stockers und plauderte mit ihm den Nachmittag über. Ob »Minus« aber jedem Spontan-Besucher einen seiner selbst verfassten SC-Songs mit der Gitarre vorspielt, können wir nicht versprechen.

GRUND NR. 106

Weil wir das »Badnerlied« singen

Der Sportclub war nicht der erste Verein, bei welchem vor jedem Heimspiel das *Badnerlied* abgespielt wurde. Zumindest der KSC hat damit schon früher begonnen. Gleichwohl ist dieses Ritual inzwischen sinnstiftend für die Fans vom Hochrhein bis zur Ortenau, vom Schwarzwald bis zum Kaiserstuhl. Sobald die ersten Takte erklingen, recken Tausende – von patriotischen Wallungen durchflutet – die Schals in die Luft und intonieren textsicher und aus Leibeskräften mit.

Inzwischen sind wir so weit, sagen zu können, dass jeder SC-Fan das *Badnerlied* kennt. Weniger bekannt ist jedoch, dass es vermutlich um das Jahr 1865 aus dem heute weitgehend vergessenen *Sachsenlied* umgedichtet wurde. Echten Heimatgefühlen war dieser Umstand indes nicht abträglich. Erst recht nicht deswegen, weil die Münsterstadt höchstselbst in der vierten Strophe ihre Erwähnung findet:

In Haslach gräbt man Silbererz,
bei Freiburg wächst der Wein,
im Schwarzwald schöne Mädchen,
ein Badner möcht' ich sein.

Refrain:
Drum grüß ich Dich, mein Badnerland,
Du edle Perl' im deutschen Land,
Frisch auf, frisch auf, frisch auf, frisch auf,
frisch auf, frisch auf, mein Badnerland!

Mittlerweile hat es sich nachgerade bei den ultrapatriotischen Anhängern eingebürgert, die letzten beiden Zeilen des Refrains mit schwabenkritischer Note abzuwandeln: »Der Schwab muss raus aus dem Badnerland!« Die Verunglimpfung des Landesnachbarn geht noch weiter, ist aber nicht gerade kniggekonform. Dies gilt auch für manche der über 80 später hinzugedichteten Strophen, die über die Wasserqualität des Neckars oder die fußballerischen Fähigkeiten des VfB herziehen. Das *Badnerlied* erklingt übrigens auch bei den Heimspielen in Hoffenheim, wobei das ja nach Ansicht der Sportclub-Fans gar nicht zu Baden gehört. Aber das ist eine andere Geschichte.

GRUND NR. 107

Weil Hoffenheim nicht zu Baden gehört

Volksabstimmung 1951 über die Neugründung eines südwestdeutschen Gesamtstaates alias Baden-Württemberg. Der Aufruf der badischen Landesregierung lautete: »Männer und Frauen! Liebe Landsleute! Am 9. Dezember 1951 liegt bei Euch die ernste Entscheidung, ob Ihr in Zukunft die Geschicke Eurer Heimat selbst in der Hand behalten wollt. (…) Wollt Ihr selbst weiterhin über das bestimmen, was Euch am Herzen liegt, dann stimmt am 9. Dezember für die Wiederherstellung des alten Landes Baden. Jeder zur Wahlurne! Jede Stimme für Baden!«[60]

Unterzeichnet wurde dieser Aufruf von Dr. Leo Wohleb, damals badischer Staatspräsident und übrigens Mitherausgeber einer lateinischen Grammatik, die jahrelang zum Standardrepertoire ächzender Pennäler zählte. Dieser und andere (»Vom See bis an des Maines Strand: die Stimme dir, mein Badnerland!«) flammende Appelle kamen gut an, jedenfalls in und um Freiburg. Doch das genügte nicht. Denn in allen anderen drei Stimmbezirken (Nord-

Baden, Nord-Württemberg und Württemberg-Hohenzollern) sprach sich eine Mehrheit gegen Baden aus. Von den Württembergern war ein solches Votum erwartet worden, doch die eigenen Brüder aus Nordbaden?

So bedeutete dieser Ausgang der Abstimmung das Ende des alten Landes Baden und seiner beinahe 150-jährigen Geschichte. Und schlimmer noch den Zusammenschluss mit den wenig beliebten Schwaben. Eingefleischten Lokalpatrioten ist dies mehr als Anlass genug, zwischen echten und unechten Badnern zu differenzieren. Die Verräter aus dem eigenen Lager bekommen denn auch die volle Breitseite zu spüren. Das in Sinsheim abgespielte *Badnerlied* wird seit jeher von einem gellenden Pfeifkonzert aus dem Gästeblock begleitet, nur unterbrochen von einem trotzigen »Hoffenheim gehört nicht zu Baden«. Demonstrativ wird sodann lautstark die richtige Strophe angestimmt, also diejenige, in welcher Freiburg, die letzte Bastion aufrechten Badnertums, namentlich genannt wird. Ähnliches vollzieht sich bei Vergleichen mit anderen Treulosen, wie etwa dem KSC. Während gegen jeden anderen Verein der Bundesliga, allen voran den VfB Stuttgart, das bloße Hissen der badischen Flagge als Distinktionsmerkmal voll hinreicht, muss landesintern schon »Südbaden« gerufen werden, um seinen besonderen Status zu dokumentieren. Immerhin das kann man auch anders werten, als bei den ohnehin meist aufgeladenen Duellen noch zusätzlich Öl ins Feuer zu gießen. Formal gesehen ist es in etwa dasselbe, wenn Mainzer Fans »Rheinhessen« oder Paderborner »Ostwestfalen« rufen würden.

Weil unsere Fans »keine Arbeit« brauchen

Fangesänge haben leider immer seltener originären Charakter. In den Kurven der deutschen Stadien hört man meist die gleichen Melodien, der Text unterscheidet sich oft allein darin, dass die Initialen des eigenen Vereins ausgetauscht werden (FCB / KSC / SCF usw.). Umso schöner, wenn Fans hin und wieder eigene, identitätsstiftende Zeilen anstimmen. Im Dreisamstadion zum Beispiel diese hier:

Wir sind aus Freiburg und wir reisen viel,
für Dich singen wir bei jedem Spiel,
wir brauchen keine Arbeit, keine Frau, kein Geld,
denn für uns bist Du das Größte auf der Welt.

Sportclub Freiburg im Herz, im Kopf, überall,
wir sind nicht mehr ganz normal.

Der Song stammt aus dem Umfeld der Fangruppierung »Wilde Jungs« und wurde Anfang 2011 populär. Es handelt sich hierbei um eine Coverversion der kalifornischen Punkband The Offspring. Der Originaltitel heißt *Why Don't You Get a Job* und befindet sich auf dem Album *Americana*, das 1998 erschien.

Why Don't You Get a Job, eine gefällige Ska-Punk-Nummer, erinnert stark an den Beatles-Hit *Ob-La-Di, Ob-La-Da* (1968). The Offspring machen auch gar keinen Hehl daraus, dass der Song von Lennon/McCartney inspiriert ist. Textlich geht es um einen Mann, der seine Freundin loswerden will, weil sie ihm nur auf der Tasche liegt und faul in der Wohnung herumhängt, anstatt sich Arbeit zu suchen.

The Offspring haben ihren kreativen Zenit freilich längst überschritten. Bereits 2004 hieß es in einer Münchner Konzertrezension der *Süddeutschen Zeitung*: »The Offspring hangeln sich mühsam irgendwo zwischen Hit-Potpourri und Posen mit der Jägermeister-Flasche durch 80 peinliche Minuten.«[61] Von Gestümper ist die Rede, die Band lasse sowohl Spiellaune als auch technisches Können vermissen. Alles Attribute, die auf den SC Freiburg glücklicherweise nicht zutreffen. Fazit: Gutes Stimmungslied, abgewandelt von einem Haufen in die Jahre gekommener Punk-Veteranen.

GRUND NR. 109

Weil unsere Fans nicht »gewaltsam durchdrehen«, sondern »nur der SCF« zählt

Freiburger Anhänger gelten gemeinhin als sehr friedlich und sind außerdem in den meisten Stadien gern gesehene Gäste. Der Golfballwurf gegen Oli Kahn blieb zum Glück die absolute Ausnahme für Fans, die kurz zuvor den Fairplay-Preis überreicht bekommen hatten. Kaum einmal muss der Sportclub-Reisende die üblichen strengen Gästeblockauflagen über sich ergehen lassen, auch die angeforderte Polizei kann sich zurücklehnen und das Spiel verfolgen. Umso erstaunter war mancher Stadionbesucher ob des Textes eines der jüngeren Fansongs:

> *Es ist so schön, im Stadion zu stehen,*
> *Freiburg spielen zu sehen,*
> *gewaltsam durchzudrehen.*

Der Irrtum war schnell beseitigt. Es heißt »gemeinsam durchzudrehen« und nicht »gewaltsam«. Nicht auszudenken, ein bloßer Verständigungsfehler hätte um ein Haar den guten Ruf der gesamten Freiburger Anhängerschaft ruiniert! Zum Glück hat sich das noch aufgeklärt, und die hauptsächlich auf der Nordtribüne beheimatete und überwiegend bloß stimmliche Fangewalt kann weiter ihren Ritualen nachgehen.

Ein solches heißt »Nur der SCF«. Es beginnt mit der Aufforderung des Capo, in das die ersten 50 Mann gleich lautstark einstimmen: »Hinsetzen, hinsetzen!« Nun befinden sich allerdings immer wieder Leute im Block, die das nicht verstehen oder es nicht einsehen, ihre plötzlich einmalig gute Sicht aufzugeben. Andere zwickt vielleicht auch einfach seit der Toilettenpraxis im letzten Indienurlaub der Lendenwirbel. Die Ermunterung, Platz zu nehmen, wird jedenfalls wiederholt, meist lauter, aggressiver und mit trommlerischer Untermalung. Beim dritten, vierten Mal gelingt es dann mithilfe von Buhrufen, Fingerzeigen auf die Ausreißer oder schlichtem Herunterdrücken des Vordermannes, dass der Großteil des Blocks zumindest wacklig in der Hocke kauert. Das Bier des Nebenmannes ist zu diesem Zeitpunkt bereits zur Hälfte über den eigenen Jackenärmel geschwappt, während die eigene Erfrischung als schmales Rinnsal die Trittstufe hinunterplätschert. Doch das eigentliche Ritual beginnt jetzt erst: Leise, kaum hörbar, fast geisterhaft, summen die Fans einige Male »Oh, oh, nur der, nur der SCF«. Am Ende ist es fast totenstill, bis ein Trommelwirbel das Signal zum Aufstehen gibt. Mit frischer Luft in den Lungen brüllen nun alle aus voller Kehle drauflos. Zwar klingt es bei der zweiten Wiederholung schon wieder etwas leiser, zwar rutschen beim plötzlichen Skandieren weitere Getränkebecher aus der Hand, aber trotzdem ist »Nur der SCF« wohl die stimmgewaltigste SC-Anfeuerung. Sie konzentriert alle Kraft auf einen Moment und kommt so einem Urschrei gleich, der auch in fremden Stadien, will sagen in der Unterzahl, noch weithin vernommen wird. Nicht wenige Fans sehnen sich nach mehr solchen Elementen im Support. Statt minutenlang halblaut gleichförmigen Singsang vor sich hin zu murmeln, könne man so kurzfristig für viel stärkere Furore sorgen und sich dann mal wieder eine Pause gönnen. Das Ideal deutscher Ultra-Szenen steht dem aber ein Stück weit entgegen. Es besteht darin, am besten ununterbrochen 90 Minuten – und dabei auch unabhängig vom Spielstand – durchzusingen. So weit sind wir in Freiburg nun wirklich noch nicht, was die einen gut, die anderen eher schlecht finden mögen. Einmaliges Liedgut haben wir aber auf jeden Fall.

Weil mancher Spieler bei uns ein Lied bekam

Besondere Spieler werden in besonderer Weise gewürdigt. Auch in Freiburg bedeutet dies, dass neben allgemein gehaltenen Anfeuerungen oder pauschalen Verunglimpfungen von Gegnern, Schiedsrichtern oder Verbänden Schlachtrufe entstehen, die einer einzigen Person gewidmet sind. Ein früher Vertreter dieser Praxis ist Uwe Spies, der phasenweise bei jedem Ballkontakt mit jenen lang gezogenen »Uwe, Uwe«-Sprechchören begleitet wurde, die einst schon zugunsten eines Hamburger Stürmeridols erklangen. Auf dieselbe Anfeuerung musste auch Namensvetter Wassmer nicht lange warten, nachdem er sich in die kleine, aber feine Riege derjenigen eingereiht hatte, die gegen Bayern München einen Hattrick erzielten. Es war auch die Phase, in der reihum jeder, der ein gutes Spiel gemacht hatte, darüber informiert wurde, er und kein anderer sei »der beste Mann« gewesen. Später kam die Zeit der »Fußballgötter«. Ali Güneş war der erste, Roda Antar ein weiterer und viele andere, darunter Stefan Reisinger, folgten ihnen nach. Zur Melodie von *Vamos a la playa* ließ sich unterdessen kaum ein Name phonetisch glatt verwenden. Boubacar Diarra hatte das Glück. Wobei zur Not auch nach dem Prinzip »Reim dich, oder ich schlag dich« verfahren wurde. Der arme Sebastian Kehl wurde unter mehrfacher Wiederholung in den Takt von *Der Hahn ist tot* hineingequetscht, zur Sieben-Zwerge-Melodie *Wir sind vergnügt und froh* widerfuhr »Hejo, hejo, I-bra-him Tan-ko« ein ähnliches

Schicksal. Einfacher war es da, eine selbst gewählte zweisilbige Verniedlichung wie »Iashi« oder »Richie« zu skandieren, denn nicht jedem Namen wohnt schon per se der Rhythmus in dieser Weise inne wie dem geschmeidigen »Coulibaly, Coulibaly, hey!«, »Mehmedi, oh oh!« oder »Kariiim Guédé, Kariiim Guédé!«. Das »Kobiashvili« ging dank eines zum J erweiterten I noch halbwegs über die Lippen, wohingegen bei Khizaneishvili selbst das bloße Rufen des Nachnamens bei der Aufstellung zum von Kichern begleiteten Kauderwelsch verkam. Mit diesem Namen – Olajengbesi, Targamadze und Pfingsten-Reddig werden das bestätigen – kann man einfach auch kein Star werden. Wohl dem also, der einfach Oliver Baumann heißt und bei jeder gelungenen Parade den Zuspruch der Massen erfahren durfte. Dies ging auch »Die Sonne scheint bei Tag und Nacht«-Rodolfo Cardoso so, der die Fans ähnlich oft zu Jubelgesängen inspirierte wie 15 Jahre später »Papiss Demba Cissé«.

Der Name war Programm. Dies galt auch beim spartanischsten aller Freiburger Schlachtrufe, dem einsilbigen »Dutt«, welcher jenem Trommelrhythmus folgte, nach dem man üblicherweise »Sieg« schreit und damit als Gefolgsmann Nürnberger Parteitreffen gebrandmarkt werden kann. Immerhin liegen solche Assoziationen angesichts von »Volker Finke, du bist der beste Mann« weit außerhalb jeder Vorstellungskraft. Dem aktuellen Freiburger Trainer – nicht zuletzt durch den »Streich der Woche« längst zur Kultfigur geworden – fehlen solche namensbezogenen Huldigungen noch. Am 33. Spieltag der Saison 2013, beim 2:1-Sieg in Fürth, der den Einzug in die Europa League bedeutete, aber forderten die Fans so lange das Erscheinen ihres Trainers, bis Rudi Raschke ihn aus den Katakomben zog und Christian Streich unter grenzenlosem Jubel zur Mannschaftsfeier vor dem Gästeblock stieß.

Weil die Mannschaft den Fans ein Lied gesungen hat

Bei so viel Liebe seitens der Fans wollten die Spieler ihnen in nichts nachstehen. Der Dank der Mannschaft für die treue Unterstützung war ein Musikvideo und ein stimmungsvoller Song, den die Band Fisherman's Fall aus Wyhl am Kaiserstuhl geschrieben hat. Die Initiative für diesen Sommerhit 2009 ging von Robin Dutt aus, kurz darauf saßen Team und Band gemeinsam im Tonstudio. Heiko Butscher, damals Mannschaftskapitän, heizte auf dem Schlagzeug ein, und sogar bei den alemannischen Dialektelementen des Textes lagen die allermeisten voll auf Kurs.

Im Video sieht man zur Musik Szenen aus dem Innenleben einer typischen Freiburger Mannschaft, etwa, wenn Tommy Bechmann und Pavel Krmaš Gemüse schneiden, Spieler vom Mountainbike purzeln, in der Dreisam planschen oder mit verbundenen Augen Vertrauensspiele machen.

Man sieht, wie Eke Uzoma den Ball gegen Köln in den Winkel zwirbelt oder die Spieler nach einem Sieg im Kreis tanzen. Ein weiteres Glanzlicht setzt Mo Idrissou mit seinem »Oh, hejo, SC, SC Freiburg vor!«. Den Text kennt jeder aufrechte SC-Fan inzwischen in- und auswendig. Zum besseren Verständnis belassen wir es beim Schriftdeutsch (die zweite Strophe bitte selbst weitersingen!).

Tief im Süden ist unser Platz,
Sonne verwöhnt unsern Dreisamschatz.
Wir gewinnen jeden Doppelpass,
spielen alle in unserm Bächle nass.
Bei uns da geht kein Ball ins Aus,
denn unser Antrieb heißt Applaus.

Refrain:
SC Freiburg vor – immer wieder vor,
immer wieder vor – SC Freiburg vor!
SC Freiburg vor – wir stürmen jedes Tor,
stürmen jedes Tor – SC Freiburg vor!

Mit diesem Geschenk hat das Team ganz ohne Zweifel den richtigen Ton getroffen. In den rund vier Minuten Spielzeit werden durchweg echte Emotionen transportiert. Yacine Abdessadki tanzt, Ivica Banović hüpft, Ali Güneş pfeift und jeder, wirklich jeder hat Spaß mitzumachen. Auch und vor allem die Fans. Denn dieser Song verbindet Generationen. Die allermeisten Akteure der ursprünglichen Aufnahme kicken zwar mittlerweile woanders. Trotzdem versetzt ein aktualisiertes Video nun auch die jüngeren Fans in Ekstase. *SC Freiburg vor* fegt zu jedem Heimspiel aus den Stadionboxen und spätestens nach dem leidenschaftlich mitskandierten »isch« vor »unser Platz« sind die Tribünen auf Betriebstemperatur für die 90 Minuten. Diese Aktion ist einer der unzähligen und für dieses Buch der letzte Grund, warum der Sportclub, seine Trainer und Spieler, seine Fans und das gesamte Umfeld einzigartig sind. Den SC Freiburg gibt es nur gemeinsam. Jeder, der das miterleben will, darf gleich beim nächsten Spiel einstimmen.

8. KAPITEL

DIE BONUSGRÜNDE

WAS SEITDEM GESCHAH

Weil unser neues Stadion möglicherweise noch in diesem Jahrhundert fertig wird

Die Chronik um den Freiburger Stadionneubau gleicht einem Hürdenlauf Neu-Tegelscher Ausmaße. Bereits 2011 begann die Suche nach einem geeigneten Baugebiet an nicht weniger als 24 Standorten. Der Flugplatz kam in die engere und wurde bald zur einzigen Wahl. Im Februar 2015 gaben 58% der Freiburger in einem Bürgerentscheid diesem Standort ihren Segen – und seitdem? Ausschreibungen, Prüfungen, Grundsatzbeschlüsse, Flächennutzungspläne, turbulente Gemeinderatsdebatten, Dialogrunden, Proteste, Alternativvorschläge, Verwerfung derselben und immer wieder Hinweise, dass es dann jetzt aber echt wirklich bald schon ganz konkret losgeht mit dem Bauen. Und nicht einmal das: Denn wenn die im Juli 2018 bekannt gegebene Satzung des Bebauungsplanes in Kraft tritt, darf gegen alles noch einmal geklagt werden – im schlimmsten Fall mit aufschiebender Wirkung. Ob also wirklich 2019 der erste Spatenstich erfolgt und 2020 der Ball rollt, steht in den Sternen.

Parallelen zu Stuttgart 21 ergeben sich übrigens auch auf dem Feld der Finanzierung. Stand August 2018 sind wir angekommen bei strammen 131 Millionen inklusive der Infrastruktur. Zur Erinnerung: So mancher prominente Neubau-Befürworter hatten seinerzeit einen Umbau des alten Dreisamstadions mit der Begründung abgelehnt, er sei zu teuer. Kostenrahmen damals: 40 bis 45 Millionen. Das Volumen, über das die Bürger 2015 abgestimmt hatten, lautete auf 110 Millionen. Wer irgendwann mal zu viel Zeit hat, darf dem Autor und vielleicht auch manchem Leser erklären, wie und auf welcher Grundlage es eigentlich immer möglich ist, dass öffentliche Gelder in dieser Weise in Großaufträgen verbrannt werden. Doch regen wir uns nicht auf, es ist ja schließlich nur Sport.

Der Widerstand, der dem Großprojekt entgegenschlägt, speist sich ohnehin aus anderem Quell. Hierzu muss man erstens wissen, dass in Freiburg schon immer und traditionell gegen so gut wie alles protestiert wurde. In Zeiten der Generation Smartphone sicherlich ab und an ein erfrischender Gegenpol. Zweitens löffelt der Sportclub gerade eine Suppe aus, die andere eingebrockt haben. Die Rede ist natürlich vom Bau-Boom besonders der letzten Dekade, von Nachverdichtungen und Hochziehen halber Stadtteile, von Großprojekten, bei denen sich viele Freiburger übergangen fühlten. Beim neuen Stadion ist jetzt jeder irgendwie ein bisschen betroffen. Der eine interessiert sich für Fußball, dem anderen ist der Umweltschutz wichtig, weitere Leute haben Ideen, was man mit dem Geld sonst alles machen könnte, es gibt Anwohner, Lärmmesser und Nutzer des Flugplatzes sowie Menschen, denen einfach nur auffällt, dass die Stadtverwaltung die Stadionpläne intensiv vorantreibt und interne Kritiker offenbar nicht allzu gerne gehört werden. Auf diesem Nährboden entsteht gerade ein Gemisch aus nachvollziehbaren Bedenken und Fundamentalkritik verschwörerischer Couleur. All das ist aber nicht gegen den Verein und seine sportliche Entwicklung gerichtet, vielmehr sind die Sympathiewerte für den Sportclub nach wie vor hoch. Dennoch trifft es den Bundesligastandort Freiburg natürlich ins Mark, wenn etwa in Mainz ein neues Stadion in vier Jahren steht, wohingegen die neun Jahre für Freiburg noch nicht einmal sicher sind.

Eine ganz andere Frage verleiht der Stadiondebatte übrigens eine neue Groteske. Sollte nämlich alles so laufen wie geplant, stehen in Freiburg 2020 insgesamt drei größere Fußballstadien, die nicht voll ausgelastet sind bzw. sein dürften. Ins alte Dreisam-/Schwarzwaldstadion sollen die SC-Damen ziehen. Letztere spielen aber in der Regel vor einer dreistelligen Zuschauerzahl, was vor 25.000 Rängen bestimmt etwas komisch aussieht. Zwar gibt es schon Ideen, das Stadion zurückzubauen – wie konkret, unter welchen Kosten und mit welchen öffentlichen Beschwerden behaftet, ist derzeit freilich noch völlig unklar. Die Freiburger Fußballschule wiederum befindet sich im weiten Rund des Mösle, wo auch schon 14.000 Zuschauer Platz fanden. Zum ersten Regionalligaheimspiel 2018/19 der SC-Amateure gegen Saarbrücken strömten ganze 800 Interessierte hierher. Und schließlich wird es auch schwierig werden mit der Auslastung des neuen Stadions, sollte der Sportclub irgendwann wieder zweitklassig spielen. Gegen Aue, Bielefeld oder Paderborn würden es wohl kaum 35.000 Zuschauer werden. Es ist keine Lösung für dieses Dilemma in Sicht. Dabei liegt sie eigentlich auf der Hand: Freiburg baut ein viertes Stadion! Standortvorschläge nimmt die Geschäftsstelle entgegen…

BONUSGRUND 2

Weil wir 2016 zum fünften Mal in die Bundesliga aufgestiegen sind

Bitter war er, der Abstieg im Sommer 2015. Und der aufmerksame Leser weiß längst, es war auch der unnötigste aller Zeiten. Einmal mehr also stand das Trainerteam um Christian Streich vor der Aufgabe, mit einem runderneuerten Kader am Tor zur Beletage des deutschen Fußballs anzuklopfen. Die Überschrift zu diesem Kapitel nimmt den Erfolg dieser Mammutaufgabe bereits vorweg – am Ende der Spielzeit war Freiburg wieder Zweitligameister, und unser kleiner Club aus dem Breisgau, der wie vielleicht kein zweiter auf die Kontinuitätskarte setzt, sah sich in seiner Philosophie rundum bestätigt.

Sinnbildlich für den Spielstil in dieser Runde steht bereits der Saisonauftakt gegen die mitfavorisierten Nürnberger, die am Ende als Dritter nur in der Relegation scheiterten: Nach 13 Minuten hatte Nils Petersen bereits einen lupenreinen Hattrick erzielt, am Ende hieß es gar 6:3. Überhaupt avancierte Petersen schon im Sommer endgültig zum Held der Massen. Zahlreiche Angebote hatte er ausgeschlagen, um sich für den vermeintlich schwierigeren (Um-) Weg zu entscheiden. Danke, Nils, du warst der Leader einer furios aufspielenden Truppe, die mit ihren Offensivrochaden gestandene Kontrahenten zur Verzweiflung brachte und am Ende sogar vor Rangnicks Brause-Klub aus dem Osten einlief. 21 Tore (plus fünf Assists) bestaunten wir von dir, Vince Grifo brillierte mit 24 Scorerpunkten, der junge Maximilian Philipp steuerte deren 16 bei. 75 mal trafen die Breisgauer ins Schwarze und holten dabei sensationelle 72 Zähler. 4:1 gegen Sandhausen, 5:2 gegen Fürth (jeweils mit Doppelpack Grifo), nach elf Spielen erst eine Niederlage. Zugegeben: Nach der Winterpause konnte sich RB im Zweikampf um den Meistertitel absetzen, doch spätestens nach dem legendären 2:1 im Freiburger Schneetreiben war der Anschluss hergestellt und gleichsam der Boden bereitet für ein furioses Liga-Finale. Ab Spieltag 27 grüßte der SCF wieder vom Platz an der Sonne und gab ihn nicht mehr her. Späte Genugtuung gelang in Paderborn drei Runden vor Ende. Vor Jahresfrist von deren Präsidenten Finke noch als schwächste Mannschaft bezeichnet, die bis dato in Paderborn gastiert habe, errangen Streichs Mannen den Auswärtssieg zur Meisterschaft, wohingegen der SCP in Liga 3 durchgereicht wurde. Eine Aufstiegsfeier Ende April? Bajuwarische Verhältnisse an der Dreisam! Rot-weiße Jubeltrauben hinter der Haupttribüne, einige mit fragwürdigen Angaben im Kfz aufs Gelände gelangt, huldigten ihren Helden. Beste Heimmannschaft, beste Auswärtsmannschaft, beste Offensive, Freiburg wieder Zweitliga-Meister und zum fünften Mal in die Bundesliga aufgestiegen. Ungläubig stammeln wir immer wieder ein »Danke«.

Doch auch in der Freude blieb der SC-Übungsleiter bescheiden. »Was wir letztes Jahr an Pech hatten, hatten wir jetzt Glück«, erklärte Streich nicht nur in Bezug auf die drei Paderborner Lattentreffer, »aber wir haben auch ein paar Sachen richtig gut gemacht.«[62]

Fürwahr hat Christian Streich mit seinem Team einmal mehr etwas ganz Großes geformt. Nicht nur die bärenstarke Offensive hat brilliert. Alex Schwolow nahm eine Bomben-Entwicklung zum sicheren Rückhalt, Christian Günter legte – nicht nur als Rock-DJ bei der Meisterfeier im »Karma« – noch mal eine Schippe drauf, und in der Zentrale steuerten Mike Frantz, Amir Abrashi und »Chico« Höfler. Wie nachhaltig dieses Gerüst war, zeigte sich gleich in der nächsten Bundesliga-Spielzeit.

BONUSGRUND 3

Weil wir 2017 in die Euro-League stürmten, aber an der Quali scheiterten

Es sollte nämlich wieder die mannschaftliche Geschlossenheit und eine starke Offensivabteilung sein, die von sich reden machte. Genauer, die dreifache »Wilde 13« in Gestalt von Nils Petersen, Vincenzo Grifo und Florian Niederlechner – alle steuerten sie 13 Scorerpunkte bei. Dicht gefolgt vom erneut frisch aufspielenden Maximilian Philipp, der elf Torbeteiligungen kreierte. Der Sportclub war für den Gegner schwer auszurechnen, weil in jedem Spiel ein anderer aus diesem Quartett vor dem Tor auftauchte oder – meist dank Grifo – die Standards zu einer brandgefährlichen Waffe wurden.

Freilich rief bereits der erste Spieltag längst überwunden geglaubte Erinnerungen des Seuchen-Abstiegs wach, als nämlich Julian Schieber in der Nachspielzeit zum 2:1 für die Hertha traf. Doch der Sportclub berappelte sich und konnte vier Mal jede Auswärtsniederlage sogleich mit einem Heimsieg beantworten. Spieltag 9: Nach einem 3:1-Erfolg in Bremen (Torschützen Philipp, Grifo, Abrashi) und 15 Punkten untermauerten Streichs Mannen ihren einstelligen Tabellenplatz, um leider hernach die eine oder andere Schlappe wegstecken zu müssen, wie das bittere 1:4 im heimischen Stadion gegen Mitaufsteiger Leipzig. Bezeichnend für die noch fehlende Konstanz in der Vorrunde ist, dass das erste Unentschieden in den Dezember fiel und sich davor Sieg und Niederlage fast im Wochentakt abwechselten. Doch in der Adventszeit bescherten sich die Breisgauer selbst, punkteten auf Schalke und schlugen die direkten Konkurrenten Darmstadt (1:0) und Ingolstadt auswärts mit 2:1 (Doppelpack Niederlechner). 23 Punkte nach 16 Spieltagen bedeuteten Rang 8 und ein alleweil geruhsames Weihnachtsfest.

Die Spieltagsfee schickte die Bayern zum Rückrundenauftakt. Der Sportclub kämpfte lange bravourös, stand aber wie schon gegen die Hertha am ersten Spieltag nach Lewandowskis spätem Treffer zum 1:2 mit leeren Händen da. Parallel zur Vorrunde folgte auch nach dem Winter zunächst auf jede Niederlage gleich wieder ein Erfolg. Dank einer Serie von Unentschieden rangierte der Sportclub bis zum 25. Spieltag nie schlechter als Rang 9, aber auch nie besser als Platz 8. Ein wirklich seltsames 2:5 gegen Werder Bremen – drei Tore steuerte der bis dahin weitgehend unbekannte Thomas Delaney bei – blieb gottlob der letzte Ausreißer. Durch Treffer von Niederlechner und Petersen rang man Wolfsburg und Mainz mit dem knappsten aller Siege nieder und feierte bereits nach 28 Spieltagen den 41. Zähler der Saison. Wenn man sich in dieser Spielzeit überhaupt noch über irgendetwas ärgern wollte, dann wahrscheinlich über das unerklärliche 0:3 bei den zu diesem Zeitpunkt bereits so gut wie abgestiegenen Darmstädtern. Weil davor und danach aber Leverkusen und Schalke geschlagen wurden, kreiste der Sportclub-Greif am 32. Spieltag unter den Top-Fünf der Tabelle. Zum allgemeinen Bedauern mussten wir zwar noch zwei Teams an uns vorbeiziehen lassen, liefen aber als sensationeller Siebter über die Ziellinie – vor Schalke, Leverkusen und Wolfsburg und dank einer ganz starken Heimbilanz von 32 Punkten.

Fast überflüssig zu erwähnen, dass die Zeiten der berauschenden Offensivspektakel in der Spielzeit 2016/17 die Ausnahme darstellten. Im Gegenteil: Der Sportclub erkämpfte, er-organisierte sich mit großer taktischer Disziplin und immenser Laufbereitschaft 14 teils knappe Siege, bei denen alles passen musste. Wenn nicht alles passte, kam allzu oft die individuelle Überlegenheit der Gegner zum Tragen, was schon an dem Torverhältnis von 42:60 deutlich wird. Das Jammern auf wirklich hohem Niveau betrifft dann eigentlich auch schon die nächste Saison. Denn ein 0:2 beim slowenischen Vertreter NK Domzale (Tradition hat einen Namen!) besiegelte das Aus aller Euro-League-Träume bereits in der Qualifikation. Schade, angesichts des nächsten Gegners Olympique Marseille sogar sehr, sehr schade! Aber wenn man sich den Verlauf der nächsten Runde anschaut, war es möglicherweise auch besser so.

BONUSGRUND 4

Weil Nils Petersen uns 2018 die Liga gehalten hat

Die Spielzeit 2017/18 stand irgendwie unter dem Motto »Aus vier mach eins«. Grifo und Philipp wurden – das alte Lied – an die Konkurrenz verkauft, der formstarke Florian Niederlechner fiel im November mit einem Kniescheibenbruch aus. So blieb vom Erfolgsquartett der Vorsaison nurmehr Nils Petersen übrig. Auf jenem letzten Mohikaner im SC-Sturm ruhten die Hoffnungen, respektive lastete alle Verantwortung. Denn weder Ryan Kent aus Bristol noch Yoric Ravet (Bern) noch der Pole Bartosz Karpustka kamen über einige ansehnliche An- bzw. Kurzeinsätze hinaus. Petersen, in der Vorsaison oftmals noch als treffsicherer Joker zum Einsatz gekommen, geriet unversehens zur Vollzeitkraft, der von Anfang an und in jedem Spiel von zahlreichen gegnerischen Abwehrbeinen bearbeitet wurde. Er meisterte diese Aufgabe exzellent. Am Ende sollte er sagenhafte 15 Tore zum Klassenerhalt beisteuern, was nicht nur fast 50% der gesamten SC-Tore, sondern auch Platz 2 der Torjäger-Rangliste bedeutete. Alle Träume schienen für den bodenständigen Angreifer aus Wernigerode wahr zu werden, als

Jogi Löw ihn gar für die DFB-Elf nominierte. Bezeichnenderweise hatte der Sturmheld damit nicht wirklich gerechnet; vielmehr saß er am Pool auf Mallorca und wunderte sich ob seines penetrant bimmelnden Handys.

Spätestens ab Mitte der Vorrunde lautete die Taktik, die Schöngeist Streich mangels Alternativen ausrufen musste, dann auch: wenig Risiko, gegnerisches Spiel zerstören und vorne hoffen auf den lieben Gott mit der Rückennummer 18. Ein Plan, der am Ende knapp aufging, auch weil die Qualität des blonden Angreifers immer dann in Erscheinung trat, wenn man sie wirklich brauchte. Doch der Reihe nach: Nach sechs Spielen stand der Sportclub noch ohne Sieg da. Ein Startprogramm mit RB, BVB und Leverkusen ließ so etwas bereits erwarten. Ein kurzer Durchbruch gelang dann im Heimspiel gegen Hoffenheim (3:2), dem freilich die 0:5-Schlappe bei den Bayern – dem ersten Spiel unter Rückkehrer Jupp Heynckes – auf dem Fuße folgte. Man war so klug wie vorher. Die Leistungen wurden zwar besser, nicht unbedingt aber jene der Unparteiischen. Der Videobeweis feierte Premiere und Stuttgart ein ungefährdetes 3:0, da 80 Minuten in Überzahl. Erkenntnis des Spieltags: Wer vom gegnerischen Stürmer in den Ball gestoßen wird und diesen mit der Hand berührt, erhält – auch nach Ansicht der TV-Bilder! – umgehend den roten Karton. Nach zwölf Spieltagen war der Sportclub mit gerade mal acht Punkten auf Rang 17 angelangt, vor der Brust die drei Sechs-Punkte-Spiele gegen Mainz, Hamburg und in Köln. Die Premiere lief bestens: Petersen traf zur Führung, und der FSV wurde mit 2:1 niedergerungen. Gegen den Bundesliga-Dino folgte ein torloses Remis mit Vorteil Heimelf. Zum völlig verrückten Trip geriet die Fahrt in die Karnevalshochburg. Der Anpfiff erfolgte mit einer halben Stunde Verspätung, gekickt wurde mit roten Linien und einem orange-blauen Ball, auf dem Aufstellungsbogen erschien als Kölner Trainer immer noch Peter Stöger, wiewohl jener gerade in Dortmund vorgestellt worden war. Im Schneetreiben von Müngersdorf versuchten sich Streichs Mannen unerklärlicherweise eine Halbzeit lang in brasilianischem Kurzpassspiel, mussten frühe Ausfälle von Lienhart und Schuster verkraften und lagen schon bald mit 0:3 hinten. Frustriert traten erste Ultras den Weg zum Fanbus an – und verpassten die Once-in-a-lifetime-Wiedergeburt des SCF. Noch vor der Pause verkürzte der ewige Nils auf 1:3, nach wahrem Sturmlauf und Chancen auf beiden Seiten gelang der Anschluss 15 Minuten vor Schluss (Haberer). In der Nachspielzeit überschlugen sich die Ereignisse: Der Sportclub bekam zwei Elfmeter zugesprochen, Pe-ter-sen verwandelte beide und sicherte den lebenswichtigen Auswärtsdreier.

Und dieser Sieg war mehr wert als die drei Punkte. Mit gestärkter Moral starteten die Breisgauer eine Serie von neun ungeschlagenen Spielen in Folge, obsiegten gegen Leipzig und lagen sogar in Dortmund, wo man seit der Französischen Revolution leer ausgegangen war, bis in die Nachspielzeit in Front – Tor des Monats durch Fernschuss: Petersen. Nach 21 Spieltagen 25 Punkte, nach 24 gar 29, doch es wurde noch einmal spannend. Denn bis zum 31. Spieltag vergeigte der Sportclub so gut wie alles und in allen Facetten des Schicksals – von der übersehenen Abseitsstellung vor der Gomez-Führung gegen Stuttgart über eine in den Rücken gezeigte Gelbe Karte bis hin zum mythenumrankten Halbzeit-Elfmeter in Mainz. Das Glück kam zurück, die Leistung ebenfalls – und der symbolträchtige Gegner in Gestalt des FC Köln. Ein vermeintlich beruhigendes 2:0-Polster egalisierten die Rheinländer in der Spätphase, und die Streich-Elf wackelte gehörig. In der Nachspielzeit hatte Claudio Pizarro gar den Siegtreffer auf dem Schlappen, sein Luftloch leitete indes den Gegenzug ein. Dem 3:2 von Lucas Höler folgten ekstatische Jubelstürme und ganz tiefes Durchatmen. In einer turbulenten, von Kuriositäten geprägten, nicht immer glücklichen Spielzeit litten zwischendurch auch die Leistungen. Dass die Rechnung am Ende stimmte und Freiburg im Sommer 2018 seine 19. Bundesligasaison feiern darf, haben wir einmal mehr der unfassbaren Moral der gesamten Truppe zu verdanken, vor allem aber dem besten deutschen Torschützen der Spielzeit 2017/18, dem wir einst ein Denkmal bauen! Lang lebe Petersen!

BONUSGRUND 5

Weil Jogi Löw auch 2018 etwas Historisches leistete

Und plötzlich haben wir wieder zehn Millionen Bundestrainer. Jogis Jungs scheitern bei der WM '18 in der Vorrunde – zum ersten Mal für ein DFB-Team –, und die Debatten nehmen Fahrt auf. Im Fokus der Vorwürfe der Bundestrainer, gleichsam unser Rekordtorschütze, der mit Sicherheit einiges hätte besser anstellen können, aber dennoch nicht alles falsch gemacht hat. Ein haareraufender Streifzug ohne Erdogate und Watutinki.

Natürlich gab es schwache Testspiele; die gab es aber auch im Vorfeld von 2014. Natürlich gab es ferner Grenzfälle bei den Nominierungen. Aber glaubt irgendjemand ernsthaft, die WM wäre grundlegend anders verlaufen, wenn etwa statt eines Draxler oder Goretzka ein Sané oder Jonathan Tah dabei gewesen wäre? Man muss leider konstatieren: mehr Alternativen haben sich schlicht aus der zweiten Reihe nicht aufgedrängt (abgesehen von Nils Petersen, der uns selbstredend im Alleingang zur Titelverteidigung geschossen hätte). Daher war es zunächst logisch, dass wir gegen Mexiko eine von den Weltmeistern 2014 geprägte Startelf gesehen haben. Nachdem sich diese denkwürdig mies, lustlos und lauffaul präsentiert hatte, tat Jogi Löw das einzig Richtige. Er schöpfte aus der Breite des Kaders und baute um. Das Spiel gegen Schweden war bestimmt nicht perfekt, aber doch mit Abstand das beste, das die deutsche Elf seit Langem gezeigt hatte. Es war eine Willensleistung, gekrönt von Toni Kroos' Jahrhunderttor in Minute 96, nach welchem jeder im Lande glaubte, nun würde man die K.-O.-Phase erreichen und das Turnier von Neuem beginnen. Dass jener späte

Glücksmoment letztlich doch zur Randnotiz verkam, verdanken wir einem Auftritt gegen Südkorea, der – was unmöglich schien – noch emotionsloser war als der Auftakt gegen Mexiko. Warum um alles in der Welt, lieber Jogi, standen Özil und Khedira denn schon wieder auf dem Platz? Und was genau war die taktische Vorgabe? Ein 1:0 gegen einen so gut wie ausgeschiedenen Gegner hätte gereicht, aber wir ziehen ein träges Benefiz-Passspiel auf. Um nach der schwedischen Führung gegen Mexiko abrupt ins andere Extrem zu verfallen. Erst lethargisch, dann hektisch, nie weltmeisterlich. Planlos, kopflos, ohne Impulsgeber auf dem Platz, ein paar, die es versuchen, aber wo ist »die Mannschaft«? In diesem Moment haben viele das vermisst, was man neudeutsch »Coaching« nennt. Veränderungen, Hinweise, taktische Anpassungen, zur Not der Tritt gegen einen unschuldigen Gegenstand, ein Ringkampf mit dem vierten Offiziellen.

Ja, es wäre auf einen Versuch angekommen. Aber gleichwohl, liebe Freunde der universellen Trainer-Kritik – wer stand denn noch mal auf dem Platz? Weltmeister. Champions-League-Sieger und -Teilnehmer. International erfahrene Akteure, die in der Lage sein sollten, sich selbst wenigstens so weit zu organisieren, dass gegen Südkorea mehr herausspringt als Hummels' Kopfball kurz vor Toresschluss. Und wahrscheinlich kommen wir der Wahrheit sehr nahe, wenn wir mal überlegen, welcher Akteur überhaupt in Normalform nach Russland gereist ist. Mit Müh und Not kriegt man eine Handvoll zusammen, darunter bezeichnenderweise Manu, der Libero, über welchen im Vorfeld am meisten debattiert wurde. Das Formtief etlicher Säulen im DFB-Trikot relativiert zugleich die Einzelkritik an Rücktreter Mesut Özil, wenngleich man konzedieren muss, dass bei selbigem Vieles noch eine Stufe unmotivierter ausgesehen hat als bei vielen anderen – und das war beileibe keine leichte Aufgabe! Ein Trainer, erst recht ein Nationaltrainer, kann ein paar Impulse setzen, er kann taktisch modifizieren oder auf den nächsten Gegner vorbereiten. Aber kann nicht binnen weniger Wochen ein halbes Dutzend Spieler aus der persönlichen Krise holen. Dennoch wird sich Jogi Löw genau daran messen lassen müssen, was er richtigerweise eine Woche nach Turnierende selbst als Marschroute ausgegeben hat. Man müsse bei der richtigen Einstellung ansetzen. Denn eines ist klar: wenn die zuletzt verschollenen deutschen Tugenden mit dem spielerischen Potenzial zusammentreffen, über welches Deutschland durchaus noch verfügt, kann man in jedem Turnier weit kommen. Im Moment heißt es noch: mit Jogi, weil grad kein anderer da ist. In zwei Jahren heißt es hoffentlich: weil der Wahl-Freiburger Jogi (wieder einmal) der richtige war.

 BONUSGRUND 6

Weil unsere Abgänge ein eigenes Dream-Team wären

Eine ziemliche Zeit lang galt folgendes Prinzip: Wer den SCF verlässt, macht anderswo nicht wirklich Karriere. Ausnahmen bestätigen die Regel. Und diese Ausnahmen fielen plus/minus in das letzte Jahrfünft. Die SC-Abgänge der letzten Jahre spielten sich auch in anderen Bundesliga-Vereinen fest und übernehmen dort zum Teil immer noch tragende Rollen. Dies spricht dafür, dass der Sportclub zuletzt verstärkt Akteure ausgebildet oder entdeckt hat, die systemunabhängig funktionieren. Individuelle Ex-SC-Klasse wäre eine tüchtige Truppe, wie folgende Momentaufnahme aus dem Sommer 2018 zeigt. Im Tor wahlweise Oliver Baumann (1899) oder Roman Bürki (BVB), als Innenverteidiger Ömer Toprak (BVB) und Matthias Ginter (Gladbach). Als Sechser könnte man Vladimir Darida (Hertha) ins Rennen schicken, davor Vincenzo Grifo (1899). Über die Flügel Daniel Caligiuri (Schalke) und Jonathan Schmid, der zuletzt in Augsburg auch als rechter Außenverteidiger Leistung zeigte. Auch die Offensive müsste sich nicht verstecken: Maxi Philipp (BVB), Max Kruse (Werder) oder Admir Mehmedi (Wolfsburg).

Und dann gibt es natürlich noch einen ganz treffsicheren Typen, inzwischen im Reich der Mitte tätig: Papiss Cissé. Natürlich wirkte nicht jeder dieser Akteure für Ewigkeiten an der Dreisam. Dennoch darf ein jeder SC-Nostalgiker sich jenes Dream-Teams erfreuen und nach Herzenslust mit dem aktuellen Kader kombinieren.

BONUSGRUND 7

Weil der Transfersummen-Irrsinn auch in Freiburg Einzug gehalten hat …

Wir schreiben das Jahr 1995. Rodolfo Cardoso wechselt für starke sechs Millionen DM von der Dreisam an die Weser. Für den kleinen Klub aus dem Breisgau, der zu diesem Zeitpunkt noch nicht einmal eine richtige Anzeigetafel hat, eine unfassbare Summe. Sechs Millionen Mark! Wie viele seiner berühmten Bettel-Fahrten hätte Achim Stocker dafür in ganz Südbaden unternehmen müssen! Für fast zwei Jahrzehnte sollte dieser Transfer, der Verkauf des wahrscheinlich einzigen Freiburger Stars, das Maß aller Dinge sein. Genau so lange also, bis der Irrsinn endgültig um sich greift und auch unseren beschaulichen Breisgau erreicht.

»Hinterm Horizont geht's weiter«, wusste schon der Rocker mit dem berühmten Hut, und fürwahr: Die Dimensionen sind nunmehr dank englischer TV-Millionen und ubiquitärer Scheich-Gelder ganz andere geworden. Für Çağlar Söyüncü überwies Leicester City am 10. August 2018 21,1 Millionen Euro. Söyüncü ist ein zweikampfstarker Mann mit großem Talent, aber eben auch einer, der noch 2016 in der zweiten türkischen Liga beim Altınordu Futbol Kulübü aus Izmir verteidigte und darüber hinaus nur wenigen bekannt gewesen sein dürfte. 20 Millionen spülte der Verkauf des jungen Maxi Philipp in die Sportclub-Kassen; ein sattes Plus, denn Philipp kam ablösefrei. 1,5 Millionen kostete der seinerzeit beim

FC Metz entdeckte Papiss Cissé – 37 Tore später legte Newcastle zwölf Millionen auf den Tisch. Den aus der SC-Jugend stammenden Matthias Ginter ließ sich der BVB zehn Millionen kosten, Bayer zahlte für Admir Mehmedi acht, Gladbach für Vincenzo Grifo sechs Millionen. Und auch die Transfersummen von Baumann, Caligiuri, Darida, Sorg, Bürki, Toprak oder Schmid liegen über jener, die einst für Cardoso gezahlt wurde, ohne dass einer von ihnen *der* Schlüsselspieler war, den der Argentinier im Dream-Team der 90er-Jahre verkörperte.

Eine gewaltige Welle überrollt derzeit das internationale Fußballgeschäft – und am Ende möglicherweise auch sich selbst. Ein Spagat zwischen höchsten sportlichen Ansprüchen, internationaler Vermarktung, permanenter TV-Präsenz, haushohen Beraterhonoraren und den zuletzt immer weniger berücksichtigten Interessen der sogenannten Basis. Ein Ende ist vorerst nicht in Sicht. Jedenfalls nicht, solange das Financial Fairplay vorwiegend bei Vereinen aus ehemaligen sowjetischen Teilrepubliken Anwendung findet, die keine Lobby haben respektive niemand kennt.

Für den Sportclub als klassischen Ausbildungsverein bedeutet die Zahlungsoffensive zunächst großen Segen: Hohe Ablösesummen bedeuten steigende Einnahmen, die Investitionen in junge Spieler werden mitunter vervielfacht, der ganze Betrieb wird am Laufen gehalten. Umgekehrt ist auch Freiburg vom Fluch des Margendrucks erfasst. Für einen durchschnittlichen Bundesligaprofi zahlt man jetzt eben nicht mehr eine halbe, sondern vier Millionen Euro. Und wenn man dieses Geld nicht ausgeben will, gerät man in aller Regel unweigerlich sportlich unter Druck, weil die Qualität im Kader nicht ausreicht, um das Saisonziel zu erfüllen. Was dann im Falle eines Abstiegs Löcher in die Kasse reißen würde. So kam es, dass selbst die vorsichtigen SC-Finanzjongleure etwa für Luca Waldschmidt, der zuvor zwei Bundesliga-Treffer erzielt hatte, fünf Millionen ausgaben. Mit Sicherheit kann auch solch ein Transfer einmal einschlagen, aber tut er es nicht, ist neben sportlicher Enttäuschung auch noch die Kasse leer. Der Sportclub kann die höheren Einnahmen für Sonderzwecke parken, er kann den immer teureren Stadionbau vorantreiben, in Strukturen investieren, aber er sollte und wird ziemlich sicher auch nicht beim internationalen Wettbieten teilnehmen, denn auf diesem Feld kann er nur verlieren. So liegt die Lösung einmal mehr in dem Sektor, der uns seit jeher stark gemacht hat.

BONUSGRUND 8

… und weil wir es trotzdem mit der Jugend versuchen

Im Profi-Kader der Saison 2018/19 stehen beim SCF sechs sogenannte Local Players. Das ist solider Bundesligadurchschnitt, irgendwo zwischen den Extremen Hertha und 1899 (elf bzw. acht) und Schalke und RB (zwei bzw. einer). Mehr Aussagekraft gewinnt diese Statistik, wenn man die Einsatzzeiten dieser im eigenen Verein ausgebildeten Akteure betrachtet. Alle elf Herthaner sind keine Stammspieler, einige noch ganz ohne Einsatz, bei Hoffenheim schaffte nur Nadiem Amiri den Sprung zu den Profis. Dem aktuellen Sportclub-Kader hingegen gehören immerhin drei Eigengewächse an, die zu echten Säulen heranreiften. Als da wären: Stammtorwart Alexander Schwolow, der ebenso wie Linksverteidiger Christian Günter keine Bundesligaminute der letzten Spielzeit verpasste. Dazu »Chico« Höfler, der Denker und Lenker im Zentrum der Streich-Elf. Zusammen brachten es die drei jungen Wilden bereits auf 292 Bundesliga-Einsätze.

Für Caleb Stanko und Florian Kath, Keven Schlotterbeck, vielleicht auch Torhüter Constantin Frommann, sieht es gut aus, in der nächsten Zeit einen ähnlichen Weg einzuschlagen. Andere wie Fabian Schleusener oder Jonas Föhrenbach sind derzeit noch ausgeliehen. Dazu finden sich etliche Absolventen der Freiburger

Fußballschule, die aktuell bei anderen Bundesligisten ihren Mann stehen (s. vorangegangener Grund).

Gerade angesichts der haussierenden Summen und des begrenzten eigenen Etats ist die etablierte Jugendarbeit die Freiburger Trumpfkarte. Auch hier sollte man sich jedoch von allzu romantischen Vorstellungen verabschieden. Der Beobachtungsradius der Freiburger Jugendspäher macht nämlich längst nicht mehr an den Grenzen Südbadens bzw. Deutschlands Halt. Vielmehr entbrennt schon um Jugendliche im U14-Bereich mitunter ein reges Wettbieten. Es werden längst astronomische Summen aufgerufen. Im begrenzten Rahmen ist der SCF hier schon mit eingestiegen – nicht zuletzt des eigenen Images wegen. Denn Freiburg ist der Standort, an dem junge Spieler wohl am ehesten damit rechnen können, ihr Können unter echten Bedingungen unter Beweis zu stellen – und auch dann, wenn die Premiere unter Umständen weniger glorreich verläuft. Letzten Endes wird es aber darum gehen müssen, plus/minus mit dem zu arbeiten, was da ist. Dies wiederum heißt, Investitionen in Strukturen, in Organisation, in Technik, Personal, kurzum in alle Bedingungen, die eine bestmögliche Ausbildung junger Spieler zumindest verheißt; denn eine Garantie gibt es nie. Nach bewährtem Prinzip wirken am Bundesligastandort Freiburg Leute, die den Verein und die Philosophie kennen und dennoch neue Impulse bringen. Leute wie Julian Schuster.

BONUSGRUND 9

Weil Julian Schuster uns auch nach seiner aktiven Karriere treu bleibt

Der geschätzte Leser weiß längst um den Stellenwert Julian Schusters für den SCF. In den letzten Jahren – das Spiel wurde schneller, den Profis eine immer höhere Laufleistung abverlangt – war er freilich längst nicht immer erste Wahl. Gleichwohl blicken wir Fans voller Anerkennung auf seine 242 Einsätze im Dress der Breisgauer, auf viele Hochs, große Konstanz und nur wenige Tiefs, auf fünf Jahre als Mannschaftskapitän, Vorbild und bescheidener Leader, summa summarum auf einen Meilenstein Freiburger Fußballgeschichte. Ganz genau zehn Spielzeiten rackerte, rannte, organisierte der bodenständige Blondschopf für unsere Farben. Wenn einer die Sportclub-Philosophie ab ovo aufgesaugt hat, dann gewiss Julian Schuster. Das werden sich auch die Verantwortlichen gesagt haben, die unsere Identifikationsfigur nun auch über seine aktive Zeit an den Klub binden wollen. Gesagt, getan: Schuster fungiert nun im Trainerstab, genauer als Bindeglied zwischen U 19, U 23 und den Profis.

Eine lange Pause konnte sich Schuster nicht gönnen. Im Sommer 2018 erwarb er in der Sportschule Kaiserau die DFB-Elite-Jugend-Lizenz. Schuster sieht sich als Begleiter und Förderer junger Spieler, die einst den Sprung zu den Profis schaffen sollen. »Ich habe bereits als Spieler großen Wert darauf gelegt, von anderen zu lernen. So möchte ich das auch bei meiner neuen Aufgabe handhaben.« Schuster hofft auf »ein sehr offenes und vertrauensvolles Arbeitsklima mit dem Ziel, jeden einzelnen Spieler bestmöglich zu fördern.«[63] Die Bandbreite seiner Tätigkeit reicht dabei von Gesprächen über individuelle Analysen bis hin zu speziellen Trainingseinheiten. Natürlich hat Schuster auch jene Spieler im Fokus, die in der Freiburger Fußballschule ausgebildet wurden und derzeit an andere Vereine ausgeliehen sind. Wenn also die Fabian Schleuseners, Mohammed Drägers und Jonas Föhrenbachs einst den Durchbruch schaffen, steckt bestimmt auch immer etwas von Julian Schuster und damit dem Freiburger Geist in ihnen.

Weil Mo Idrissou auch anderswo Kapriolen schlägt

Nicht nur ob seiner Treffsicherheit sorgte Mohamadou Idrissou für manches Lächeln in Freiburg, wenngleich gelegentlich auch für Kopfschütteln. Kennern der Boulevardpresse wird nicht entgangen sein, dass unser kamerunischer Springinsfeld auch nach seiner Freiburger Zeit für Schlagzeilen sorgte. Zum Beispiel focht der Kicker 2017 vor einem Düsseldorfer Gericht einen Zwist mit seiner Ex Sanja M. aus, die er über »Instagram« kennengelernt hatte und mit der er einen gemeinsamen Sohn hat. Zuvor war Idrissou durch eine Gewaltschutzanordnung das Betreten der gemeinsamen Wohnung untersagt worden. Nach Ablauf dieser Frist drehte der Fußballer den Spieß um und ließ seine Gefährtin mit Hilfe der Polizei aus der Wohnung ausquartieren und sich die Schlüssel aushändigen.

Sein erster Auftritt vor dem Kadi war dies freilich nicht. Bereits im November 2016 ging es um wechselseitige Beschuldigungen mit einer gewissen Claudia F. Jene hatte Idrissou mit Hilfe einer einstweiligen Verfügung untersagt, sie als »Prostituierte« zu bezeichnen, die dafür bekannt sei, Fußball-Profis zu erpressen. Der Kameruner konterte, er habe dafür Beweise und legte nach. »Sie hat ein Auto geklaut, dass ich ihr geliehen habe. Außerdem hat sie mich überfallen und ausrauben lassen.«[64] Ferner soll sie ein Nackt-Foto des Kickers über das Internet verbreitet haben. Unterdessen behauptete die Dame, von Idrissou geschlagen worden zu sein.

Im selben Jahr war der umtriebige Kicker übrigens schon in ein anderes Sujet vorgedrungen. Mit der Marke »Mo The Lion«, einem in die Umrisse Afrikas stilisierten Löwenkopf, gab er sein Debüt in der Modewelt und eröffnete hierzu eine Boutique in Werne, einem Flecken nahe Unna im südlichen Münsterland. »Für ein gutes Konzept kommen die Leute von überall hierher.«[65], zeigte sich der Löwe anfangs optimistisch. Der ganz große Erfolg schien Idrissou freilich auch hier nicht beschieden, glaubt man den Worten eines Fotografen, der behauptet, vom Mode-Novizen um 2.500 Euro geprellt worden zu sein. »Idrissou ist pleite«, meint nämlich ebendieser Sebastian Heger. »Ich hatte im Sommer 2016 den Auftrag, die neue Kollektion zu fotografieren. Ich habe den Job in Düsseldorf erledigt.«[66] Das Geld will der Fotograf allerdings nie erhalten haben, trotz Mahnungen. Schließlich übersandte der Kameruner eine Vermögensauskunft, derzufolge sein einziges Konto ein Pfändungsschutzkonto sei – ohne jedes Guthaben. Heger hat inzwischen die Flinte ins Korn geworfen: »Meines Wissens gibt es eine ganze Reihe weiterer Gläubiger und Verfahren gegen Idrissou. Ich habe die Hoffnung aufgegeben, mein Geld jemals zu bekommen«[67]. Zumal auch ein weiteres Engagement Idrissous beim Fünftligisten KFC Uerdingen mit dem Rauswurf des Kameruners endete.

Trotz aller Skandale und Scharmützel wirkt der Stürmer heuer mit sich im Reinen. Er habe erkannt, dass Deutschland nicht mehr der optimale Ort für seine Karriere sei, gab er in einem Interview vom März 2018 bekannt. Seine Destination war nunmehr der ÖTSU Hallein aus Österreichs vierter Liga geworden. »Ich will meine Ruhe und habe jetzt einen Ort gefunden, an dem mich die Leute respektieren und so akzeptieren, wie ich bin. Man freut sich hier, dass ich gekommen bin. Das ist für mich schon Motivation genug. (…) Ich spiele nicht mehr für das Geld, das ist für mich nicht ausschlaggebend. (…) Der Verein stellt mir eine Unterkunft zur Verfügung und den Rest übernehme ich.«[68] Seit Sommer 2018 stürmt Idrissou, der inzwischen für 16 Vereine in zehn verschiedenen Ligen tätig war, für den österreichischen Drittligisten FC Kufstein. In den ersten vier Pflichtspielen gelangen ihm ebensoviele Treffer. Wir wünschen ihm, dass es so weitergeht. Zumal Idrissou ankündigt, noch mindestens bis 40 weiterspielen zu wollen. Einen letzten Satz zu Freiburg hat unser ehemaliger Torjäger dann aber doch noch parat: »Christian Streich hat zu mir gesagt, dass die Freiburger Fußballschule ohne mich pleite wäre. Ich habe nicht nur mit meiner späteren Ablösesumme geholfen, sondern auch durch die Rückkehr in die 1. Liga. ›Mo, ich werde dir mein Leben lang danken‹ – das hat Streich zu mir gesagt. Fragen Sie ihn, er kann das bestätigen.«[69]

BONUSGRUND 11

Weil: »Das ganze Stadion singt für dich …«

Ob Nord, Mitte oder unten – die Fanszene des Sportclub Freiburg hat ihr Liederpotenzial in jüngerer Zeit immer wieder erweitert. Seit der Saison 2016/17 hallt besonders ein Choral durch zahlreiche Kehlen, immer wieder auch schon als Warm-Up vor dem Spiel.

Oh Sportclub Freiburg,
wir alle sind heut gut in Form!
Das ganze Stadion singt für dich,
auf geht's Freiburg, schieß' ein Tor!

Wie wir wissen, endete die Runde 2016/17 – begleitet von diesem Schlachtgesang – mit dem Erreichen der Qualifikation für die Euro-League ausgesprochen erfolgreich. Aus Freiburg wurde einmal mehr »Freuburg«. Als Julian Schuster ihn nach dem letzten Spieltag mit dem Megafon an- und die Nordtribüne einstimmte, wurde der Song endgültig zum Klassiker, der mittlerweile in jedem Spiel minutenlang ertönt. Die anderen Tribünen sind meist ebenfalls zur Stelle, um den Rhythmus mitzuklatschen.

»Was seitdem geschah?« – »Seitdem« geschah vieles, viel mehr Gutes als Schlechtes. Und »seitdem« ist auch ein neues Lied entstanden, eines, das wir mit zwei weiteren tollen Jahren Bundesliga verbinden und bestimmt in den nächsten Jahren noch häufig hören werden. Bis zum nächsten »Seitdem«!

DANKE

- allen, die vor mir in akribischer Arbeit zum Sportclub Freiburg geforscht, geschrieben und unseren Verein auf seinem Weg begleitet haben!
- David Weigend, dessen lesenswerte Streifzüge durch den regionalen Fußball und Gespür für die besonderen Geschichten Anregung und Grundlage bildeten für zahlreiche Kapitel dieses Buches!
- Charly Schulz und allen anderen, die mir aus ihrer Zeit beim und mit dem Sportclub berichtet haben!
- dem Verein, seinen Mitgliedern und Fans, den Offiziellen, Trainern und Spielern!

Auf die nächsten 111 Jahre und 111 Gründe!

***** Pulcherrimae eidem iterum *****

LITERATUR

Bücher und Print
- Kauer, Robert (Hrsg.): *Phänomen Freiburg*, Freiburg, 1993.
- Policicchio, Carmelo: *Worte kommen meist zu spät*, 2. Aufl., Freiburg, 2012.
- Nachbar, Toni / Schnekenburger, Otto: *SC Freiburg. Der lange Weg zum kurzen Pass*, Reihe: Große Traditionsvereine, Göttingen, 2002.
- *Badische Zeitung*
- *Baden intern*

Regionales
- badische-zeitung.de
- fudder.de
- scfreiburg.com

Datenbanken und Statistiken
- dfb.de
- uefa.com
- bundesliga.de
- bundesliga-statistik.de
- fussballdaten.de
- weltfussball.de

ANMERKUNGEN

1 Zit. n. breitnigge-statistik.de/fc-bayern-ikonen.html

2 www.ffc.de/home/geschichte/gerd-mueller.html

3 Zit. n. Leßner, Reinhard: »Mit dem Sonnenmännchen kam erst Freude auf«, in: *Phänomen Freiburg*, hrsg. v. Kauer, Robert, Freiburg, 1993, S. 154–157, hier: S. 154.

4 Zit. n. http://www.badische-zeitung.de/wie-der-buergerentscheid-den-sc-freiburg-veraendert-hat

5 Policicchio, Carmelo: *Worte kommen meist zu spät*, 2. Aufl., Freiburg, 2012, S. 83.

6 Zit. n. www.n-tv.de/mediathek/bilderserien/sport/Stimmen-zum-30-Spieltag-article818885.html

7 www.ffc.de/home/geschichte/deutscher-meister-1907.html, folgende Zitate des Kapitels ebd.

8 Zit. n.: Kauer, Robert u.a.: »Roland Schmider ›gratulierte‹ schon im Dezember«, in: *Phänomen Freiburg* (wie Anm. 3), S. 204–205, hier: S. 205.

9 Zit. n. ebd., S. 204.

10 Zit. n. Nachbar, Toni / Schnekenburger, Otto: *SC Freiburg. Der lange Weg zum kurzen Pass*, Reihe: Große Traditionsvereine, Göttingen, 2002, S. 142.

11 Policicchio, Carmelo: *Worte kommen meist zu spät*, 2. Aufl., Freiburg, 2012, S. 86.

12 Zit. n. www.bz-berlin.de/archiv/kobi-ist-der-fairste-spieler-nach-dem-zweiten-weltkrieg-article1454109.html

13 www.bild.de/sport/fussball/sc-freiburg/der-geilste-klub-deutschlands-29301980.bild.html

14 Zit. n. www.tz-online.de/sport/fc-bayern/jupp-heynckes-christian-streich-freiburg-2639783.html

15 Interview mit Charly Schulz vom 25. September 2013.

16 Ebd.

17 Zit. n. *Der lange Weg* (wie Anmerkung 11), S. 146.

18 Zit. n. ebd., S. 176.

19 fudder.de/artikel/2006/10/17/14-thesen-zum-niedergang-des-sc-freiburg/, ohne Hervorhebungen, folgende Zitate ebd.

20 Zit. n. fudder.de/artikel/2007/05/20/die-spiele-der-anderen/

21 Policicchio, Carmelo: *Worte kommen meist zu spät*, 2. Aufl., Freiburg, 2012, S. 170.

22 Zit. n. http://www.zeit.de/2013/44/fussball-sc-freiburg-trainer-christian-streich/seite-3

23 www.bild.de/sport/fussball/jupp-heynckes/verliert-trainer-des-jahres-wahl-gegen-freiburgs-streich-30786500.bild.html

24 www.scfreiburg.com/teams/profis/meldungen/trainerteam-verlängert-verträge

25 www.badische-zeitung.de/videos/p1873859607/l1859715263/t2607737943001/Neueste/Alle/Streich_der_Woche_Zieh_Johnny_zieh

26 Interview mit Charly Schulz vom 25.9.13.

27 Ebd.

28 Ebd.

29 Zit. n. Bock, Andreas: »Souleymane Sané«, in: »11 Freunde. Magazin für Fußballkultur«, Nr. 140, Juli 2013, S. 108.

30 Zit. n. Kieslich, Christoph: »Der Käpt'n exponiert sich ungern«, in: *Phänomen Freiburg*« (wie Anmerkung 3), S. 126–127, hier: S. 126.

31 Zit. n. www.gutzitiert.de/zitat_autor_helmut_kohl_thema_entscheidung_zitat_1281.html

32 Zit. n. fudder.de/artikel/2009/04/21/ralf-kohl-zur-sache-kanzler

33 Ebd.

34 Zit. n.: fudder.de/artikel/2010/05/06/uwe-wassmer-ein-sc-stuermer-erinnert-sich/, folgendes Zitat ebd.

35 Zit. n. Weigend, David: »Handgeld, Prämien, rohes Spiel: Ein Streifzug durch die Amateurklasse«, in: *Baden intern* 02/2013, folgendes Zitat ebd.

36 Zit. n. fudder.de/artikel/2009/02/19/julian-schuster-jedes-tor-fuer-luis/

37 Zit. n. www.badische-zeitung.de/sport/scfreiburg/wichtig-waren-die-niederlagen--72043713.html

38 Zit. n. *Der lange Weg* (wie Anmerkung 11), S. 245.

39 Zit. n. www.zeit.de/1994/04/jenes-vielgeruehmte-kraut

40 Zit. n. fudder.de/artikel/2007/03/16/alexander-walke-ich-bin-nicht-gerade-der-breiteste/

41 Zit. n. fudder.de/artikel/2010/10/14/yacine-abdessadki-la-grinta/

42 Zit. n. https://www.bild.de/sport/fussball/tommy-bechmann/ex-bundesligastar-gewinnt-im-lotto-53714490.bild.html

43 Zit. n. fudder.de/artikel/2013/05/16/interview-mit-karim-guede-vom-sc-freiburg-fussball-ist-fussball-tanz-ist-tanz/

44 Zit. n. https://www.scfreiburg.com/teams/profis/meldungen/der-große-mann-des-sport-club

45 Zit. n. ebd.

46 Zit. n. ebd.

47 Zit. n. ebd.

48 Zit. n. fudder.de/artikel/2009/07/14/sc-vize-fritz-keller-das-grosse-interview/, alle folgenden Zitate des Kapitels ebd.

49 Zit. n. www.badische-zeitung.de/sport/scfreiburg/ertragreiches-wochenende-fuer-den-sc-freiburg--36183978.htm

50 Policicchio, Carmelo: *Worte kommen meist zu spät*«, 2. Aufl., Freiburg, 2012, S. 36.

51 Kauer, Robert: »Der Habenichts im Club der Fußballmillionäre«, in: *Phänomen Freiburg* (wie Anm. 3), S. 68–69, hier: S. 68.

52 www.badische-zeitung.de/videos/p1873859607/t1397674956001/Sport#!/search/?bcpid=1873859607&bctid=1397674956001

53 Zit. n. www.badische-zeitung.de/sport/scfreiburg/qualitaet-die-sofort-greift--73668698.html

54 Zit. n. www.badische-zeitung.de/sport/scfreiburg/der-fahrstuhl-faehrt-wieder-hoch--14877882.html

55 Zit. n. www.scfreiburg.com/fußballschule/die-fakten

56 www.badische-zeitung.de/freiburg/fuechslecamp-des-sc-freiburg-schau-mal-da-ist-christian-streich--74925213.html

57 Zit. n. fudder.de/artikel/2009/07/14/sc-vize-fritz-keller-das-grosse-inter-view/

58 Zit. n. fudder.de/artikel/2007/08/09/das-nennt-man-dann-wohl-leiden-schaft/

59 Zit. n. http://www.msn.com/de-de/nachrichten/other/ronald-becker-st-pauli-fan-mit-herz-für-freiburg/ar-BBmpDNp

60 Zit. n. https://www2.landesarchiv-bw.de/ofs21/bild_zoom/zoom.php?bestand=10595&id=1134464&screenbreite=2560&screenhoehe=1327

61 Weigend, David: »Punk mit Kater: The Offspring enttäuschen in der Tonhalle« in: *Süddeutsche Zeitung*, 25.08.04.

62 Zit. n. http://www.badische-zeitung.de/sport/scfreiburg/so-feiert-der-sc-freiburg-den-wiederaufstieg--121447448.html

63 Zit. n. https://www.scfreiburg.com/news/julian-schuster-wird-verbin-dungstrainer

64 Zit. n. https://www.bild.de/regional/duesseldorf/erpressung/nackt-bild-prozess-mo-idrissou-47351908.bild.html

65 Zit. n. http://www.sportbuzzer.de/artikel/skandalnudel-eroffnet-laden-mo-idrissou-dreht-den-swag-jetzt-in-werne-auf/

66 Zit. n. http://www.sportbuzzer.de/artikel/idrissou-pleite-ex-profi-prellt-rostocker-ums-honorar/

67 Zit. n. ebd.

68 Zit. n. http://www.spox.com/de/sport/fussball/international/1803/Artikel/mohamadou-idrissou-im-interview-ueber-union-hallein-fck-und-den-playstation-fan-gesang-in-freiburg.html

69 Zit. n. ebd.

WIR SIND DER ZWÖLFTE MANN

FUSSBALL IST UNSERE LIEBE

DER AUTOR

CLEMENS GEISSLER, Jahrgang 1980, geboren in Freiburg, verfolgte sein erstes Spiel in der Saison 1986/87 auf dem Schoß seines Opas gegen Union Solingen. Er erlebte graue Zweitligazeiten vor 2.000 mürrischen Senioren und jubelte beim ersten Aufstieg 1993 im ARD-Sportschau-Festzelt in der vordersten Reihe. Als Amateurfußballer ist er im Spätherbst seiner Karriere angelangt. Seine Urlaube verbringt der Fußball-Nostalgiker auf verwitterten Sportanlagen niedergegangener Profivereine. Für einen Bezirksligakick im Novemberregen hat er schon manche mühsame Tagesreise auf sich genommen.

Clemens Geißler
111 GRÜNDE, DEN SC FREIBURG ZU LIEBEN
Eine Liebeserklärung an den großartigsten Fußballverein der Welt
Aktualisierte und erweiterte Neuausgabe mit elf Bonusgründen

ISBN 978-3-86265-736-0

ZWÖLFTER MANN – Das Programm für Fußballfans von Schwarzkopf & Schwarzkopf | Die Reihe ZWÖLFTER MANN wird von Martin Brinkmann und Oliver Schwarzkopf herausgegeben | Aktualisierte und erweiterte Neuausgabe | © Schwarzkopf & Schwarzkopf Verlag GmbH, Berlin 2018 | Alle Rechte vorbehalten. Dieses Werk ist urheberrechtlich geschützt. Jede Verwendung, die über den Rahmen des Zitatrechtes bei korrekter und vollständiger Quellenangabe hinausgeht, ist honorarpflichtig und bedarf der schriftlichen Genehmigung des Verlages. | Illustrationen im Innenteil: © Christos Georghiou/www.shutterstock.com

VERLAG
Schwarzkopf & Schwarzkopf Verlag GmbH
Kastanienallee 32, 10435 Berlin
Telefon: 030 – 44 33 63 00
Fax: 030 – 44 33 63 044

INTERNET | E-MAIL
www.zwoelftermann.de
www.schwarzkopf-schwarzkopf.de
www.facebook.com/schwarzkopfverlag
info@schwarzkopf-schwarzkopf.de